Bibliothek
Arabischer Erzähler

»Die Wunder des Himmels und der Erde« ist eine Auswahl aus der berühmten Kosmographie des Al-Qazwînî (ca. 1203–1283), jahrhundertelang eines der meistgelesenen Werke der islamischen Welt überhaupt. Der Verfasser war Richter und lebte vorwiegend im Irak. Im ersten Teil des Werkes, das über die Phänomene des Himmels und der Erde berichtet, werden die himmlischen Sphären beschrieben. Die astronomischen Kenntnisse der damaligen Zeit sind in diesem Abschnitt zusammengefaßt. Der zweite Teil behandelt die vier Elemente; die Beschreibung der Erde mit allem, was auf ihr lebt und wächst, nimmt dabei den größten Raum ein.
Al-Qazwînîs Kosmographie ist eine unterhaltsame, lehrreiche, phantasievolle und farbenprächtige Mischung aus anspruchsvollen Beschreibungen aller bekannten Phänomene des Himmels wie der Erde und eingestreuten Geschichten, Gedichten und Anekdoten.

Herausgeberin und Übersetzerin
Dr. Alma Giese studierte Islamkunde, Semitistik, Völkerkunde und Psychologie an den Universitäten Freiburg i. Br. und Gießen. Sie ist zur Zeit Associate of the Center for Middle Eastern Studies, Harvard University, Cambridge, Mass.

Die »Bibliothek Arabischer Erzähler« besteht aus zehn Bänden. Außer dem vorliegenden Band sind als Goldmann-Taschenbücher lieferbar:

Ibn Ishâq, Das Leben des Propheten (8773)
Abu l-Faradsch, Und der Kalif beschenkte ihn reichlich (8774)
Al-Mas'ûdî, Bis zu den Grenzen der Erde (8775)
Usâma ibn Munquidh, Ein Leben im Kampf gegen Kreuzritterheere (8776)
Al-Hamadhânî, Vernunft ist nichts als Narretei (8777)
Löwe und Schakal – Altarabische Fabeln (8778)
Ibn Challikân, Die Söhne der Zeit (8779)
Ibn Dschubair, Tagebuch eines Mekkapilgers (8780)
Ibn Iyâs, Alltagsnotizen eines ägyptischen Bürgers (8782)

Al-Qazwînî

DIE WUNDER DES HIMMELS UND DER ERDE

Aus dem Arabischen übertragen
und bearbeitet von
Alma Giese

Goldmann Verlag

Bibliothek Arabischer Erzähler
begründet von Gernot Rotter

Umschlagbild: Ansicht der Kaaba und der »Großen Heiligen Moschee« in Mekka (Ausschnitt). Ägyptische Lithographie, 19. Jahrhundert

Der Goldmann Verlag
ist ein Unternehmen der Verlagsgruppe Bertelsmann

Made in Germany · 12/88 · 1. Auflage
Genehmigte Taschenbuchausgabe

Umschlaggestaltung: Design Team München
Umschlagbild: Archiv für Kunst und Geschichte, Berlin
Druck: Elsnerdruck, Berlin
Verlagsnummer: 8781
Au · Herstellung: Heidrun Nawrot
ISBN 3-442-08781-3

INHALT

EINFÜHRUNG

Die Kosmographie des al-Qazwînî war sicherlich Jahrhunderte hindurch eines der am meisten gelesenen Werke innerhalb der islamischen Welt. Davon zeugen schon allein die vielen handschriftlichen Exemplare des beliebten Werkes und Übersetzungen aus dem Arabischen in andere islamische Sprachen, die sehr bald nach seiner Entstehung angefertigt wurden. Islamwissenschaftler haben dazu beigetragen, doch zumindest Teile der Kosmographie auch den westlichen Interessenten, die nicht des Arabischen oder anderer islamischer Sprachen kundig sind, zugänglich zu machen.

Als ein Erzeugnis islamischer Geisteskultur ist das Werk al-Qazwînîs geprägt von der für den Islam grundlegenden Lehre von der absoluten Einheit Gottes und der Einheit des gesamten Kosmos als Seiner Schöpfung, die eine Manifestation der allumfassenden göttlichen Wahrheit ist. Hervorgerufen durch das Wort: »Sei!«, haben alle Einzelheiten des Kosmos einen sinnvollen Platz innerhalb des großen Ganzen und stehen notwendigerweise in einer undurchbrochenen wechselseitigen Beziehung zueinander.

Der Mensch hat nun nach islamischer Tradition die Aufgabe, die Struktur des göttlichen Schöpfungsplanes und die ihr unterliegende Weisheit des Schöpfers zu erfassen, soweit ihm das möglich ist. Die allerhöchste göttliche Wahrheit, in der das ganze kosmische Gebilde enthalten ist, ist also das höchste Ziel jeglicher Erkenntnis.

Alle diese grundlegenden geistigen Elemente, die ihren Ursprung in der Offenbarung des Koran und der Prophetenüberlieferung haben, gingen eine Verbindung ein mit den schon vor dem Entstehen des Islam vorhandenen Wissenschaftszweigen. Es versteht sich von selbst, daß die entsprechenden Kenntnisse der weiten Verbreitung des Islam und der daraus hervorgegangenen Internationalität der Gesamtbevölkerung des großen islamischen Reiches entsprungen sind. Diese ererbten intellektuellen Traditionen wurden innerhalb eines neuen geistigen Universums umgestaltet und wurden ein integraler Bestandteil der gesamten islamischen Weltsicht. Was damit nicht im Einklang stand, konnte innerhalb der islamischen Welt keinen sinnvollen Platz einnehmen.

Die traditionellen islamischen Wissenschaften sind nicht zu trennen von der Kosmologie, die innerhalb des metaphysischen Gesamtsystems eine wesentliche Rolle spielt. Sie ist eine Brücke, die zur Erkenntnis des Absoluten, Abstrakten, das jenseits von Raum und Zeit ist, durch das Relative, Konkrete, in Raum und Zeit Meßbare hinführt und damit zu einer metakosmischen Wirklichkeit, die alle Ebenen der kosmischen Manifestation übersteigt. Hier ist natürlich der Einfluß der islamischen Mystik, des Sufitums, hervorzuheben, die als die innere Dimension der Religion des Islam besonders seit dem 12. Jahrhundert auf alle Bereiche der islamischen Kultur und die verschiedenen Stufen der islamischen Gesellschaft einen entscheidenden Einfluß ausgeübt hat.

Während nun die Kosmologie die geistigen Werte der kosmischen Gegebenheiten in allen ihren verschiedenen Stufen erleuchtet – vom Geistigen durch das Belebte zur Materie (arab.: rûh = Geist, nafs = Seele, dschism = Körper, entsprechend dem spiritus, anima, corpus der Kosmologen des Mittelalters) –, ist es die Aufgabe der Kosmographie, eine Beschreibung der äußeren Form des Kosmos, seiner Gegebenheiten und Abläufe zu liefern. Über islamische Kosmographien liegen keine grundlegenden Studien vor, die eine genaue Beschreibung der Gattung an sich mit ihren verschiedenen Typen und eine erschöpfende Darstellung der benutzten Quellen zulassen würden. Auf jeden Fall scheint festzustehen, daß die ersten Kosmographien nicht vor dem

12. Jahrhundert geschrieben wurden. Das erste bis jetzt bekannte Werk dieser Art ist in persischer Sprache geschrieben. Der Verfasser, über den kaum etwas bekannt ist, ist Muhammad-i Tûsî. Er widmete sein Werk dem Seldschuken-Sultan Tughril ibn Arslân ibn Tughril (1175–1193). Allerdings hat es Kosmographien als Teile von Weltchroniken schon im 9. und 10. Jahrhundert gegeben.

Die Kosmographie al-Qazwînîs hat große Ähnlichkeit mit der des Tûsî. Wieweit al-Qazwînî durch dieses Werk beeinflußt worden ist, läßt sich nur durch eine detaillierte Studie beider Werke bestimmen.

Die Kosmographie al-Qazwînîs

»Die wertvollste Kosmographie der islamischen Kultur«, wie Brockelmann dieses Werk al-Qazwînîs nennt, hat den Titel »Die wundersamen unter den geschaffenen Dingen und die absonderlichen unter den existierenden Dingen«. Es ist dem persischen Historiker al-Dschuwainî (gest. 682/1283) gewidmet, der sein Mäzen gewesen zu sein scheint. Zum Jahr der Entstehung dieses Werkes gibt es verschiedene Angaben. Die erste Fassung scheint 661/1262–63 geschrieben worden zu sein. Die anderen Daten beziehen sich offensichtlich auf Abschriften, die noch zu Lebzeiten des Verfassers gemacht worden sind, so z. B. 665/1266–67, 675/1276–77 und 678/1279–80. Die betreffende Jahreszahl wird in der Kosmographie selbst angegeben, und zwar in dem Teil über die Astronomie. Die für die vorliegende Übersetzung benutzte Edition hat die Jahreszahl 675, so daß die betreffende Stelle lautet: »Jetzt, in unserer Zeit, welches das Jahr 675 ist ...«.

Das Werk beginnt mit einer Einleitung, in der der Verfasser zunächst klarmacht, wie wichtig es ist, daß der Mensch versucht, die wunderbare und mit Weisheit geplante Schöpfung Gottes forschend zu durchdringen, staunend darüber nachzusinnen und mit seinem ganzen Vermögen zu verstehen. Das führt, so sagt der Verfasser, zu Freuden im Diesseits und Glückseligkeiten im Jenseits.

Dann folgt eine Erklärung der im Titel vorhandenen Begriffe:

1. Das Wunderbare ist eine Erscheinung, die den Menschen in Verwirrung versetzt, weil er dessen Ursache und Wirkungsweise nicht zu erfassen imstande ist.
2. Das Geschaffene ist alles, was anders ist als Gott. Es beruht entweder auf Essentiellem (Körper, geistige Substanz) oder auf Anderem (Akzidenzien).
3. Das Seltsame ist etwas, das durch seltenes Vorkommen und Abweichen vom Gewohnten und Vertrauten in Erstaunen versetzt.
4. Das Existierende ist eingeteilt in das, dessen Ursprung nicht bekannt ist und in das der Mensch keine Einsicht nehmen kann, und in das, welches in seiner Gesamtheit, nicht aber in seinen Einzelheiten bekannt ist (wie die Himmelssphären usw.).

Nach diesen, mit zahlreichen Beispielen angereicherten Erläuterungen folgt die aus zwei großen Teilen bestehende Kosmographie. Im ersten Teil werden die himmlischen Sphären mitsamt ihren Bewohnern, den Engeln, beschrieben und in detaillierter Weise über die Zeit einschließlich des arabischen, römischen und persischen Kalenders gesprochen. Hier sind die astronomischen Kenntnisse der damaligen Zeit zusammengestellt und mit den vorhandenen Vorstellungen auf dem Gebiet der Astrologie verbunden. Der zweite Teil behandelt die Elemente (Feuer, Luft, Wasser und Erde) und ihre Sphären. Dabei nimmt natürlich die Beschreibung der Erde mit allem, was auf ihr und in ihr ist, den meisten Raum ein. Nach einer allgemeinen Beschreibung der Elemente beginnt dieser Teil mit der Feuerhülle, mitsamt Sternschnuppen und herabstürzenden Sternen. Bei der Lufthülle werden Wolken und Regen, Winde, Donner und Blitz, der Mondhof und der Regenbogen im einzelnen beschrieben. Die Beschreibung der Wasserhülle beinhaltet eine Darstellung der Entstehung der Meere und eine lange Aufzählung der bekannten Meere mitsamt ihren Inseln und Tieren. Die Beschreibung der Erde beginnt mit einem allgemeinen Teil (Gestalt, Ausmaße; Zonen; Klimata; Zeichen für Finsternis und Erdbeben; Entstehung von Bergen aus Ebenen und umgekehrt, Entstehung von Meer aus Festland und umgekehrt; Berge, Flüsse, Quellen und Brunnen, mit ihren jeweiligen Nutzen und Eigentümlichkeiten). Dem folgt eine Darstellung der entstehenden Dinge, als da sind: Mineralien (Metalle, Steine, ölige Arten), Pflanzen (Bäume, Kräuter), Lebewesen (Mensch, Dschinnen, Reittiere, Weidetiere, wilde Tiere, Vögel, Insekten und Kriechtiere). Die Beschreibung des Menschen mit seiner Seele, seiner Entstehung, allen seinen anatomischen Einzelheiten und Fähigkeiten, seinen Tugenden und Lastern und seltsamen Krankheiten, die ihn befallen können, macht den Hauptteil in der Beschreibung der Lebewesen aus. Den Schluß der Kosmographie bildet ein Abschnitt über merkwürdige Lebewesen, die vom Bekannten abweichen. Einen Teil der Beschreibungen der Mineralien, Pflanzen und Lebewesen bildet die jeweilige Aufzählung der sympathetischen, d. h. der mit geheimnisvollen Kräften wirkenden Eigenschaften.

Al-Qazwînîs Kosmographie ist zudem eine Mischung aus anspruchsvollen Darlegungen aller bekannten kosmischen Gegebenheiten und Bewegungen und überall eingestreuten lehrreichen Geschichten, Anekdoten und Gedichtversen. Das entsprach ganz dem Stil der Zeit, der verlangte, daß die Menschen nicht nur informiert, sondern auch unterhalten werden sollten. So wurden die trockenen Fakten leichter zugänglich gemacht, und jedermann konnte aus der Lektüre eines solchen Werkes seinen Nutzen ziehen.

Zakariyyâ' ibn Muhammad ibn Mahmûd Abu Yahyâ al-Qazwînî wurde ca. 600/1203 im persischen Qazwîn geboren. Es sind nur wenige Dinge über sein Leben bekannt. Er stammte aus einer Juristenfamilie arabischer Herkunft, die sich lange vorher in Persien niedergelasssen hatte und die sich auf den berühmten Prophetengenossen Anas ibn Mâlik zurückführte.

Al-Qazwînî studierte islamisches Recht, wahrscheinlich in seiner Geburtsstadt. Es steht nicht fest, wann er seine Heimat verließ, um nach Bagdad und dann auch nach Damaskus zu gehen. Wie er zu Beginn seines Werkes selbst sagt, ist er nicht freiwillig von Qazwîn weggegangen; er gibt jedoch den Grund nicht an. Es scheint ziemlich sicher zu sein, daß er gegen 630/1233 in Damaskus war und den berühmten mystischen Theoretiker Ibn al-Arabî (gest. 638/1240) getroffen hat. Wieweit der Einfluß des großen Mannes auf al-Qazwînî eingewirkt hat, läßt sich ohne eine entsprechende gründliche Studie nicht feststellen. Es ist jedoch offenkundig, daß mystisches Gedankengut, das ja zu jener Zeit einen bedeutenden Einfluß auf das Leben und die Literatur ausübte, in sein Werk eingeflossen ist. Ein anderer berühmter Mann, mit dem al-Qazwînî in Mosul zusammentraf, ist Diyâ' ad-Dîn ibn al-Athîr (gest. 637/1239), der eine bedeutende Rolle im politischen Geschehen seiner Zeit spielte und eine Reihe von Werken schrieb, die sich mit der Literaturkritik befassen. Al-Qazwînî soll auch in Persien gereist sein. Da al-Qazwînî den Beinamen al-Kûfî hat, ist es anzunehmen, daß er eine Zeitlang in Kufa gelebt hat. Einen bedeutenden Teil seines Lebens verbrachte er in al-Wâsit und al-Hilla, wo er unter der Regierung des letzten abbasidischen Kalifen al-Musta'sim (640–56/1240–58) das Amt eines Richters ausübte. Als die Mongolen im Jahre 656/1258 Bagdad eroberten, zog al-Qazwînî sich vom öffentlichen Leben zurück. Er starb 682/1283.

Außer der Kosmographie hat al-Qazwînî ein geographisches Werk verfaßt, in dem die Erde in sieben Klimata aufgeteilt ist und in dem in alphabetischer Ordnung Länder, Städte, Berge, Flüsse usw. innerhalb der jeweiligen Klimata beschrieben werden.

Al-Qazwînî hat das Wissen seiner Zeit, sofern es ihm zugänglich war, zusammengestellt, ohne originell und ohne immer ganz genau in der Angabe seiner Quellen zu sein. Sein Verdienst war es, der Kosmographie als Gattung zu einem ehrenvollen Platz innerhalb der Literatur zu verhelfen. Er wird der größte der arabischen Kosmographen genannt. Sein Werk hat einen bedeutenden Einfluß auf die späteren Kosmographen und Geographen gehabt, und sein gefälliger Stil und die geschickte Verbindung von wissenschaftlichen Fakten mit Anekdoten, mit Versen und Aussprüchen berühmter Leute haben seinem Werk in der gesamten islamischen Welt zu allgemeiner Beliebtheit verholfen.

Zu Auswahl und Übersetzung

Aus den vielen vorhandenen handschriftlichen Versionen in arabischer Sprache und mit Hilfe der persischen und türkischen Übersetzungen eine kritische Ausgabe der Kosmographie von al-Qazwînî herzustellen, wäre eine äußerst dankenswerte, aber unendlich mühselige und zeitaufwendige Aufgabe. Da dies nun noch nicht geschehen ist und es im Rahmen dieser Arbeit unmöglich ist, sich in eine vergleichende Studie der vorhandenen Handschriften zu vertiefen, habe ich mich mit dem Vorhandenen begnügt. Das ist die Edition von Ferdinand Wüstenfeld, die aus vier Handschriften zusammengestellt ist: Zakarija Ben Muhammad Ben Mahmud el-Cazwini's Kosmographie. Erster Teil: Die Wunder der Schöpfung. Göttingen 1848. So viele Fehler und Mängel diese Ausgabe auch haben mag, so hat uns doch der überaus fleißige Wüstenfeld damit einen Zugang zu diesem wichtigen Stück Literatur eröffnet. Bei schwierigen, weil fehlerhaften Textstellen hat manchmal ein anderer Druck des Werkes geholfen, aber leider war es auch oft so, daß gerade die problematischen Passagen in der betreffenden Ausgabe nicht vorhanden waren. Es handelt sich dabei um den Text, der im Anhang zu einem anderen berühmten Werk, al-Damîrîs »Leben der Tiere«, steht (Kairo 1389/1970).

Es ist der Sinn einer Auswahlübersetzung, einen angemessenen Eindruck des Gesamtwerkes zu vermitteln. Da nun der Verfasser selbst eine ausführliche Einleitung zu seinem Werk geschrieben hat, die nicht nur für das Gesamtwerk aufschlußreich ist, sondern uns auch Gelegenheit gibt, einen Eindruck von der Geisteshaltung des Autors zu bekommen, habe ich mich dazu entschlossen, meine Übersetzung mit diesem Teil des Werkes zu beginnen. Weiterhin habe ich dann Wert darauf gelegt, von jedem Kapitel und seinen Unterabteilungen auf jeden Fall die jeweiligen zusammenfassenden Abschnitte zu übersetzen. Den meisten dieser zusammenfassenden Abschnitte folgen dann Einzeldarstellungen. Es gibt jedoch die eine oder andere Ausnahme, wie zum Beispiel bei dem Kapitel über die Mineralien, in dem die zusammenfassenden Teile für sich eigentlich schon umfangreich genug sind. Auch auf Beispiele von Bergen, Flüssen, Seen usw. habe ich verzichtet, da mit Band III in dieser Reihe (al-Mas'ûdî: Bis zu den Grenzen der Erde) schon ein geographisches Werk vorgestellt worden ist. Der Schwerpunkt liegt bei den am farbigsten geschilderten und allgemeinverständlichsten Teilen des Textes, und das sind die Lebewesen. Ich habe viele von den für uns kuriosen und amüsanten Dingen ausgesucht, aber gleichzeitig versucht, genügend von dem reichhaltig vorhandenen fachwissenschaftlichen Material anzubieten, damit ein angemessenes Gleichgewicht hergestellt ist.

Die Wiedergabe arabischer Namen und Begriffe wurde wesentlich vereinfacht gegenüber der gebräuchlichen wissenschaftlichen Umschrift. Die Längen bei häufig auftretenden Wörtern wurden nicht angegeben (z. B. abu für abû), und auf eine Kennzeichnung der emphatischen Laute wurde verzichtet. Zu den übrigen Konsonanten ist folgendes zu beachten: th = engl. th in thing (stimmlos); dh = engl. th in there (stimmhaft); ch immer wie in deutsch Bach, niemals wie in ich; mit h wurden zwei im Arabischen verschiedene h-Laute zusammengefaßt, von denen der eine unser h (aber nie als Dehnungszeichen!), der andere ein schärferes, mehr in der Kehle gesprochenes h (z. B. in Mohammed) darstellt; gh = etwa einem Gaumen-r; z stimmhaftes s wie in französisch zéro oder in deutsch sehr; q ein am Gaumensegel artikuliertes, nicht aspiriertes k; der Apostroph ' kennzeichnet einen Explosions- oder »Knack«laut (glottal stop), den wir im Deutschen unbewußt bei jedem mit einem Vokal anlautenden Wort sprechen, z. B. 'Urlaub, aber auch zum Beispiel be'urlaubt; das Zeichen ' stellt einen für das Arabische besonders typischen, in der Kehle gebildeten stimmhaften Reibelaut dar, dessen Nachahmung dem Ungeübten oft schwerfällt, weshalb im Zweifelsfalle eine Aussprache wie für das ' empfohlen wird.

Im Anschluß an die Übersetzung finden sich Anmerkungen, ein Verzeichnis wichtiger Namen und Begriffe und bibliographische Hinweise. Die Anmerkungen wurden auf ein Mindestmaß beschränkt, um das Buch und den Leser nicht zu sehr zu belasten. Die im Verzeichnis aufgeführten Namen und Begriffe sind im Text kursiv gesetzt. Bei den im Text angeführten Koranzitaten steht in Klammern zunächst die Nummer der Sure, dann die des Verses. Zitiert wird nach der Koran-Übersetzung von Max Henning, Wiesbaden o. J.

Arlington, im Sommer 1985 ALMA GIESE

Al-Qazwînî

DIE WUNDER DES HIMMELS UND DER ERDE

بسم الله الرحمن الرحيم

VORWORT DES VERFASSERS

Es sagt der geringe Diener Zakariyyâ' ibn Muhammad ibn Mahmûd al-Qazwînî – möge Gott in Seiner Güte sich seiner annehmen: Als Gott mir die Entfernung von Haus und Vaterland und die Trennung von Familie und Landsleuten bestimmte, wandte ich mich dem Studium der Bücher zu, gemäß der Ansicht dessen, der sagte: »Die beste Gesellschaft in der Erdenzeit ist ein Buch.« Da war ich fasziniert von der Betrachtung der Wunderdinge, die Gott der Erhabene in Seinen Werken schuf, und der Merkwürdigkeiten, die Er in Seinen Schöpfungen hervorbrachte. Darauf weist nämlich Gott – gelobt sei Er – hin, wenn er spricht: »Sehen sie denn nicht zum Himmel über ihnen, wie Wir ihn erbauten und schmückten, und wie er keine Risse hat?« (50,6) Mit dem »Betrachten« ist nun nicht gemeint, daß man die Pupille des Auges dorthin wendet, denn das haben die Tiere mit den Menschen gemeinsam. Wer nämlich vom Himmel nichts anderes sieht als seine blaue Farbe und von der Erde nichts anderes als ihre Staubfarbe, der steht mit den Tieren auf gleicher Stufe – nein, er befindet sich sogar in einem geringeren Zustande und in einem stärkeren Grade der Ignoranz als diese. Dem entspricht das Wort Gottes des Erhabenen: »Sie haben Herzen, mit denen sie nicht verstehen ...« bis zu der Stelle, da Er spricht: »Jene sind wie das Vieh, nein,

VIELMEHR IRREN SIE NOCH MEHR UMHER.« (7,178) Gemeint ist mit dem »Betrachten« vielmehr das Nachdenken über das Begreifbare, die Erforschung des durch die Sinne Erfaßbaren und das Ergründen seiner Gesetze und seiner Veränderungen, um dadurch ihr eigentliches Wesen ans Licht zu bringen. Dies nämlich ist der Grund für die Freuden des Diesseits und die Glückseligkeiten des Jenseits, und deshalb sagte der gesegnete Prophet: »Zeige mir die Dinge, wie sie sind.« Wann immer nun der Einsichtsuchende die Dinge mit seinem ganzen Vermögen zu ergründen versucht, wird er durch Gott mehr rechtes Geleit erfahren und auch absolute Gewißheit, Erleuchtung und Feststellung der Wahrheit. Deshalb sagte der gesegnete Prophet: »Denkt nach über die Schöpfung Gottes.« Das Nachdenken über die verstandesmäßig erfaßbaren Dinge geht nun nur für denjenigen gut vonstatten, der Kenntnis der mathematischen Wissenschaften erworben hat, nachdem er seinen Charakter auf schöne Weise gebildet und seine Seele gereinigt hat. Wenn das so ist, dann öffnet sich ihm das Auge der geistigen Einsicht, und er sieht in allen Dingen das Wunderbare, was er nicht einmal teilweise wiedergeben kann – und wenn er nur ein wenig davon einem anderen gegenüber erwähnte, würde der es ungläubig zurückweisen. Wie wohlgesprochen ist das Wort dessen, der sagt:

> Ich hörte eine Erzählung, die ich für ein Traumgebilde
> halten würde oder eine abendliche Lügengeschichte;
> als ich nun mit ihr vertraut wurde, da fand ich, daß sie
> wahr war – und Tausende von Beispielen habe ich [nun schon] erlebt.

Von dieser Art ist auch, was Gott der Erhabene in Seinem Buch über al-Chidr und Moses erwähnt – der Friede sei mit ihnen beiden.[1] Dazu gehört auch der folgende Bericht: Moses kam an einer Wasserquelle am Fuße eines Berges vorbei. Da verrichtete er mit ihrem Wasser die rituelle Waschung und stieg dann den Berg hinauf, um zu beten. Da kam ein Reiter heran und trank vom Wasser der Quelle, ließ aber dort seinen Geldbeutel liegen, in dem sich etliche Dirham befanden. Dann kam nach ihm ein Viehhirte, sah den Beutel, nahm ihn an sich und ging weg. Nach ihm kam ein alter Mann, der einen elenden Eindruck machte und auf seinem Rücken ein Bündel Feuerholz trug. Er warf sein Bündel an jener Stelle ab und legte sich nieder, um sich auszuruhen. Es dauerte nicht lange, da kehrte der Reiter zurück, um nach seinem Geldbeutel zu suchen. Als er ihn nicht fand, wandte er sich dem alten Mann zu, forderte diesen von ihm und hörte nicht auf, ihn zu schlagen, bis er ihn getötet hatte. Da sagte Moses: »O Herr, wie ist es mit der Gerechtigkeit in dieser Angelegenheit?« Und Gott der Erhabene offenbarte ihm: »Dieser alte Mann hatte den Vater des Reiters getötet, und auf dem Vater des Reiters lastete eine Schuld zugunsten des Vaters des Hirten, in der Höhe dessen, was sich im Geldbeutel befand. So vollzog sich zwischen ihnen die Blutrache, und die Schuld wurde getilgt – und Ich bin der Weise, der Gerechte.« So wurden mir durch das Hören, Sehen, Denken und Einsichtnehmen die den merkwürdigen Dingen innewohnenden Weisheiten und die wundersamen Besonderheiten deutlich, und ich wollte sie niederschreiben, damit sie feststünden, und wollte mich nicht von ihnen abwenden, aus Furcht davor, daß sie entschwinden könnten.

Es obliegt nun dem, der Einsicht nimmt in dieses mein Buch, daß er sich meine Mühe vorstelle beim Zusammenfassen dessen, was zerstreut war, und beim Zusammensetzen dessen, was zerstückelt war. Ich habe darin Dinge erwähnt, welche die Natur des Törichten, Unwissenden ablehnt und die Seele des Klugen, Wissenden nicht ablehnt. Und wahrlich, wenn diese auch fern sind von dem bekannten Gewohnten und den üblichen sichtbaren Dingen, so kann nichts zu groß sein für die Allmacht des Schöpfers und die trügerisch-vielgestaltige Schöpfung. Bei allem, was darin ist, verhält es sich nun so: Was die wundersamen Dinge des vom erhabenen Schöpfer Geschaffenen betrifft – und das sind entweder die sinnlich oder die verstandesmäßig erfaßbaren Dinge –, so liegt in ihnen kein Zweifel und kein Fehler; was die geistvollen Erzählungen, die ihren Überlieferern zugeschrieben werden, betrifft, so habe ich damit nichts zu tun, und was die wundersamen, magisch wirksamen Eigenschaften betrifft, so gehören sie zu demjenigen, das zu erproben das Leben nicht ausreicht; es ist aber nicht sinnvoll, sie alle auszulassen, wenn eines von ihnen zweifelhaft ist. Wenn du nun Gewißheit über sie erlangen möchtest, dann mache dich bereit, sie zu erproben, und hüte dich davor, dessen müde zu werden und dich in die Irre leiten zu lassen, wenn du nicht bei einem oder zwei Malen darauf kommst. Das passiert nämlich zuweilen, wenn eine Bedingung fehlt oder ein Hindernis eintritt. Dazu brauchst du nur zu betrachten, wie es sich mit dem Magneten und seiner Eisenanziehung verhält: Wenn ihn der Geruch des Knoblauchs trifft, schwindet diese besondere Eigenschaft, und wenn du ihn mit Essig wäschst, kehrt sie zu ihm zurück. Wenn du nun einen Magneten siehst, der kein Eisen anzieht, dann leugne seine besondere Eigenschaft nicht ab, wende vielmehr deine Aufmerksamkeit der Untersuchung seiner Gegebenheiten zu, bis dir klar wird, wie es sich mit ihm verhält. Ich bezeuge jedoch vor Gott, daß ich nichts davon erfunden, sondern alles so niedergeschrieben, wie ich es erforscht habe. Wenn du nun mit dem Auge des Wohlgefallens darauf blickst, dann ist es frei von jedem Mangel, und wenn du mit dem Auge des Unwillens darauf blickst, dann gibt es der Unzulänglichkeiten viele. Das Auge des Edlen aber ist blind vor den Schwächen, und sein Ohr ist taub vor den Unzulänglichkeiten. Und wie gut spricht doch der, welcher sagt:

Ich sagte zu ihnen: »Vergeßt nicht die Güte untereinander,
und das Auge des Edlen sieht nur das Gute.«

Ich habe es »Die wundersamen unter den geschaffenen Dingen und die absonderlichen unter den existierenden Dingen« genannt, und es ist notwendig, vier Einleitungen zu geben, um diese Wörter zu erklären, damit daraus klar wird, was mit dem Buch beabsichtigt ist – und Gott verhilft dem Richtigen zum Erfolg.

ERSTE EINLEITUNG: ERKLÄRUNG DER VERWUNDERUNG

Man sagt, die Verwunderung sei ein Verwirrtsein, das dem Menschen zustößt, weil es ihm an Kenntnis über die Ursache der Sache fehlt oder an Kenntnis der Art und Weise ihrer Wirkung darin. So ist es zum Beispiel, wenn der Mensch einen Bienenstock sieht und ihn vorher noch nicht gesehen hat: Dann überfällt ihn Verwirrung, weil ihm die Kenntnis darüber fehlt, wer ihn gemacht hat. Wenn er nun wüßte, daß er das Werk der Bienen ist, würde er wieder in Verwirrung geraten ob der Frage, wie diese schwachen Tiere diese gleichseitigen, hexagonalen Gebilde hervorbringen können, wozu der geschickte Geometer mit Zirkel und Lineal nicht fähig ist. Und woher haben sie dieses Wachs, aus dem sie ihre ebenmäßigen Häuser bauen, von denen nicht eines anders ist, als ob sie in einer einzigen Form gemacht seien?

Und woher haben sie diesen Honig, den sie dort als Versorgung für den Winter hineintun? Und woher wissen sie, daß der Winter zu ihnen kommt und daß es ihnen dann an Nahrung mangelt, und wie kommen sie darauf, ihre Honigwaben mit einer feinen Hülle zu bedecken, damit das Wachs von allen Seiten den Honig umhüllt, auf daß nicht die Luft ihn austrockne, der Staub ihn nicht treffe und sie wie ein Tontopf bleiben, der oben mit Papier zugebunden ist? Dies nun ist die Bedeutung der Verwunderung, und alles auf der Welt ist derart – nur erfaßt es der Mensch in seiner Jugend, ohne daß er sich erforschenderweise damit beschäftigt. Dann erscheint in ihm nach und nach der naturbedingte Verstand, und er geht, weiß Gott, ganz und gar auf in der Erfüllung dessen, was er bedarf, und der Erlangung seiner Wünsche, nachdem er vertraut geworden ist mit dem, was er begriffen und mit den Sinnen erfaßt hat. Dann hat er wegen der langen Zeit seiner Vertrautheit damit die Fähigkeit der Verwunderung verloren. Wenn er nun plötzlich ein seltsames Tier, eine seltene Pflanze oder eine Tat, die das Gewohnte durchbricht, sieht, bewegt er seine Zunge mit Lobpreis und sagt: »Gelobt sei Gott«, und er sieht doch sein Leben lang Dinge, über die die Geister der Verständigen in Verwunderung geraten und über die die Seelen der Klugen verblüfft sind. Wer nun möchte, daß sich dieses Gesagte als wahr erweist, der betrachte mit dem inneren Auge der Einsicht diese erhabenen Himmelskörper, ihre Ausdehnung, ihre Festigkeit und wie sie bewahrt sind vor Veränderung und dem Vergehen, bis die Bestimmung ihr vorgesehenes Ende erreicht hat. Und wahrlich, die Erde, die Lufthülle und die Weltenmeere sind im Vergleich dazu wie ein Ring, den man in die Wüste warf. Gott der Erhabene spricht: »Wir errichteten den Himmel mit gewaltiger Macht, und siehe, Wir machten ihn weit.« (51,47) Dann betrachte er die verschiedenen Drehungen der Himmelskörper: Einige drehen sich im Verhältnis zu uns wie der Mühlstein (= waagerecht), einige wie das Schwertgehänge (= schräg) und einige wie das Wasserrad (= senkrecht); einige drehen sich schnell, und einige drehen sich langsam. Er betrachte auch, wie sie ununterbrochen in Bewegung sind, ohne diese zu vermindern, dann auch ihr Anhalten, ohne daß eine Absicht sie dazu bewegt oder sie von etwas hingezogen sind. Dann betrachte er die Sterne, die Sonne und den Mond und die Verschiedenheiten ihrer Auf- und Untergänge zu den verschiedenen Zeiten, welche die Ursache sind für die Heranbildung der Lebewesen und Pflanzen, und auch den Lauf der Sterne durch die Häuser (des Mondes), die nach einer bestimmten Maßzahl angeordnet sind, die nicht zunimmt und nicht abnimmt. Er betrachte auch die Anzahl der Sterne, ihre große Menge und die Verschiedenheit ihrer Farben: Einige neigen zur roten Farbe hin, einige zur weißen und einige zur (bläulichen) Farbe des Bleis. Und er betrachte die Reise der Sonne über ihren Himmelskreis im Zeitraum eines Jahres, ihre Aufgänge und Untergänge an jeglichem Tag zur Unterscheidung der Nacht und des Tages, der Kenntnis der Zeiten und der Abgrenzung der Zeit, die der Besorgung des Lebensunterhaltes dient, von der Zeit der Ruhe. Er betrachte auch ihre Abweichung vom Zenit, weg zum Süden und zum Norden hin, so daß sich Sommer, Winter, Frühling und Herbst ereignen. Die Forscher sind in Übereinstimmung darüber, daß sie etwas mehr als hundertsechzigmal dem Erdenball entspricht, und in einem Augenblick durchläuft sie eine Strecke, die größer ist als der Durchmesser des Erdballs. Darauf hat nun schon Gabriel – Friede sei mit ihm – hingewiesen, als er zum gesegneten Propheten sagte: »Von der Zeit, da du ›Nein‹ gesagt hast, bis daß du ›Ja‹ gesagt hast, hat die Sonne einen Zeitraum von fünfhundert Jahren durchmessen.« Dann betrachte er den Mondkörper und die Art und Weise, wie er das Licht von der Sonne erlangt, um sie in der Nacht zu vertreten, auch sein Vollsein und sein Schwinden, die Sonnenfinsternis und die Mondfinsternis. Und zu den Merkwürdigkeiten gehören die schwarzen Flecken, die auf dem Körper des Mondes zu sehen sind. Darüber hat man nun bis zu unserer Zeit noch kein zufriedenstellendes Wort vernommen, und so verhält es sich auch mit der Milchstraße, welche das Weiße ist, das man den Ring des Himmels nennt. Sie dreht sich im Verhältnis zu uns in waagerechter Weise um den Himmel. – Es ist nun aussichtslos, die Wunder der Himmelssphären bis ins kleinste aufzuzählen. Vielmehr liegt in dem Maß, wie wir es erwähnt haben, eine Belehrung für den reumütig zu Ihm zurückkehrenden Gottesdiener. Er betrachte nun auch das, was zwischen Himmel und Erde ist, nämlich: das Herniederkommen der Sternschnuppen, die Wolken, den Donner, die Blitze und den Donnerkeil, die Regen- und Schneefälle und die in verschiedenen Richtungen wehenden Winde. Dann möge er auch in Betracht ziehen, wie sich die schweren, dicken und dunklen Wolken zusammenziehen in der klaren Luft, in der keine Trübung ist, und wie es sich mit der Beförderung des Wassers und der Nutzung der Winde verhält. Sie spielen nämlich mit den Wolken und treiben sie dorthin, wo es Gott der Gepriesene will. Dann besprenkeln sie das Angesicht der Erde mit Wasser und schikken es in Tropfen, die voneinander getrennt sind und die sich nicht gegenseitig berühren, damit es das Angesicht der Erde auf sanfte Weise treffe. Wenn es nämlich in einem einzigen Guß herunterkommen würde, würde es die Saat dadurch vernichten, daß es das Angesicht der Erde zerkratzte. So schickt Er sie in genügendem Maße, nicht mehr als notwendig, so daß die Pflanzen nicht verfaulen, und auch nicht weniger als notwendig, auf daß das Wachsen nicht zum Aufhören gebracht werde. Entsprechend spricht Gott der Erhabene: »Und Wir senden Wasser vom Himmel herab in einem bestimmten Mass.« (23,18) Dann möge er auch die Verschiedenartigkeiten der Winde betrachten. Da gibt es nämlich diejenigen, welche die Wolken antreiben, und die, welche sie zerstreuen, die, welche sie zusammensammeln, und die, welche sie auspressen. Dann gibt es diejenigen, welche die Bäume bestäuben, die, welche die Samen und Früchte wachsen lassen, und welche, die sie austrocknen. Er möge auch die Erde betrachten und wie sie fest gemacht ist, um ein ausgebreitetes Lager und ein Ruheplatz zu sein, das weite Ausmaß ihrer verschiedenen Seiten und die Entfernung ihrer verschiedenen Regionen voneinander, so daß es den Menschen unmöglich ist, alle ihre Gegenden zu erreichen, auch wenn sie ein langes Leben hätten. Und Gott der Erhabene spricht: »Wir haben die Erde ausgebreitet, und wie schön betteten Wir sie!« (51,48) Dann möge er betrachten, wie ihre äußere Hülle zu einem Niederlassungsort für die belebten Dinge gemacht ist und ihr Inneres zu einem Lagerplatz für die leblosen Dinge. Du siehst sie als etwas Totes; kommt aber dann das Wasser auf sie hernieder, gerät sie in

Bewegung, wächst, bringt verschiedene Arten von Mineralien hervor, läßt verschiedene Sorten Pflanzen wachsen und bringt verschiedene Klassen von Lebewesen hervor. Er möge sodann betrachten, wie ihre Seiten befestigt wurden mit den hochaufragenden Bergen, die wie ihre Zeltpflöcke sind[2], um zu verhindern, daß sie ins Schwanken gerät; sodann auch, wie das Wasser ihren Rinnsalen anvertraut wird, die wie Wasserspeicher sind, damit es nach und nach daraus hervorkommt und Quellen daraus hervorsprudeln; und dann gehen Flüsse daraus hervor, und die Lebewesen und Pflanzen werden damit belebt, bis zur Zeit, da die Regenfälle des nächsten Jahres herniederkommen; und der Überfluß davon fließt ständig in die Meere hinein. Er möge dann die tiefen Meere betrachten, die die Buchten des Ozeans sind, welcher die gesamte Erdkugel umhüllt, so daß alles unbedeckte Land, nämlich die Ebenen und die Berge, im Vergleich zum Wasser wie eine kleine Insel in einem gewaltigen Meer ist, und der Rest der Erde ist mit dem Wasser bedeckt. Dann soll er betrachten, was es auf der Erde an Lebewesen und edlen Substanzen gibt: Für jede Tierart, die auf dem Lande lebt, gibt es im Meer eine Entsprechung – und mehr als das, denn es gibt darin Arten, deren Entsprechung man auf dem Festland nicht kennt. Er möge die Entstehung der Perle in ihrer Muschel unter dem Wasser in Betracht ziehen, auch das Wachsen der Koralle im Innersten des Felsgesteins unter dem Wasser; dabei handelt es sich nämlich um ein Gewächs in der Gestalt eines Baumes, das herauswächst aus dem Stein. Sodann betrachte er, was es außerdem noch gibt, wie Ambra und die verschiedenen Arten von Kostbarkeiten, die das Meer von sich gibt und die aus ihm gewonnen werden, und auch, wie die Schiffe auf dem Meer dahinbewegt werden und wie geschwind sie dahinziehen mit dem Wind. Er möge die Benutzung der nautischen Geräte betrachten und die Kenntnis der Seeleute darüber, woher die Winde kommen, wohin sie wehen und was ihre Zeiten sind. – Der Wunder des Meeres gibt es viele, und es ist aussichtslos, sie alle aufzuzählen: Es ist gesagt worden: »Sprich vom Meer und sei unbesorgt!« Mit dem, was wir gesagt haben, ist nun Genüge getan. Ferner möge er auch die unter die Berge gelegten Mineralien betrachten: Unter ihnen gibt es solche, die geprägt werden können, wie das Gold und das Silber, das Kupfer, das Blei und das Eisen, und es gibt solche, die nicht geprägt werden können, wie der Türkis, der Hyazinth und der Smaragd; er möge auch die Art und Weise ihrer Gewinnung und ihrer Reinigung betrachten und wie man davon Schmuck, Geräte und Gefäße macht. Laß ihn auch die Mineralien im Erdboden betrachten, wie das Naphta, den Schwefel, Teer und andere; und das wertvollste von ihnen ist das Salz, denn wenn es einem Gebiet daran mangeln würde, wären die Leute dort schnell dem Untergang preisgegeben. Er soll auch die verschiedenen Arten der Pflanzen betrachten und die verschiedenen Sorten der Früchte, die unterschiedlich sind in Form, Farbe, Geschmack und Geruch – alle getränkt von ein und demselben Wasser. Einige zeichnen sich beim Essen gegenüber den anderen aus, trotz der Identität von Erde, Luft und Wasser. So entsteht aus dem Dattelkern eine Dattelpalme, die von frischen Dattelbüscheln umrundet ist, und aus einem Korn entstehen sieben Ähren, an deren jeder sich hundert Körner befinden. Sodann möge er die Wüstengebiete betrachten, deren Teile alle gleich aussehen; wenn aber Regentropfen auf sie herabkommen, regt sich die Wüste, treibt hervor und läßt allerlei herrliche Arten wachsen. Er möge sich auch ihre Fülle vor Augen führen und die Vielfalt ihrer Arten, wie sie sich ähnlich sind oder auch nicht; betrachten soll er auch die Menge ihrer Formen und Farben, ihrer Geschmäcke, ihrer Gerüche, die Verschiedenartigkeit ihrer typischen Eigenschaften und auch die Vielzahl ihrer Nutzen, denn es wächst kein Blatt aus der Erde hervor, ohne daß darin ein Nutzen wäre, oder deren mehrere, und der Verstand des Menschen kann sie nicht alle erfassen. Alsdann betrachte er die verschiedenen Arten der Lebewesen und ihre Einteilung in die, welche fliegen, schwimmen und laufen, und die Einteilung der Laufenden wiederum in die, welche auf ihrem Bauch dahinkriechen, solche, die auf zwei, und solche, die auf vier Beinen gehen. Er möge auch ihre Gestalten und Formen betrachten und ihre charakteristischen Eigenheiten und ihre Taten, um die wundersamen Dinge zu sehen, welche den Verstand in Erstaunen versetzen – ja, sogar etwas wie die Wanze, die Ameise, die Spinne oder die Biene – und sie sind ja wahrlich schwache Tiere –, damit er sieht, was ihn verwundert, nämlich, wie sie ihr Haus bauen, ihre Nahrung zusammensammeln und sie bis zur Zeit des Winters horten, ihre Fähigkeit in ihrer Bautechnik und wie sie ihr Netz aufziehen für die Jagd. Und es gibt kein kleines und kein großes Tier, in dem nicht unzählbare wundersame Dinge sind, jedoch schwindet die Verwunderung darüber, weil man sie gewohnt ist, da man viel davon sieht. Mit den Wundern in den Himmeln und auf der Erde verhält es sich nun so, wie Gott der Erhabene spricht: »Sprich: Seht doch, was alles in den Himmeln und auf der Erde ist« (10,101) und in den Meeren, deren Ufer man nicht kennt und deren Anfänge und äußerste Grenzen nicht bekannt sind.

ZWEITE EINLEITUNG: EINTEILUNG DER GESCHAFFENEN DINGE

Das geschaffene Ding ist alles, was nicht Gott der Gepriesene, der Erhabene ist, und es besteht entweder durch sich selbst oder durch etwas anderes. Das durch sich selbst Bestehende ist nun entweder begrenzt oder nicht. Wenn es begrenzt ist, ist es der Körper, und wenn es nicht begrenzt ist, ist es die geistige Substanz, und haftet diese den Körpern an, dergestalt, daß sie diese führt und leitet, dann ist das die Seele. Ist das aber nicht der Fall, dann ist die geistige Substanz entweder frei von Leidenschaften und Zorneskräften: das ist der Engel, oder sie ist nicht frei, und das ist dann der Dschinn. – Das durch etwas anderes Bestehende: Wenn es begrenzt ist, dann handelt es sich um die körperlichen Akzidenzien, und wenn es durch die unmateriellen Substanzen besteht, dann handelt es sich um die geistigen Akzidenzien, wie zum Beispiel das Wissen und die Fähigkeit. Aus dem Zustandekommen der körperlichen Akzidenzien folgt entweder die wahre Zuschreibung oder die wahre Teilbarkeit, oder weder das eine noch das andere. Wenn es nun das erstere ist, dann ist die Zuschreibung entweder ein Sichereignen im Raume, und das ist das Wo, oder es ist ein Sichereignen in der Zeit, und das ist das Wann, oder es ist ein gegenseitiges Verhältnis, und das ist die Zuschreibung, oder die Einwirkung einer Sache auf eine andere, und das ist das Tun, oder die Wirkung auf eine Sache durch eine andere Sache, und das ist das Erleiden; oder es verhält sich so, daß eine Sache eine andere umgibt, dergestalt, daß sich das Umgebende fortbewegt mit der Fortbewegung dessen, was es umgibt, und das ist das Haben. Es kann auch sein, daß das Verhältnis eine Form ist, die sich für den ganzen

Körper ergibt, dadurch, daß Verhältnisse seiner Teile zueinander und zwischen seinen Teilen und äußeren Dingen entstehen, und das ist die Position. – Wenn nun aus dem Zustandekommen (der körperlichen Akzidenzien) die wahre Teilbarkeit erfolgt, dann ist es entweder dergestalt, daß sich zwischen seinen einzelnen Teilen kein gemeinsamer Nenner ergibt, und das ist dann die Zahl, wenn das aber der Fall ist, ist es das Maß. Wenn aber aus dem Zustandekommen (der körperlichen Akzidenzien) weder die wahre Zuschreibung noch die wahre Teilbarkeit folgt, dann ist es entweder durch Leben bedingt oder nicht. Wenn es nun durch Leben bedingt ist, dann steht es entweder ab vom Begehren und vom Widerwillen, und das ist die bloße Bewegung, oder es steht nicht davon ab, und dann ist es das Erfassen. Das Erfassen ist nun entweder ein universelles Erfassen, und das sind die Wissenschaften, die Ansichten, die Vorstellungen und die Torheiten, oder es ist ein teilweises Erfassen, und das sind dann die fünf Sinne. Wenn es aber nicht durch Leben bedingt ist, handelt es sich um die durch die fünf Sinne erfaßbaren Dinge, entweder erfaßbar durch die Fähigkeit des Sehens, wie Lichter und Farben, durch die Fähigkeit des Hörens, wie Geräusche und (gesprochene) Laute, oder durch die Fähigkeit des Riechens, wie der Duft und der Gestank, oder auch das durch den Geschmack Erfaßbare, wie die neun Geschmäcke, oder erfaßbar durch die Fähigkeit des Fühlens, wie die Hitze und die Kälte, das Feuchte und das Trockene, das Schwere und das Leichte, das Harte und das Weiche, das Rauhe und das Glatte. – Das sind nun alle Abteilungen der möglichen Dinge, und über jeden der einzelnen Teile wird noch gesprochen werden – so Gott der Erhabene will.

Es wird von den Prophetenbiographen erwähnt, daß es im ersten Buch der Thora heißt: Gott der Erhabene schuf eine Substanz. Dann schaute Er darauf mit furchtgebietendem Blick, und da schmolz die Substanz, und es stieg Rauch von ihr auf, und Sedimente setzten sich von ihr ab. Da erschuf der

Erhabene aus dem Rauch die Himmelsphären und aus dem Sediment die Erde. Darauf weist auch das Wort des Erhabenen hin: »... DASS HIMMEL UND ERDE EINE ZUSAMMENHÄNGENDE MASSE WAREN UND WIR SIE DANN TRENNTEN« (21,31), und Er, dessen Macht gewaltig ist, hat bekannt gegeben, daß das Ganze in sieben Tagen geschaffen wurde. Einige der Gelehrten sagen, daß der Tag im Sprachgebrauch »das Geschaffene, das Entstehende« ist, und die sechs Tage sind hier die Stufen Seines Schaffens, denn die Zeit abzugrenzen, bevor es die Zeit gab, ist nicht möglich. Von den sechs Tagen nun war ein Tag für die Materialisierung der Erde und einer für die des Himmels, ein Tag war für ihrer beider Gestaltung und zwei Tage dafür, sie vollkommen zu machen mit den Bergen, den Sternen, den Lebewesen und anderem. Und sie sagen auch: Alles, was über der Erde ist, das ist im Sprachgebrauch ein Himmel, denn die Sprachgelehrten sagen: Alles, was über dir ist, ist dein Himmel, und was diesseits der Himmelssphäre des Mondes ist, das ist im Verhältnis zu den (gesamten) Himmelssphären eine Erde. Gott der Erhabene spricht: »ER SCHUF SIEBEN HIMMEL UND EBENSO VIELE ERDEN« (65,12), das heißt, auch sieben. Die erste ist der Kreis des Feuers, die zweite der Kreis der Luft, die dritte der Kreis des Wassers und die vierte der Kreis der Erde, und drei sind Strata, die Mischungen aus den vier vorhergegebenen sind: Das erste besteht aus Feuer und Luft, das zweite aus Luft und Wasser, das dritte aus Wasser und Erde. Dann gestaltete Er in seiner voraussehenden Planung nach der leblosen Materie die Stätten für die Bodenschätze, welche in die tote Materie Eingang fanden, und danach die Pflanzen und die Lebewesen. Das ist alles, was über die geschaffenen Dinge zu sagen ist, und über ihre einzelnen Teile wird in zwei Kapiteln gesprochen werden – so Gott will.

DRITTE EINLEITUNG: WAS DAS SONDERBARE BEDEUTET

Das Sonderbare ist jede erstaunliche Sache, die wenig vorkommt und von den bekannten, gewohnten Dingen und den vertrauten Anblicken abweicht. Das ist nun entweder eine Einwirkung von starken Seelen, himmlischen Dingen oder von elementaren Körpern. Alles dieses geschieht durch die Allmacht Gottes und Seinen Willen. Dazu gehören die Wunder der Propheten – die Segnungen Gottes seien über ihnen allen –, wie das Spalten des Mondes, die Teilung des Meeres, die Verwandlung des Stockes in eine Schlange, das Feuer, welches kalt war und Sicherheit bot, das Hervorgehen der Kamelin aus einem massiven Felsen, die Heilung des von Geburt an Blinden und des Aussätzigen und die Wiederbelebung der Toten im Namen Gottes. Dazu gehören auch die Wunder der gerechten Heiligen: Der Einfluß ihrer Seelen geht über sie selbst hinaus zu anderen Körpern, so daß sich durch sie seltsame Einwirkungen in der Welt kundtun. So wird der Kranke geheilt durch ihr Bemühen um eine Heilung, und die Erde wird getränkt durch ihre Bitte um Regen. Manchmal kommt es auch vor, daß sich Mondfinsternis, Erdbeben, Sturmfluten und Donnerkeile auf ihr Gebet hin ereignen. Auch wenden sich Seuche und todbringende Krankheiten ab, wenn sie darum bitten, und um ihretwillen wird die Schreckhaftigkeit der Vögel umgewandelt in Ruhe und Sichniederlassen, und die Angriffslust und die Heftigkeit der wilden Tiere wird in Sanftheit und Unterwürfigkeit verwandelt. Zu den Sonderbarkeiten gehören auch die Aussagen der Wahrsager, jedoch wurde das Wahrsagen mit der Sendung des gesegneten Propheten ausgelöscht. In der Zeit der

Unwissenheit (vor dem Islam) pflegten diese Wahrsager seltsame Dinge beizubringen. Man glaubte, daß dies dadurch zustande kam, daß ihre Seelen immer wieder von den Seelen der Dschinnen besucht wurden. Es gehört zu diesen Dingen auch das Treffen mit dem bösen Blick. Wenn nämlich der Schauende sich über eine Sache verwundert, dann ist das verderblich für das, was von ihm bewundert wird, hervorgerufen durch eine besondere Eigenschaft, die seiner Seele anhaftet und auf die er keinen Einfluß hat. Dazu gehört auch, daß einige Seelen von Natur aus eine seltsame Fähigkeit besitzen, die sich in dieser Weise nicht bei anderen findet. So wird zum Beispiel berichtet, daß es in Indien Leute gibt, die sich, wenn sie etwas Bestimmtes erreichen wollen, von den Menschen absondern und sich ganz auf diese Sache ausrichten. Dann ereignet sich das, worauf sie ihr Bestreben ausgerichtet haben. Was im folgenden erzählt wird, ist von dieser Art: *Sultan Mahmûd*[3] machte einen Angriff auf Indien, und jedesmal, wenn er sein Ziel auf eine bestimmte Stadt dort richtete, wurde er krank. Er zog darüber Erkundigungen ein, und man sagte ihm, daß sich in dieser Stadt eine Gruppe von Indern befände, die sich auf die Krankheit konzentrierten, und sie in Übereinstimmung mit ihrem Bestreben dann auch käme. Da riet ihm einer seiner Gefährten, die Trommeln zu schlagen und die großen Trompeten blasen zu lassen, um ihre konzentrierte Absicht zu stören. Sie taten das; da hörte jene Krankheit auf, und sie nahmen die Stadt ein. Solcherart ist auch, was von einem Mann in Isfahan erzählt wird, der sich als Astrologe ausgab: Er machte keine Fehler, und sein Name verbreitete sich im Lande. Da hörte Abu Ma'schar at-Tabarî von ihm, und er war der Lehrer seiner Zeit. Er hielt die Angelegenheit für bedeutsam und reiste mit großem Bestreben zu ihm. Da sah er ihn auf einem Weg sitzen, und die Leute, die um ihn herum waren, stellten ihm Fragen. Er hob das Astrolab hoch und gab ihnen schnell eine Antwort. Da sagte Abu Ma'schar zu ihm: »O du Weiser, wie kann durch diesen kurzen Augenblick auf diese vorherbestimmten Ereignisse hingewiesen werden?« Da sagte er: »Ich werde dir darüber Auskunft geben.« Als nun die Menschen ihn verlassen hatten, sagte er: »Ich sage zu ihnen, was mir in den Sinn kommt, und ich lasse sie denken, daß dies aus einem bestimmten Fachwissen heraus geschieht. Den Leuten gefällt dies.« Da wußte Abu Ma'schar, daß dies die Wirkung einer starken Seele war.

Ebenfalls dazu gehört, was im folgenden berichtet wird: Zur Zeit des chwarizmischen Schahs Muhammad ibn Tekisch kam ein Philosoph aus Indien nach Chorasân und nahm den Islam an. Man nannte ihn den indischen Weisen. Er pflegte den Aszendenten der Geburtszeit eines jeden, der es wollte, herauszufinden. Da prüfte man ihn mit genauen astrologischen Berechnungen, und er täuschte sich nie in einer Sache. Er pflegte zu behaupten, daß dies so sei aufgrund einer Rechenmethode, die er kenne. Seine Angelegenheiten wurde vor den Herrscher gebracht, und der sagte zu ihm: »Vermagst du auch etwas anderes als die Aszendenten der Gestirne herauszufinden?« Da sagte er: »Ja«, und der Herrscher sagte zu ihm: »Sag mir, was ich gestern in meinem Traum gesehen habe!« Da ging er weg, machte eine Berechnung, kehrte zurück und sagte: »Der Herrscher sah in seinem Traum, daß er sich auf einem Schiff befand und in seiner Hand ein Schwert hielt!« Da sagte der Herrscher: »Er hat es getroffen! Wir wollen uns jedoch nicht auf dies beschränken, denn wie oft fahre ich in einem Schiff auf dem (Fluß) Dschaiḥûn – und das Schwert ist immer bei mir.« Dann stellte er ihn noch ein anderes Mal auf die Probe, und dieser traf wieder das Richtige. Da nahm er ihn in seine nähere Umgebung auf und fragte ihn um Hilfe bei seinen Angelegenheiten. Zu den seltsamen Dingen gehören auch diejenigen, die im Himmel stattfinden, wie zum Beispiel das Erscheinen von Kometen, Verfinsterungen (von Planeten), das Herunterfallen von Sternschnuppen, durch welche die Luft erleuchtet wird und die eine Zeitlang zu sehen bleiben. Dazu gehört auch das Herunterfallen eines schweren Körpers aus der Luft. So berichtet Avicenna, daß in seiner Zeit ein Körper aus der Luft auf die Erde von Dschûzdschânân[4] fiel, der wie ein Stück Eisen war und ein Gewicht von fünfzig Mann[5] hatte, ähnlich wie miteinander verbundene Körner. Man wollte ihn zerbrechen, doch hatte Eisen keinerlei Wirkung auf ihn. Zu den seltsamen Dingen gehört auch das Fallen von Schnee oder Hagel zu unpassender Zeit. So berichtet zum Beispiel einer der Scheichs aus Qazwîn, daß an den Tagen der Aprikosenernte ein gewaltiger Hagel zu ihnen kam; und jedes Hagelkorn hatte die Größe einer Walnuß. Er vernichtete viele Tiere und Pflanzen. (Die Aprikosen werden in Qazwîn erst im Sommer reif.)

Hierher gehört auch das Herunterfallen von Steinen wie Eisen und Kupfer inmitten von Gewitterstürmen. Das ereignete sich im Lande der Türken, und manchmal ereignete es sich auch im Lande Dschîlân. *Abu l-Hasan'Ali ibn al-Athîr al-Dschazarî* berichtet in seiner »Geschichte«, daß in Tunesien im Jahre 411 eine Wolke mit heftigem Donner und Blitz aufkam, die viele Steine herabregnen ließ und viele Tiere und Pflanzen vernichtete.

Auch was *al-Dschâhiz* berichtet, gehört hierher: In Idhâdsch – das ist eine Stadt zwischen Isfahan und Chuzistan – erschien eine finstere Wolke, die beinahe die Köpfe der Menschen berührte, und sie hörten darin Laute wie das Brüllen eines Kamelhengstes. Dann schickte sie einen heftigen Regen hernieder, bis man sich fast damit abgefunden hatte zu ertrinken, und sie schickte Frösche und riesige, fette Schabûts – das ist ein bestimmter Fisch. Da aßen die Menschen, salzten ein und machten Vorräte in großer Menge.

Es gehören zu den außerordentlichen Dingen auch solche, die auf der Erde stattfinden, wie zum Beispiel, daß das Trokkene zum Meer wird, wie im Gebiet von Yûnân. Dieses war nämlich ein bevölkertes Land, nun aber hat es das Wasser ganz eingenommen. Oder es kommt vor, daß das Meer trokkenes Gebiet wird, wie das Gebiet von Sâwa. Dieses war nämlich ein Meer, aber jetzt sieht man darin keine Spur eines Meeres mehr. – Es gehört auch das dazu, von dem man behauptet, daß es als Dampf aus der Erde heraussteigt, und dieser Dampf macht alle Pflanzen und Lebewesen, auf die er trifft, zu hartem Stein. Die Spuren davon sind sichtbar in Insinân in Ägypten und in Yalih Bascham im Gebiet von Qazwîn. Es gehört auch dazu, daß es auf der Erde Löcher gibt, aus denen schwarzes Wasser hervortritt. Das ist in vielen Gegenden beobachtet worden. Dazu gehört auch die Stadt Dschandsch in ar-Rûm und das Dorf Darkazîn in der Umgegend von Hamadan. Zu den Eigentümlichkeiten gehört auch ein Erdbeben, das in einigen Gegenden der Erde einen Monat oder länger dauert. Dies wurde beobachtet in Nîsâbûr und ar-Rayy. Und es berichtete mir der Imâm Abû l-Qâsim ar-Râfi'î – möge Gott seinen Geist heiligen –, daß er bei dem Erdbeben ein Dach sah, welches sich gespalten hatte, so daß er die Sterne durch den Spalt sah; dann kehrte es in seinen vorigen Zustand zurück, und es zeigte sich an ihm keine einzige Spur des Spaltes. Hierher gehört auch das Erscheinen von Pflanzen in einem Landstrich, wo ihr Vorkommen den Menschen nicht bekannt war, wie das Auftauchen von Manna in der Gegend von Sâwa. Dazu gehört auch die Geburt von Lebewesen mit seltsamer Gestalt, dergleichen man noch nicht gesehen hat, wie es von asch-Schâfi'î – möge Gott Wohlgefallen an ihm haben – überliefert wird, nämlich, daß er in Jemen einen Menschen gesehen habe, der von der Mitte abwärts den Körper einer Frau hatte und von der Mitte aufwärts zwei zusammenhängende Körper mit vier Händen, zwei Köpfen und zwei Gesichtern; sie aßen und tranken beide, und sie schlugen sich und vertrugen sich wieder. Dazu gehört auch der Bericht über eine Frau in Kil Wasâmân, einem von den Dörfern bei Balch: Sie gebar im Jahre 528 einen halben Körper, der einen halben Kopf, eine einzige Hand und einen einzigen Fuß hatte; ganz wie die Gestalt des Nasnâs[6], den man in den Dickichten von asch-Schihr im Lande Jemen findet. Sie wurde in einem anderen Jahr schwanger und brachte einen Körper mit zwei Köpfen und vier Ohren zur Welt.

Die Gelehrten behaupten, daß sie für die außergewöhnlichen Ereignisse drei Kräfte gefunden haben, und für jede dieser Kräfte haben sie eine Bezeichnung geprägt: Die erste Art dieser Kräfte sind die seelischen Einflüsse und die Wirkungen, die aus neuerzeugten (nicht aus der Außenwelt abstrahierten) Vorstellungsinhalten resultieren (welche auf die Außenwelt projiziert werden), und zwar ohne ursächliche Vermittlung durch natürliche Dinge. Die Benutzung dieser Vorstellungsinhalte zum Guten sind die von den Propheten – die Segnungen Gottes seien über ihnen allen – gewirkten Wunder und auch die Wunder der Heiligen – die Barmherzigkeit und Zufriedenheit Gottes sei mit ihnen. Werden sie aber im Bösen benutzt, sind sie Zauberei von bösen Seelen. – Die zweite Kraft zeigt sich in den außergewöhnlichen Dingen, welche durch Sphären und Elementarkörper geschehen, die durch Aufbau, Formen und Lagen näher bestimmt sind, und man nennt sie die magischen Kräfte. – Die dritte Kraft liegt in den außergewöhnlichen Dingen, die sich aus irdischen Körpern ergeben, wie zum Beispiel das Anziehen des Eisens durch den Magneten, und diese werden sympathetische Kräfte genannt.

Dieses ist nun eine allgemeine Darlegung der außergewöhnlichen Ereignisse, und über Einzelheiten wird noch gesprochen werden – so Gott will.

VIERTE EINLEITUNG: DIE EINTEILUNG DER EXISTIERENDEN DINGE

All das Existierende außer dem Notwendigen (Gott), der gepriesen sei, ist von Ihm geschaffen und gestaltet, und in jedem kleinsten Körnchen, sei es Substanz oder Akzidens, Eigenschaft oder Träger der Eigenschaft, sind wunderbare und seltsame Dinge, in denen sich die Weisheit, die Allmacht, die Größe und die Majestät Gottes des Erhabenen offenbart, und es ist nicht möglich, dieses alles aufzuzählen. Wir werden vielmehr auf große Gruppen hinweisen, auf daß sie ein Beispiel seien. Wir sagen also: Die geschaffenen, existierenden Dinge sind einteilbar in das, dessen Ursprung wir nicht kennen und in das wir keine Einsicht nehmen können – und wie viele Dinge sind es doch, die wir nicht kennen! Entsprechend lauten die Worte des Erhabenen: »Und Er bringt hervor, was ihr nicht wisst« (16,8) –, und in das, welches wir in seiner Gesamtheit kennen, nicht aber in seinen Einzelheiten. Dieses ist nun wiederum aufgeteilt in das, welches wir mit dem Gesichtssinn erfassen, und das, welches wir nicht so erfassen können: Bei dem, welches wir nicht mit dem Gesichtssinn erfassen können, wie den Thron Gottes[7], Seinen Fußschemel, die Engel und die Dschinnen, sind die Möglichkeiten, in diese Dinge Einsicht zu nehmen, beschränkt. Darüber kann man nur sagen, was sich durch heilige Texte und Prophetenüberlieferungen als feststehend erweist. Was nun die mit dem Gesichtssinn erfaßbaren Dinge betrifft, so handelt es sich zum Beispiel um die Himmelssphären und die Erde und um das, was sich dazwischen befindet. Die Himmelsgefilde sind nun sichtbar durch ihre Sterne, durch Sonne und Mond und ihre Bewegungen und Drehungen bei ihren Aufgängen und Untergängen; und die Erde ist sichtbar durch das, was in ihr enthalten ist an Bergen, Meeren und Flüssen, an Mineralien, Pflanzen und Lebewesen. Was zwischen dem Himmel und der Erde ist – und das ist der Luftraum –, wird erfaßt durch die Wolken, die Regen- und Schneefälle, die Donner, Blitze und Gewitterstürme, die Sternschnuppen und die Sturmwinde. Dies sind also die verschiedenen Arten der Dinge, die vom Himmel, der Erde und dem, was dazwischen liegt, sichtbar sind, und alle verschiedenen Gattungen davon werden in verschiedene Arten eingeteilt, alle Arten werden wiederum in verschiedene Gruppen eingeteilt. Man fände kein Ende, wenn man sie nach ihren verschiedenen Eigenschaften und Formen und ihren äußeren und inneren Kräften aufgliedern und aufteilen wollte – und in alledem ist Raum für Gedanken und Betrachtungen. Es bewegt sich nämlich kein Stäubchen in den Himmelsgefilden und auf der Erde, ohne daß hinter seiner Bewegung eine göttliche Weisheit oder zwei, zehn oder tausend solcher Weisheiten stehen. Dieses alles ist ein Hinweis auf die unvergleichliche Einzigartigkeit des Schöpfers, auf Seine Allmacht, Seine Erhabenheit und Seine Majestät. Dementsprechend sagt *Abu l-ʿAtâhiya*:

Und für Gott liegt in jeder Bewegung und allem
Zur-Ruhe-Kommen ein bezeugender Beweis,
und in jedem Ding hat Er ein Zeichen, das darauf
hinweist, daß Er Einer ist.

DIE OBEREN GEFILDE

Über das eigentliche Wesen der Himmelskreise, ihre Formen, ihre Lagen und ihre Bewegungen, in Form einer Zusammenfassung

Die Gelehrten sind der Meinung, daß der Himmelskreis ein einfacher, kugelförmiger Körper ist, der die Mitte umfaßt und sich um sie dreht. Er ist weder leicht noch schwer, weder heiß noch kalt, weder feucht noch trocken, er läßt sich nicht zerreißen und nicht zusammenstückeln. Dafür haben die Gelehrten Beweise, die in den philosophischen Büchern aufgeführt werden. Unser Buch wendet sich dem aber nicht zu.

Die Himmelskreise nun sind Kugeln, deren eine die andere umfängt, so daß sich aus ihrer Gesamtheit schließlich eine einzige Kugel ergibt, die man die Welt nennt. Sie wird zunächst in neun Sphären eingeteilt, bei denen die untere Fläche jeder Sphäre die obere Fläche der unter ihr befindlichen Sphäre berührt. Diejenige, welche den vier Elementen (= der sublunaren Welt) am nächsten ist, ist die Sphäre des Mondes; dann kommt die Sphäre des Merkur, dann die Sphäre der Venus, dann die Sphäre der Sonne und danach die Sphäre des Mars, die Sphäre des Jupiter, die Sphäre des Saturn, die Sphäre der Fixsterne und schließlich die Sphäre der Sphären. Wisse nun, daß zu jeder Himmelssphäre ein Bereich gehört, aus dem sie sich nicht fortbewegt. Sie bewegt sich jedoch darin und kommt nicht einen Augenblick zum Stillstand, und die Geschwindigkeit ihrer Bewegung ist größer als alles, was der Mensch je gesehen hat. Es hat sich nämlich durch geometrische Berechnungen als erwiesen herausgestellt, daß die größte Sphäre sich über dreitausend Parasangen bewegt in dem Zeitraum, der vergeht, wenn ein Pferd, das sich im heftigen Galopp befindet, seine Vorderhand hebt und wieder niedersetzt. Dann gibt es Sphären, die sich vom Osten zum Westen hin bewegen, wie die größte Sphäre, und es gibt solche, die sich von Westen nach Osten hin bewegen, wie die Sphäre der Fixsterne und die Sphären der Planeten. Es gibt auch solche, die sich im Verhältnis zu uns senkrecht, solche, die sich schräg, und solche, die sich waagrecht bewegen.[1] Ferner gibt es solche, die die Mitte umschließen und deren Zentrum das Zentrum der Welt ist, wie die neun Himmelskreise. Und es gibt solche, welche die Mitte umschließen und deren Zentrum nicht das Zentrum der Welt ist, wie die exzentrischen, und schließlich gibt es auch solche, welche nicht die Mitte umschließen, wie die Sphären der Epizyklen, deren Erläuterung an entsprechender Stelle gegeben werden wird – so Gott will. Es gibt weiterhin solche Sphären, von denen man nur einen einzigen Stern kennt, wie es sich bei den Sphären der Planeten verhält, und es gibt solche, von denen nur Gott weiß, wie viele Sterne sie enthalten, wie zum Beispiel die Sphäre der Fixsterne. Es gibt auch solche, denen überhaupt kein Stern zukommt, wie es bei der größten Sphäre der Fall ist, und deshalb nennt man sie die leere Sphäre[2]. Was nun die übrigen Himmelssphären betrifft, so sind ihre Sterne in sie eingefügt, so wie die Gemme in den Siegelring eingefügt ist, und ihre Bewegungen folgen den Bewegungen ihrer jeweiligen Sphären. Die gesamten Bewegungen nun, welche es in der Welt gibt, insoweit man es weiß nach der Lehre der Alten und der beobachtenden Astronomen, insbesondere des Ptolemäus – denn auf seine Beobachtung stützen sich die Leute –, sind fünfundvierzig Bewegungen: die Bewegungen der größten Sphäre und die der Sphäre der Fixsterne, die achtzehn Bewegungen der oberen Planeten, für jeden einzelnen sechs Bewegungen, zwei Bewegungen der Sphäre der Sonne, sechs der Sphäre der Venus, neun der Sphäre des Merkur und sechs der des Mondes. Zwei Bewegungen sind dem, was unter der Sphäre des Mondes ist, zu eigen, und es sind dieses die beiden Bewegungen der Schwere und der Leichtigkeit. Zu diesem Ergebnis sind sie nun gekommen; und sie sind die Verständigen und Scharfsinnigen – und Gott verhilft dem Richtigen zum Erfolg.

Die besonderen Eigenschaften des Mondes und seine wundersamen Wirkungen

Man behauptet, daß die Wirkungen des Mondes alle vermittelst der Feuchtigkeit erfolgen, so wie die Wirkungen der Sonne vermittelst der Hitze erfolgen, und darauf weisen die Schlußfolgerungen der Forscher hin. Dazu gehört die Sache mit den Meeren: Wenn der Mond an den Horizont des Meeres gelangt, beginnt die Flut mit dem Mond und steigt so lange, bis der Mond in der Himmelsmitte jenes Ortes angelangt ist, und wenn er dort ist, hat die Flut ihre äußerste Grenze erreicht. Wenn der Mond dann von der Mitte des Himmels niedergeht, beginnt die Ebbe, und das Wasser hört nicht auf zurückzuweichen, bis der Mond untergegangen ist. In diesem Augenblick hat die Ebbe ihren tiefsten Stand erreicht. Wenn nun der Mond den westlichen Horizont verläßt, fängt das Wasser ein zweites Mal an zu steigen, nur daß es diesmal schwächer ist als das erste Mal. Das hält so lange an, bis der Mond am Pol der Erde angekommen ist. Zu dieser Zeit erreicht zum zweiten Mal an jenem Ort die Flut ihren höchsten Stand. Dann beginnt sie wieder zu sinken und zurückzugehen. Das geschieht so lange, bis der Mond den östlichen Horizont jenes Platzes erreicht hat. Sodann hat die Flut wieder den Stand erreicht, den sie zuerst hatte. So gibt es an jedem Tag und in jeder Nacht – in dem Maße, wie der Mond dahinzieht – in diesem Meer zwei Fluten und zwei Ebben. Wer nun zur Zeit, da die Flut beginnt, auf hoher See ist, der fühlt, daß im Wasser eine Bewegung von unten nach oben vor sich geht, er sieht, daß das Wasser anschwillt, und es kommen Sturmwinde und Wogen auf. Wenn dann die Zeit der Ebbe da ist, nimmt das alles ab. Wer an den Ufern und den Gestaden ist, der bemerkt eine Vermehrung des Wassers und eine heftige Bewegung, ein Fließen und ein Ansteigen, das so anhält, bis das Wasser wieder fällt und zum Meer zurückkehrt. Der Ausgangspunkt der Flut in den Meeren ist überall dort, wo es tiefe, weite und wasserreiche Plätze gibt, wo die Oberfläche zum größten Teil aus hartem Gestein oder vielen Bergen besteht. Und wenn sich der Mond dort am Horizont befindet und sich seinem Zenit nähert, auf daß die vielen Dämpfe in der Tiefe dieses Meeres sich bilden, sich darin zusammenballen und verdichten, dann schwellen sie an, und durch das Anschwellen kommt das Steigen des Wassers zustande. Wenn nun diese Ursachen in einem der Meere nicht alle auf einmal zusammenkommen, gibt es darin keine Ebbe und Flut. Dies ist also Ebbe und Flut, welche jeden Tag und jede Nacht mit dem Aufgehen des Mondes und seinem Untergang stattfindet. Was aber diejenige Flut und Ebbe betrifft, die sich einmal im Monat einstellt, so ist sie davon verschieden. Und die Meereskundigen behaupten, daß das Meer anfängt zuzunehmen von der Zeit, da die Sonne und der Mond in Konjunktion stehen, bis zur Zeit, da der Mond seine volle Form erreicht hat, dann abzunehmen beginnt und entsprechend der Abnahme des Mondes nicht aufhört, darin fortzufahren, bis es die äußerste Grenze seiner Abnahme erreicht hat, und das ist die Zeit der Mondlosigkeit; dann beginnt das Meer bei der Konjunktion wieder zuzunehmen.

Auch die Sache mit den Körpern der Lebewesen gehört dazu: In der Zeit nämlich, da der Mond zunimmt, werden sie stärker, und sie erfahren dann am stärksten die Wärme, die

Feuchtigkeit und das Wachstum; die vier Körpersäfte im Körper des Menschen werden nach außen hin sichtbar, die Adern werden voll. Nach dem Vollmond aber werden die Körper schwach, es herrscht dann am stärksten die Kälte über sie, das Wachstum ist am geringsten, die Körpersäfte sind in der Tiefe des Körpers, und die Adern sind am wenigsten gefüllt. Dieses ist bei den Gelehrten der Heilkunst eine offenkundige Angelegenheit. Es gehört dazu, daß die Ärzte annehmen, daß die Krisenzustände und das schnelle Aufeinanderfolgen der Krisentage auf der Zunahme und Abnahme des Mondlichtes beruht, und die Medizinbücher reden davon. Man behauptet auch, daß die Körper derjenigen, welche im ersten Teil des Monats krank werden, sich stärker gegen die Krankheit wehren können und die Körper derjenigen, welche im letzten Teil des Monats krank werden, schwächer sind. Desgleichen, daß die Haare der Lebewesen schnell wachsen, dick und viel werden, solange der Mond zunimmt, und wenn der Mond abnimmt, wachsen sie langsam und werden nicht dick. Ebenfalls nimmt die Milch der Lebewesen zu, vom Beginn der Zunahme des Mondlichtes bis zum Vollmond; auch wachsen ihre Hirne und das Weiß des Eies, das sich im ersten Teil des Monats bildet, am meisten. Wenn aber das Licht des Mondes abnimmt, nimmt die Fülle der Milch ab, ebenso das Anwachsen des Hirns und die Menge des Eiweißes. Einige behaupten, daß diese Zustände sich an einem einzigen Tag ergeben: Wenn sich der Mond über der Erde im östlichen Viertel befindet, nimmt die Milch der Lebewesen zu und verstärkt sich das Wachsen des Gehirns, und wenn sich in den Leibeshöhlen der Vögel zu dieser Zeit Eier bilden, haben diese in reichlichem Maß Eiweiß. Wenn sich nun der Mond im westlichen Viertel befindet, sind die Zustände schlechter, als sie es im östlichen Viertel waren. Ist der Mond aber unter der Erde, dann ist die Abnahme ganz offenkundig, und sie behaupten, daß diese Gegebenheiten bei der Lichtlosigkeit deutlich zutage treten.

Außerdem ist es so, daß im Körper des Menschen, wenn er sich im Licht des Mondes vermehrt niedersetzt oder schläft, Trägheit und Schlaffheit entstehen und daß in ihm Erkältung und Kopfschmerz aufsteigen. Ebenfalls ist es so, daß das Fleisch der Lebewesen, wenn es dem Licht des Mondes bei Nacht ausgesetzt ist, seinen Geruch und seinen Geschmack verändert. Auch ist es so, daß die Fische, welche in den Meeren, den Sümpfen und den Flüssen gefunden werden können, vom Anfang des Monats bis zum Vollmond in größerer Menge vorhanden sind als vom Vollmond bis zum Ende des Monats, und sie sind außerdem in der ersten Hälfte des Monats fetter als in der zweiten Hälfte. Es ist auch so, daß das Erdengewürm in der ersten Hälfte des Monats in größerer Menge aus seinen Löchern hervorkommt, als dies in der zweiten Hälfte des Monats geschieht. Und alle Tiere, die stechen oder beißen, tun das in der ersten Hälfte des Monats in stärkerem Maße als in der zweiten Hälfte, und ihr Gift hat eine stärkere Wirkung. Auch sind die Raubtiere beim Reißen des Wildes kräftiger und heftiger in der ersten Hälfte des Monats als in der zweiten Hälfte desselben.

Es gehört auch dazu, daß die Bäume, wenn sie gepflanzt werden, bei zunehmendem Mond gut anschlagen, wachsen und gedeihen und Wachstum und Früchtetragen beschleunigt werden; und wenn Samen und Früchte zu der Zeit vorhanden sind, da das Licht des Mondes im Zunehmen begriffen ist, werden sie beide (= die Samen und die Früchte) erstklassig. Wenn das Mondlicht aber abnimmt oder verschwindet, dann sind die Pflanzen nicht schnell in ihrem Wachstum, sind langsam im Früchtetragen, und manchmal trocknen sie aus. Auch ist es so, daß bei Früchten, Duftkräutern, Saaten, Gemüsepflanzen und Gräsern das Wachstum und die Vermehrung von der Zeit der Zunahme des Mondes bis zur Zeit des Vollmondes größer ist als ihr Wachstum und ihre Zunahme vom Vollmond bis zum Neumond. Dieses ist eine offenkundige Angelegenheit bei denen, die Landwirtschaft betreiben, sogar bei der Masse von ihnen, ganz zu schweigen von denen, die gelehrt sind auf diesem Gebiet. Diese Wirkung finden sie nämlich ganz offenkundig, besonders beim Gemüse, bei Pfirsich und Melone, Sesam und Schlangengurke, bei der kurzen Gurke und dem Kürbis, denn vom Anfang des Monats bis zur Monatsmitte wachsen sie mehr, als sie es von der Monatsmitte bis zum Ende des Monats tun.

Es gehört auch zu den Besonderheiten, daß das Mondlicht, wenn es auf die Früchte fällt, diesen einen wunderbaren Rot- und Gelbton gibt. Diejenigen nun, auf welche das Licht des Mondes in der ersten Hälfte des Monats fällt, haben eine schönere Farbe als diejenigen, auf die es in der zweiten Hälfte des Monats fällt. Und es ist auch so, daß das Mondlicht die Pflanzen des Zuckerrohrs und des Flachs bricht und mürbe macht, und diejenigen nun, auf die das Licht, wenn er im Zunehmen begriffen ist, fällt, werden stärker zermürbt als diejenigen, auf die das Licht des Mondes fällt, wenn er im Abnehmen begriffen ist. Zu den Besonderheiten gehört es auch, daß die Mineralien, welche vom Anfang bis zur Mitte des Monats entstehen, eine Zunahme ihrer Substanzen erfahren, und daß ihre Reinheit und Unvermischtheit größer ist als bei denen, die von der Abnahme des Mondes bis zu seiner Konjunktion (mit der Sonne) entstehen und wachsen, und das ist offenbar bei denen, die sich mit den Mineralien auskennen. Einige der Gelehrten sagen: Wer erforschen will, wie die Kräfte der Natur stark werden mit der Kraft des Mondes und schwach werden, wenn er schwach ist, der betrachte den Mond, wenn er in Konjunktion mit der Venus im Zeichen des Stieres steht, und benutze ein Kalk-Enthaarungsmittel, welches gewöhnlicherweise zur Entfernung des Haares benutzt wird. Er wird dann sehen, daß das Haar sich nicht von seinem Platz entfernt und überhaupt keine merkliche Einwirkung darauf stattfindet. Wenn er nun gewöhnlich sein Haar ohne Schmerz auszupfen konnte, so wird es ihm an diesem Tage nicht gelingen, auch nur etwas davon auszuzupfen, ohne daß es heftigen Schmerz verursacht. Das ist nun so wegen der durch die Kraft der Mondes verstärkten Kraft der Natur und ihrer Sorge um das Festhalten des Haares.

Die Sonne

Was nun die Sonne angeht, so ist sie der Stern mit dem größten Körper und dem meisten Licht, und ihr natürlicher Platz ist der vierte Himmelskreis. Die Astrologen behaupten, daß die Sonne unter den Gestirnen wie ein König sei und die anderen Gestirne wie die Helfer im Staatswesen und die Soldaten: Der Mond ist wie der Wesir und der Thronfolger, der Merkur wie der Staatsschreiber, der Mars wie der Polizeichef, der Jupiter wie der Richter, der Saturn wie der Schatzmeister, und die Venus entspricht der Dienerschaft und den Sklavinnen. Die Himmelskreise sind wie die Klimata, die Tierkreiszeichen wie die Länder, die Bezirke wie die Städte, die Grade wie die Dörfer, die Minuten wie die Stadtviertel und die Sekunden wie die Häuser – und dies ist ein ausgezeichnetes Gleichnis. Zur gütigen Fürsorge Gottes gehört es, daß die Sonne in die Mitte der sieben Planeten gesetzt ist, damit die Naturelemente und die daraus gebildeten Dinge in der Ordnung der Welt durch ihre Bewegung in ihrer gleichmäßigen Ausgewogenheit verbleiben. Wenn sie nämlich in der Sphäre der Fixsterne wäre, würden die Naturelemente zugrunde gehen durch die starke Kälte, und wenn sie zur Sphäre des Mondes herabgestiegen wäre, würde diese Welt ganz und gar verbrennen. Eine andere Wohltat Gottes ist es, daß Er sie geschaffen hat als eine, die sich fortbewegt, nicht als eine, die stille steht. Sonst würde nämlich die Hitze an einem Ort und die Kälte an einem anderen Ort sehr heftig werden, so daß ihrer beider Untergang offenkundig wäre. Vielmehr steigt die Sonne jeden Tag von Osten her auf und geht unentwegt von einem Ort zum anderen, bis sie zum Westen gelangt, und kein freier Ort ihr gegenüber bleibt ohne einen Sonnenstrahl von ihr. Sie senkt sich während des ganzen Jahres einmal gen Süden und einmal gen Norden, um ihren Nutzen voll auszubreiten. Was nun die südliche Gegend betrifft, so senkt sie sich dorthin nieder, bis sie in die Nähe des Aufgangs des Alpha Scorpionis gelangt, und dieser bezeichnet den kürzesten Tag im Jahr. Was aber die nördliche Gegend betrifft, so senkt sie sich dorthin, bis sie in die Nähe des Aufgangs des Arcturus gelangt, und dieser bezeichnet den längsten Tag im Jahr. Dann senkt sie sich wiederum gen Süden. Dem entspricht die Rede des Erhabenen: »UND DIE SONNE, WELCHE DAHINZIEHT, UM SICH DORT AUFZUHALTEN«, das heißt das Ende ihres Zieles im Süden und im Norden, »DAS IST EINE BESTIMMUNG DES MÄCHTIGEN, DES WISSENDEN.« (36,38) Gelobt sei Er; wie groß ist doch Seine Sache und wie gewaltig Sein Beweis! – Was den Körper der Sonne betrifft, so ist er 166mal so groß wie der Erdenkörper, und sein Durchmesser beträgt 41 998 Meilen. Die Sonne bleibt dreißig Tage und etwas in jedem Tierkreiszeichen und durchmißt jeden Tag einen Grad.

Die Sonne hat wundersame Eigentümlichkeiten und Einwirkungen auf die oberen und die unteren Gefilde. Was die oberen Gefilde betrifft, so verdeckt sie alle Sterne durch die Vollkommenheit ihrer Strahlen und gibt dem Mond sein Licht, je nachdem, wie groß seine Entfernung von ihr ist, und bei allem, was wir an Vorzügen des Mondes erwähnt haben, handelt es sich eigentlich um Vorzüge der Sonne. Was nun die unteren Gefilde betrifft, so gehört zu ihren Einwirkungen die, welche sie auf die Meere hat: Wenn sie sich über dem Wasser erhebt, läßt sie wegen der Wärme Dämpfe daraus hervorsteigen, und wenn der Dampf auf kalte Luft trifft, verdichtet er sich durch die Kälte und ballt sich als Wolke zusammen. Dann trägt sie der Wind fort an entfernte Plätze, weg von den Meeren. Gott schickt dann die Regentropfen herab, »DURCH WELCHE ER DIE ERDE BELEBT NACH IHREM TODE« (30,23), und es entstehen aus ihnen die Flüsse und die Quellen. Das ist die Ursache für das Fortbestehen der Lebewesen, das Hervorsprießen der Pflanzen und die Entstehung der Bodenschätze. Entsprechend spricht Gott der Erhabene: »UND ER IST ES, DER DIE WINDE SCHICKT ALS EINE FROHE BOTSCHAFT, DIE SEINER BARMHERZIGKEIT VORAUSEILT. WENN SIE DANN SCHWERE WOLKEN AUFKOMMEN LASSEN, TREIBEN WIR SIE ZU EINEM AUSGEDÖRRTEN LAND UND SCHIKKEN DURCH SIE DAS WASSER HINAB, UND DADURCH BRINGEN WIR ALLERLEI FRÜCHTE HERVOR.« (7,55) – Die Sache mit den Bodenschätzen gehört auch hierher: Wenn die Flüssigkeiten, welche im Inneren der Erde durch das Wasser der Regenfälle gewonnen werden, sich mit erdigen Teilen vermischen, läßt die Sonne sie reifen, und es werden aus ihnen die Mineralkörper hervorgebracht, gemäß ihrem Material, zum Beispiel das Gold, das Silber und die anderen Metalle, der Hyazinth, der Smaragd und die anderen kostbaren Steine, das Quecksilber, der Schwefel, das Arsen, das Salz und das Ammoniak; und alle die Nutzen dieser Dinge sind offenkundig. – Es gehört auch die Sache der Pflanzen hierher: Die Saaten, Bäume und Pflanzen sind nur an Orten, über denen sich die Sonne erhebt, in ihrem Wachstum beständig, und deshalb wächst auch unter den großen Dattelpalmen und Bäumen, die einen weiten Schatten werfen, nichts von den Saaten hervor, weil sie die Strahlen der Sonne von dem, was unter ihnen ist, abhalten. Betrachte nur die Wirkung, welche die Sonne gemäß ihrer alltäglichen Bewegung auf die Wasserlilie, die Anemone und das Blatt des Rinzinusbaumes hat. Sie wachsen nämlich und nehmen zu, wenn die Sonne zunimmt und zu steigen beginnt, und wenn die Sonne nachläßt, fangen sie an zu welken, bis sie dann, wenn die Sonne verschwunden ist, ganz schwach und trocken sind. Am nächsten Tag werden sie wieder, wie sie vorher waren. – Ebenso gehört die Wirkung der Sonne auf die Lebewesen hierher: Wir sehen nämlich bei den Tieren, wenn das Morgenlicht aufsteigt, daß Gott der Erhabene in ihren Körpern eine Kraft erschafft, und dann zeigt sich in ihnen Bewegung, Zunahme der Leistungsfähigkeit und Belebung der Kraft, und je weiter die Sonne aufgeht, um so deutlicher zeigt sich die Kraft in den Körpern, bis sie zur Mitte des Himmels gelangt. Wenn sie dann aber von der Mitte des Himmels wegsinkt, beginnen ihre Bewegungen und ihre Kräfte schwach zu werden und werden immer schwächer bis zur Zeit ihres Untergangs. Wenn die Sonne dann untergegangen ist, kehren die Tiere zu ihren Behausungen zurück und bleiben dort wie leblos liegen. Wenn am nächsten Tag die Sonne über ihnen aufsteigt, werden sie wieder wie vorher. – Zu den Wundern ihrer Einwirkung auf die Lebewesen gehört es, daß sie die Leute der Länder, die ihrem Zenitstand am nächsten sind, wie die Länder der Schwarzen, welche sich in der ersten Klimazone befinden, verbrennt und schwarz macht; und die Heftigkeit ihrer Hitze macht ihre Gesichter kohlschwarz, ihre Körper leicht und sorgt für eine ungezähmte Natur, ähnlich der Natur der wilden Tiere. In den Gebieten nun, die vom Zenitstand der Sonne entfernt sind, wie das Land der Slaven und Russen, beläßt ihre geringe Wärme die Leute in einem sozusagen rohen, ungaren und weißen Zustand und bewirkt, daß ihre Haare glatt und hell, ihre Körper groß und weich sind und daß ihre Natur der Natur der vierfüßigen Weidetiere ähnelt. Zu den Besonderheiten gehört auch, was die Brahmanen behaupten, nämlich, daß die Sonne in jedem Tierkreiszeichen in dreitausend Jahren ihren höchsten Stand erreicht und sie in einem Zeitraum von 36000 Jahren die Sphäre durchmißt. Jetzt, in unserer Zeit, welches das Jahr 675 h (= 1276/77) ist, ist ihr höchster Stand im Sternzeichen der Zwillinge, und sie behaupten, daß, wenn sich der höchste Stand zu den südlichen Sternzeichen hin verschiebt, sich die Zustände und Erscheinungsformen der Erde verändern und das besiedelte Land öde und das öde

Land besiedelt, das Meer trocken und das Trockene ein Meer, der Süden zum Norden und der Norden zum Süden wird – und Gott weiß, was das betrifft, am besten, ob es richtig oder falsch ist.

Die Besonderheiten des Nordpols

Um den Nordpol herum ist der Kleine Bär sichtbar und befinden sich schwer sichtbare Sterne, die, wenn du sie zusammennimmst, die Gestalt eines Fisches ergeben. Der Nordpol befindet sich in der Mitte dieses Fisches, und diese Sterne kreisen um den Nordpol. Man behauptet, daß dieser Pol gewisse Nutzen hat, so zum Beispiel:

Wenn der Blick auf ihn und den Kleinen Bären fällt, wird das Auge von der Augenkrankheit und dem Augenausschlag geheilt. Das wird nun so bewirkt, daß sich der mit der Augenkrankheit oder mit dem Ausschlage Befallene in der Sonntagnacht, wenn die Sterne aufgehen, zwei Stunden nach Sonnenuntergang gegenüber dem Nordpol und dem Kleinen Bären hinstellt und dorthin schaut. Dann nimmt er ein Augenschminkstäbchen aus Silber, das er in reines Rosenwasser getaucht hat, und bestreicht damit die Augen. Und wenn die Krankheit nur eines der Augen befallen hat, möge er auch beide bestreichen. Dann spricht er: »O ihr Bewohner der Welt des Nordpols, heilt mein Auge von der heftigen Krankheit, unter der ich leide, befreit mich und habt Erbarmen mit mir, o ihr Barmherzigen, und zieht diese Augenkrankheit und den Ausschlag aus meinem Auge heraus, welches mein Licht unter den Menschen ist!« Dies sagt er, bestreicht seine Augen und schaut zum Nordpol und zu den Sternen hin. Er tut dies nun von der Sonntagnacht bis zur nächsten Sonntagnacht. Er bestreicht seine Augen in jeder Nacht, soviel als ihm möglich ist, und je mehr es ist, um so besser. Die Augenentzündung und der Ausschlag verschwinden dann, wobei es bei der Augenentzündung schneller geht.

Wenn sich derjenige, der unter starker Gelbsucht leidet, dem Pol gegenüberstellt, auf ihn und die um ihn kreisenden Sterne schaut und seine rechte Hand zum Pol und den Sternen hin ausstreckt, als ob er etwas davon zu erlangen trachtete, dann die Hand, die er ausgestreckt hatte, auf seine Leber legt und sagt: »O Sterne des Nordpols, heilt mich von dieser Gelbsucht, die mich krank gemacht und mir schlaflose Nächte gebracht hat. Nehmt sie weg von mir, seid mir barmherzig, befreit mich und heilt mich von ihr. Amen!«, dann wird er geheilt. Er beginnt damit in der Freitagnacht und tut es jede Nacht wieder bis zur nächsten Freitagnacht. Wenn nun die Krankheit schwer auf ihm lastet, muß er die genannten Worte sagen, seine rechte Hand auf die Leber legen und sich siebenmal, in seinen Kleidern, auf der Erde wälzen. Nach jedem Mal soll er aufstehen und die Worte wiederholen, indem er seine Hand auf die Leber legt. Dann wird er – durch den Befehl Gottes des Erhabenen – genesen.

Man behauptet auch, daß der Löwe, der Leopard und der Bär, wenn sie krank sind, sich gegenüber diesem Pol aufstellen, den Blick lange dorthin richten und dann geheilt werden. Und wenn die Löwin trächtig ist, dann befällt sie eine Ohnmacht – zuweilen ist sie drei Tage lang ohne Essen gewesen; dann geht sie zu einem Fluß mit fließendem Wasser oder einer Quelle, aus der das Wasser hervorsprudelt, stellt sich ins Wasser, so daß ihre Beine zur Hälfte bedeckt sind, und schaut zum Nordpol hin. Dann wird sie von dieser Krankheit geheilt.

Die nützlichen Eigenschaften des Südpols

Der Südpol liegt dem Nordpol gegenüber, außerhalb der Sterne der Argo, in der Nähe des Nâr al-Mudschâf, und um ihn herum kreisen diejenigen Sterne, die tiefer liegen als der Canopus.

Man behauptet, daß zu den nützlichen Eigenschaften des Poles die folgenden gehören:

Bei den weiblichen Tieren insgesamt ist es so, daß sie, wenn sie eine schwere Niederkunft haben, zum Südpol und dem Canopus schauen. Sie gebären dann sofort.

Wenn derjenige, den die Lust zum Beischlaf verlassen hat, ohne daß er eine Medizin eingenommen hat, seinen Blick in aufeinanderfolgenden Nächten auf dem Südpol verweilen läßt, kehrt seine Lust zu ihm zurück.

Der, welcher Warzen hat, soll so viele Blätter vom Ahornbaum nehmen, wie er Warzen hat, sie zum Südpol und zum Canopus weisen und sagen: »Dies für das Abschneiden der Warzen!« Das muß er 42mal sagen, entweder in einer einzigen Nacht oder in mehreren Nächten. Dann zerstößt er die Blätter in einem Mörser aus Zinn und tut das auf die Warzen. Sie trocknen dann aus und lassen sich wegreiben. Man behauptet, daß dieses zu den erprobten, wundersamen Eigentümlichkeiten gehört.

Wenn derjenige, welcher unter Melancholie leidet, seinen Blick immer wieder auf dem Südpol und dem Canopus verweilen läßt, und das mehrmals in einer Nacht, verläßt ihn diese Melancholie. Man hat das erprobt und für richtig befunden, und das weist darauf hin, daß dem Pol und dem Canopus eine besondere Eigenschaft zukommt, die Freude und Heiterkeit hervorruft. Deswegen ist es auch so, daß den Negern, da sie dem Südpol und dem Canopus nahe sind, große Heiterkeit eingegeben ist.

Wisse, daß dieser Himmelskreis nicht wie die übrigen Himmelskreise, sondern etwas Gedachtes ist, und das ist so, weil man annimmt, daß jedem Stern eine ihm eigene Kugel zugehört und jedem Kreis eine ihm eigene Bewegung, und daß die Sterne fest im Körper des Himmelskreises sind wie je ein Punkt, und daß jede Kugel sich um zwei Pole dreht; dann beschreibt der Punkt auf der Oberfläche der Kugel einen vorgestellten Kreis. Wenn nun der Himmelskreis der Sonne sich vom Osten zum Westen hinbewegt, dann ist seine Bewegung eine zwingende. Die Bewegung jedoch, welche eigens dem Kreis der Sonne zugehört, ist die von Westen nach Osten, und wenn ihr Umlauf vollendet ist, ergibt sich aus der Bewegung des Mittelpunktes der Sonne ein großer Kreis in der Sphäre der Sonne, und man stellt sich vor, daß dieser Kreis die Welt durchteilt. So ergibt sich auch auf der Oberfläche des größten Himmelskreises ein großer Kreis, dessen Mitte die Mitte der Welt ist, und das ist der Kreis, den man die Sphäre der Tierkreiszeichen nennt. – Dann gibt es den Kreis, welcher der größte der Kreise ist, der durch die Mitte der Welt geht und die Welt in zwei Hälften teilt, und dessen Pole sind die Pole der Welt, welche der nördliche und der südliche genannt werden – diesen nennt man den Äquatorkreis. Man sagt nun, daß der Kreis der Sphäre der Tierkreiszeichen den Äquatorkreis in zwei Hälften teilt, und zwar an zwei gegenüberliegenden Punkten; den einen Punkt nennt man die Frühjahrs-Tagundnachtgleiche, den anderen die Herbst-Tagundnachtgleiche. Dann stellt man sich einen anderen Kreis vor[3], der durch zwei Punkte des Äquators und durch die beiden Pole der Welt geht; der schneidet den Kreis der Tierkreiszeichen an zwei gegenüberliegenden Punkten; davon ist der eine nahe dem Norden und der andere nahe dem Süden. Der nördliche wird die Sommersonnenwende genannt und der südliche Punkt die Wintersonnenwende. Diese beiden Kreise teilen nun die Sphäre der Tierkreiszeichen in vier gleiche Teile. Was das Viertel betrifft, welches sich zwischen der Frühjahrs-Tagundnachtgleiche und der Sommersonnenwende befindet, so wird dadurch die Zeit des Frühjahrs bestimmt. Solange sich der Zenit der Sonne durch die Bewegung der ihr eigenen Sphäre in diesem Bogen befindet, wird diese Zeit Frühjahr genannt. Das Viertel, welches zwischen der Sommersonnenwende und dem Punkt der Herbst-Tagundnachtgleiche liegt, bestimmt die Zeit des Sommers, denn solange sich der Zenit der Sonne in diesem Bogen befindet, wird diese Zeit Sommer genannt. Das Viertel zwischen dem Punkt der Herbst-Tagundnachtgleiche und dem Punkt der Wintersonnenwende bestimmt die Zeit des Herbstes, denn solange die Sonne ihren Zenit in diesem Bogen hat, wird diese Zeit Herbst genannt. Das Viertel schließlich, welches sich zwischen dem Punkt der Wintersonnenwende und dem Punkt der Frühjahrs-Tagundnachtgleiche befindet, bestimmt die Zeit des Winters, denn solange die Sonne ihren Zenit in diesem Bogen hat, wird diese Zeit Winter genannt.

Man stellt sich weiterhin zwei große Kreise vor, die von den beiden Polen der Sphäre der Tierkreiszeichen ausgehen, die das Viertel des Frühjahrs in drei gleiche Teile zerteilen und die auch das diesem Viertel gegenüberliegende Viertel des Herbstes in drei Teile zerteilen. Man stellt sich auch zwei andere Kreise vor, die von den beiden Polen des Kreises der Tierkreiszeichen ausgehen und das Viertel des Sommers und das ihm gegenüberliegende Viertel des Winters zerteilen, jedes einzelne in drei gleiche Teile. So sind also alle Kreise ingesamt, die von den beiden Polen des Kreises der Tierkreiszeichen ausgehen, sechs. Wenn wir uns nun sechs Kreise vorstellen, welche die Welt durchteilen und an zwei gegenüberliegenden Punkten durch zwei Pole des Tierkreises gehen, wird jeder einzelne von den sieben Himmelssphären in zwölf Teile aufgeteilt. Jeder einzelne dieser Teile wird ein Tierkreiszeichen genannt. Jeder dieser Teile ist wiederum aufgeteilt in dreißig Teile, deren jeder ein Grad genannt wird. Die Kreise insgesamt nun haben dreihundertsechzig Grade. Dann teilen sie den Himmel der Fixsterne mit diesen sechs Kreisen in zwölf Teile. In jedem Teil befinden sich Sterne, die in verschiedenen Formen gestaltet sind. So sind zum Beispiel in einem dieser Teile die Sterne in einer Art gestaltet, die der Gestalt des Widders ähnlich ist, und so wird also dieser Teil das Zeichen des Widders genannt. Dieses Stück von der Sphäre der Fixsterne liegt neben einem Stück, in dem die Sterne eine Form haben, die der des Stieres ähnelt, und so wird dieser Teil das Zeichen des Stieres genannt – und so geht es weiter bis zum letzten Teil. Und wenn man sagt, die Sterne sind im Zeichen des Soundso, dann bedeutet das: Wenn wir uns eine gerade Linie vorstellen, die vom Mittelpunkt der Welt ausgeht und zum Ort der Sterne und zur höchsten Sphäre hinausgeht, dann muß sie notwendigerweise zu einem bestimmten Punkt auf dem Kreis der Sphäre der Tierkreiszeichen gelangen. Dies ist dann der Punkt, angegeben in Tierkreis und Grad, von dem man sagt, daß sich das Gestirn zu dieser Zeit in ihm befindet. – Ptolemäus sagt, daß der Kreis der Tierkreiszeichen 486 259 721 1/7 Meilen mißt, die Länge jedes Zeichens 39 388 310 2/3 und seine Breite 1 322 943 1/3 Meilen beträgt. Und Gott weiß es am besten.

Die Sphäre der Sphären

Diese Sphäre wird so genannt, weil sie alle Sphären umfaßt und sie alle bewegt. Sie wird auch die größte Sphäre genannt, weil sie von allen die größte ist, und man nennt sie auch die leere (wörtl.: graue) Sphäre, weil man keinen Stern von ihr kennt. Die Bewegung dieser Sphäre geht von Osten nach Westen um zwei feste Pole, deren einen man den Nordpol, den anderen den Südpol nennt. Die Dauer ihrer vollkommenen Drehung beträgt vierundzwanzig Stunden; mit ihrer Bewegung bewegt sie alle anderen Sphären mit ihren Sternen, und ihre Bewegung ist schneller als alles, was der Mensch je gesehen hat: Es steht nämlich in der Geometrie fest, daß sich die Sonne in ihrer zwingenden Bewegung – und das ist die Bewegung der größten Sphäre – in dem Zeitraum, der vergeht, wenn der Mensch seinen Fuß zu einem Schritt anhebt, bis er ihn niedersetzt, achthundert Parasangen weiterbewegt hat. Die Richtigkeit dessen wird auch bezeugt durch diese Überlieferung vom Propheten – Gott segne ihn und gebe ihm Heil –: Er fragte Gabriel – Friede sei mit ihm –, ob die Zeit für das Gebet schon gekommen sei. Da sagte dieser: »Nein! Ja!« Der Prophet fragte ihn nun, was es mit seinen Worten »Nein! Ja!« auf sich habe, und er sprach zu ihm: »Von der Zeit an, da ich ›Nein!‹ sagte bis zur Zeit, da ich ›Ja!‹ sagte, hat die Sonne fünfhundert Parasangen durchmessen.«

Durch die Bewegung dieser Sphäre entstehen die Nacht und der Tag, und wenn durch Drehungen dieser Sphäre die Sonne auf der Seite der Erde aufsteigt, lichtet sich die Luft, ihre Oberfläche wird hell, die Tiere auf ihr bewegen sich, ihre Pflanzen wachsen, die sanften Brisen verströmen Duft. Wenn sie dann durch die Drehungen dieser Sphäre von der Seite der Erde wieder verschwindet, wird ihre Luft dunkel und ihr »Gesicht« schwarz, die Tiere auf ihr begeben sich zur Ruhe, und die Pflanzen werden matt. Wenn nun der, welcher nachdenkt, diese Welt betrachtet, dann sieht er diese Sphäre als eine, der zwei Kreise zu eigen sind, und zwar einer, der ruht, und ein anderer, der ständig in Bewegung gesetzt ist. Und solange diese Bewegung in dieser Sphäre eingehalten wird, ist dieser Zustand in den Lebewesen und Pflanzen vorhanden, und dies gehört zu den größten Gnadenerweisen, die Gott der Erhabene Seiner Schöpfung erwiesen hat. Darauf wird hingewiesen durch das Wort Gottes: »Und in Seiner Barmherzigkeit schuf Er für euch die Nacht und den Tag, auf dass ihr in ihr (der Nacht) ruhet und damit ihr nach Seiner Huld trachtet und vielleicht dankbar wäret.« (28,73) Wenn nun diese Bewegung zum Stillstand kommt, hört diese Ordnung und Gesetzmäßigkeit auf, und daß es so kommen wird, ist unumgänglich. Es sind nämlich Seine Worte richtig, und Seine Verheißung ist wahr, wenn Er spricht: »An jenem Tag werden Wir den Himmel zusammenrollen wie eine Schriftrolle. Wie Wir die erste Schöpfung hervorbrachten, wollen Wir sie wieder hervorbringen. Diese Verheissung liegt Uns ob; siehe, Wir führen sie aus.« (21,104) Die Philosophen nennen diese Himmelssphäre eine begrenzte, weil sie davon überzeugt sind, daß es hinter ihr weder Leere noch Fülle gibt, und es sagte der Beste unter den jüngeren Gelehrten, *Abû 'Abdallâh Muhammad ibn'Umar ar-Râzî* – nachdem es sich gezeigt hatte, daß es falsch war, was sie hinsichtlich der Begrenztheit der Sphäre gesagt hatten: »Wer mit dem Maß des Verstandes das Reich des erhabenen Schöpfers abmessen will, der begeht einen gewaltigen Irrtum.« Einer der Islambekenner nun wollte einen Ausgleich schaffen zwischen den Koranversen und den Überlieferungen einerseits und der Lehre der Philosophen andererseits, und so behauptete er, daß der Fußschemel Gottes die achte Sphäre sei, deren Ausmaß und Merkwürdigkeiten wir schon erwähnt haben, und daß der Thron Gottes die neunte Sphäre sei, welche die größte der Sphären ist – und Gott weiß, was an diesen Worten richtig und was falsch ist. Es gibt jedoch keinen Zweifel am Vorhandensein des Fußschemels und des Thrones[4], denn sie sind in Koranversen niedergelegt. Abu d-Dardâ' überlieferte vom Propheten Gottes, daß er gesagt habe: »Angesichts des Fußschemels Gottes ist der siebte Himmel nur wie ein Ring, der in eine Wüste geworfen ist, und der Vorrang des Thrones vor dem Fußschemel ist wie der Vorrang der Wüste vor diesem Ring, und was den Thron betrifft, so ist er eine gewaltige unter den Schöpfungen Gottes des Erhabenen, als eine Gebetsrichtung für die Bewohner der Himmelssphären, so wie die Ka'ba (in Mekka)[5] die Gebetsrichtung für die Erdenbewohner ist.« Es wurde überliefert, daß der Engel Michael seinen Herrn dafür um Erlaubnis fragte, einen Rundgang um den Thron machen zu dürfen. Er erlaubte es ihm, und Michael zog dahin, bis er ermattete. Da bat er Gott den Erhabenen, ihn zu stärken und Er stärkte ihn. Dann zog er wieder dahin, bis er ermattete. Er bat wieder Gott den Erhabenen, ihn zu stärken, und Er stärkte ihn – so lange, bis daß er zwölftausend Jahre dahin gezogen war und noch nicht einmal an einem von den Füßen des Thrones vorbeigegangen war. Und *Dscha'far aṣ-Ṣâdiq* sagt: »Es gibt keinen Gläubigen, der nicht sein Abbild im Bereich des Thrones hat. Wenn sich der Gläubige nun im Gebet verbeugt und niederwirft, tut sein Abbild dasselbe. Dabei sehen ihn die Engel, sprechen Segen über ihn aus und bitten für ihn um Verzeihung. Wenn der Mensch sich aber der Sünde hingibt, läßt Gott der Erhabene über seinem Abbild einen Schleier herab, damit die Engel davon nichts sehen.« Das ist nun die Auslegung der Worte des gesegneten Propheten: »O Der, Welcher das Schöne offenbar macht und das Häßliche verschleiert.«

Die Bewohner der Himmelssphären: Die Engel

Man behauptet, daß der Engel eine leichte Substanz sei, die mit Leben, Rede und Verstand begabt ist. Der Unterschied zwischen den Engeln, den Dschinnen und den Teufeln ist im wesentlichen wie der Unterschied zwischen den verschiedenen Arten, und einige sind der Meinung, daß der Unterschied zwischen ihnen in den Akzidenzien liegt, wie es sich bei dem Unterschied zwischen vollkommen und mangelhaft und zwischen gut und böse verhält. Und wisse, daß die Engel geheiligte Wesenheiten sind, frei von Verdunklung durch Leidenschaft und Trübung durch Zorn. Sie widersetzen sich Gott nicht in dem, was Er ihnen gebietet, und tun, was ihnen befohlen wird. Ihre Speise ist der Lobpreis Gottes, ihr Trank Seine Heilighaltung, und ihre vertraute Unterhaltung besteht aus der Anrufung Gottes des Erhabenen, und ihre Freude liegt im Dienst an Ihm. Gott der Erhabene schuf sie in verschiedenartiger Gestalt und mit unterschiedlichen Bestimmungen, auf daß sie in rechter Ordnung halten, was Er hervorbrachte, und Seine Himmel bewohnen. Der Prophet – Gott segne ihn und gebe ihm Heil – sagte: »Der Himmel wurde wohl vorbereitet, und es steht ihm zu, daß er wohl in Ordnung gehalten wird. Nicht das Ausmaß der Spanne einer Hand gibt es in ihm, ohne daß sich dort ein Engel verbeugt oder niederwirft.« Und einige der Gelehrten sagen, daß es in den unendlichen Gefilden der weiten Himmelssphären keine Geschöpfe gibt. Doch wie sollte es wohl der Weisheit des hohen Schöpfers, deren Wesen erhabene Größe ist, würdig sein, sie leer und öde zu lassen! Hat Er doch die Tiefe der salzigen, dunklen Meere nicht leer gelassen, denn Er schuf doch in ihnen verschiedene Arten von Lebewesen und anderes. Auch ließ Er nicht leer das zarte Gefilde der Luft, denn Er schuf dafür verschiedene Arten von Vögeln, die in ihm einherschweben, wie es die Fische im Wasser tun. Er ließ auch die trockenen Weiten des Landes, die morastigen Dickichte und die harten festgegründeten Berge nicht leer, schuf Er doch darin verschiedene Arten von Raubtieren und Wild; und den dunklen Erdenstaub ließ Er nicht leer, denn Er schuf darin verschiedene Arten von Gewürm und Insekten. Einige sagen, daß die Arten der Lebewesen, die unter den Himmelsgefilden sind, Gleichnisse für die Formen der himmlischen Geschöpfe sind, wie auch, daß die Seelen und Formen, welche jenseits der (räumlichen) Grenzen liegen, Gleichnisse sind für die Lebewesen in ihrer fleischlichen Gestalt.

Was nun die verschiedenen Arten der Engel betrifft, so weiß kein anderer außer ihrem Schöpfer darüber Bescheid, gemäß den Worten des Erhabenen: »Und niemand kennt die Heere deines Herrn außer Ihm allein« – es sei denn, der Gebieter über das göttliche Gesetz (= der Prophet) berichtete von einem von ihnen. Man behauptet, daß das, was geschieht, mit einigen von ihnen in Verbindung zu bringen ist, so daß gesagt wird: Selbst das kleinste Körnchen der Welt wird von einem Engel verwaltet oder von mehreren Engeln, und es gibt kein Regentröpfchen, mit dem nicht ein Engel von den Wolken herniedersteigt und es an den Platz ruft, den Gott der Erhabene dafür bestimmt hat. Wenn es sich nun so mit den Staubkörnchen und Wassertröpfchen verhält, wie, glaubst du, ist es dann wohl mit den Himmelssphären und den Sternen, dem Luftraum und den Wolken, den Winden und den Regenfällen, den Bergen und den Wüsten, den Meeren, den Quellen und den Flüssen, den Mineralien, den Pflanzen und den Lebewesen? Durch die Engel also ist die Welt in Ordnung, sind die Daseinsweisen vollständig und sind die Dinge vollkommen, durch die Bestimmung des Mächtigen, des Wissenden, dessen Wissen nicht das Gewicht eines Stäubchens entgeht – weder auf der Erde noch im Himmel[1], und es gibt keine andere Möglichkeit, über die Angelegenheit der Engel zu denken, außer in den erwähnten Bahnen. Wir möchten nun etwas von dem erwähnen, was der Gebieter über das göttliche Gesetz von ihnen berichtete, und zwar ist es über die nahestehenden Engel[2]. Dazu gehören:

Die Träger des Gottesthrones – die Segnungen Gottes seien über ihnen: Sie gelten bei Gott dem Erhabenen als die mächtigsten und die edelsten Engel. Um sie bemühen sich die übrigen Engel, und sie wünschen ihnen Heil beim Kommen und Gehen wegen ihrer Stellung bei Gott dem Erhabenen. Sie ergehen sich in der Lobpreisung ihres Herrn, glauben an Ihn und bitten um Vergebung für diejenigen, welche glauben. Es wird berichtet, daß von den Trägern des Thrones einer menschliche Gestalt, einer die Gestalt eines Stieres, ein anderer die Gestalt eines Adlers und schließlich einer die Gestalt eines Löwen hat. Als der Prophet – Gott segne ihn und gebe ihm Heil – die Worte des *Umayya ibn Abî s-Salt* hörte, verwunderte er sich darüber hinsichtlich dessen, wie er sie in einem Vers zusammengefaßt hatte. Er gehörte zur Dschâhiliyya[3], und sein Vers lautet:

> Ein Mann und ein Stier unter Seinem rechten Fuß,
> ein Adler für Seinen linken und und auch ein mähniger Löwe.

Von *Ibn 'Abbâs* – möge Gott an ihm Gefallen haben – wird berichtet: Gott schuf die Träger des Thrones in vier Tagen, und wenn der Tag der Auferstehung kommt, gibt ihnen Gott der Erhabene vier andere zur Stütze, und dieses sind die Worte des Erhabenen: »UND ES TRAGEN AN JENEM TAGE DEN THRON DES HERRN ÜBER SICH ACHT, UND SIE SIND VON UNBESCHREIBLICHER GRÖSSE. EINER VON IHNEN HAT DIE GESTALT DER SÖHNE ADAMS, UND ER LEGT FÜRSPRACHE EIN FÜR DIE VERSORGUNG DES MENSCHEN. EINER VON IHNEN HAT DIE GESTALT EINES STIERES, UND ER LEGT FÜRSPRACHE EIN FÜR DIE VERSORGUNG DES VIEHS. EINER VON IHNEN HAT DIE GESTALT EINES ADLERS, UND ER LEGT FÜRSPRACHE EIN FÜR DIE VERSORGUNG DER VÖGEL. EINER HAT DIE GESTALT EINES LÖWEN, UND ER LEGT FÜRSPRACHE EIN FÜR DIE VERSORGUNG DER RAUBTIERE.«[4] Und *Wahb ibn Munabbih* – möge Gott an ihm Wohlgefallen haben – sagte in bezug auf den Thron: »Die Engel stehen auf ihren Füßen, während sie den Thron auf ihren Schultern tragen, und sie werden manchmal verdoppelt, so daß der Thron die Größe Gottes des Erhabenen auch tragen kann.«

Der Engel, welcher ar-Rûh (= der Geist) genannt wird: Er ist der Engel, welcher die Reihe in Ordnung bringt. Die Engel sind nämlich alle in einer Reihe. Das ist so wegen seiner ehrenvollen Stellung bei Gott dem Erhabenen und seiner Größe. Er wird »Geist« genannt, weil jeder von seinen Atemzügen ein Lebensgeist für die Lebewesen wird. Es wurde berichtet, daß Gott der Erhabene diesen Engel mit der Drehung der Himmelssphären betraut hat, mit den Bewegungen der Sterne und dem, was unter der Sphäre des Mondes liegt, nämlich den Elementen und dem, was die Mineralien, Pflanzen und Lebewesen erzeugt. Er ist mächtiger und erhabener als die Sphäre, edler und hervorragender als die mit körperlicher Gestalt begabten Geschöpfe, und er bestimmt über die Ruhigstellung der Sphären, so wie er auch über ihre Bewegung bestimmt – mit der Erlaubnis Gottes des Erhabenen.

Isrâfîl – Friede sei mit ihm: Er übermittelt die Befehle und bläst die Geister in die Körper ein. Der Prophet sagte: »Wie kann es mir wohlergehen, während der Herr des Hornes das Horn am Munde hat, mit dem Ohre lauscht, bis ihm befohlen wird, und er dann bläst.« Nach Muqâtil ist das Horn die Posaune. Es ist nun nämlich so, daß Isrâfîl seinen Mund über das Horn legt, das aussieht wie eine Trompete, und der Umkreis der Trompetenöffnung ist so breit wie die Himmelssphären und die Erde. Er hat seinen Blick auf den Thron Gottes gerichtet und wartet, bis ihm befohlen wird. Dann bläst er, und wenn er bläst, wird niedergeschmettert, wer in den Himmeln und wer auf der Erde ist – ausgenommen der, von dem Gott es nicht will. – *'Â'ischa* sagte zu *Ka'b al-Ahbâr:* »Ich habe den Propheten sagen hören: ›O Herr Gabriels, Michaels und Isrâfîls!‹ Was nun Gabriel und Michael betrifft, so habe ich von ihnen im Koran gehört. Was aber Isrâfîl betrifft, so berichte mir nun von ihm!« Daraufhin sagte Ka'b al-Ahbâr: »Er ist ein Engel von gewaltigem Rang. Er hat vier Flügel: Der eine füllt den Osten, der andere den Westen aus, mit dem dritten bekleidet er den Raum vom Himmel bis zur Erde, und mit dem vierten verhüllt er sich vor der Majestät Gottes. Seine beiden Füße sind unter der Erde des siebten Himmels, und sein Kopf reicht bis zu den Grundpfosten des Thrones. Zwischen seinen Augen ist eine Tafel aus Edelstein. Wenn Gott der Erhabene nun will, daß bei seinen Dienern etwas Neues entsteht, befiehlt Er der himmlischen Feder, auf die Tafel zu schreiben.[5] Dann läßt Er die Tafel zu Isrâfîl hinab, so daß sie zwischen seinen Augen ist. Darauf gelangt sie zu Michael – Friede sei über ihm, und dieser hat Hilfen in der ganzen Welt, auf daß sie in die grundlegenden Elemente und erzeugenden Kräfte ihre Lebensgeister einblasen, so daß sie dann zu einer Fundstätte, einer Pflanze, einem Lebewesen werden. Dies nun ist die Kraft, in denen ihr Wohlergehen und Leben liegt, und in ihrem Ausfall liegt ihr Verderb und ihr Untergang.«

Gabriel – Friede sei mit ihm: Er ist der mit der Offenbarung Betraute und der Bewahrer der Heiligkeit. Man nennt ihn auch den bevollmächtigten Geist, den heiligen Geist, den großen Vertrauten und den Pfau der Engel. Es wird berichtet: Als Gott die Worte der Offenbarung sprach, hörten die Himmelswesen ein klirrendes Geräusch, wie wenn eine Kette über Steine geschleift würde. Da wurden sie alle niedergeschmettert und verblieben so, bis Gabriel zu ihnen kam. Als er nun zu ihnen kam, wurde die Furcht aus ihren Herzen genommen, und sie sagten: »Was ist das?« Er sprach: »Es ist dein Herr, und Er verkündet die Wahrheit.« Da riefen sie: »Die Wahrheit, die Wahrheit!« – Es wird auch berichtet, daß der Prophet zu Gabriel sagte: »Ich würde dich gerne in deiner eigentlichen Gestalt sehen.« Da sagte Gabriel: »Du würdest es gewiß nicht ertragen können!« Der Prophet sagte: »Doch, laß mich sehen!« Da verabredete er sich mit ihm an einem freien Platz in einer mondhellen Nacht. Er kam nun zu ihm, und der Prophet schaute, und siehe da, er füllte die Horizonte aus. Da überkam den Propheten eine Ohnmacht, und als er wieder zu sich kam, kehrte Gabriel zu seiner vorherigen Gestalt zurück. Da sagte der Prophet: »Ich hätte nicht gedacht, daß eines von den Geschöpfen Gottes des Erhabenen so sei.« Gabriel erwiderte darauf: »Wie wäre es wohl, wenn du Isrâfîl sähest, wie der Thron Gottes auf seiner Schulter ist, wie seine Füße die Grenzen der untersten Erde durchdrungen haben und wie er sich doch als klein herausstellt angesichts der Größe Gottes des Erhabenen, so daß er nicht anders als wie ein kleiner Sperling erscheint.« *Ka'b al-Ahbâr* sagte: Gabriel gehört zu den vorzüglichsten Engeln. Er hat sechs Flügel, und auf jedem einzelnen davon sind wiederum hundert Flügel. Dahinter hat er zwei Flügel, die er nur beim Untergang der Gemeinde ausbreitet. Als es nun auf den Propheten herabkam, daß dies die Rede des edlen, machtbegabten Gesandten sei, befragte ihn der Prophet über seine Macht. Da sagte er: »Ich hob die Ortschaft der Gemeinde Lots mit meinen beiden Flügeln hoch und stieg mit ihr auf, bis die Himmelsleute den Ruf ihres Hahnes hören konnten. Dann drehte ich sie um.« Seine Helfer sind über die ganze Welt eingesetzt. Ihre Sache ist es, die Kräfte des Zornes und der Wut zur Abwendung des Bösen und Schädlichen in Erscheinung zu bringen.

Michael – Friede sei mit ihm: Er ist damit betraut, die Körper mit dem Lebensnotwendigen und die Seelen mit Weisheit und Erkenntnis zu versorgen. *Ka'b al-Ahbâr* sagte: Im siebten Himmel ist ein »geschwollenes Meer« (52,6), wobei allein Gott weiß, wieviele Engel darin sind, und Michael, dessen Aussehen nur Gott alleine beschreiben kann und dessen Anzahl an Flügeln nur Er alleine kennt, steht über dem geschwollenen Meer. Wenn er seinen Mund öffnet, sind die Himmelsgefilde nur wie ein Senfkörnchen in einem Meer, und wenn er sich den Bewohnern der Himmels- und Erdengefilde nähern würde, würden sie von seinem Licht verbrannt werden. Er hat Helfer, die überall in der Welt eingesetzt sind. Ihnen obliegt es, die aufbauende Kraft in den Grundelementen und den erzeugenden Kräften hervorzurufen, und anderes, wodurch in den geschaffenen Dingen die letzten Ziele erreicht und die Vollkommenheit erfüllt wird – und Gott ist der Erfolgverleihende.

'Izrâ'îl – Friede sei mit ihm: Er ist der, welcher die Bewegungen zur Ruhe bringt und die Geister von den Körpern trennt. *Ka'b al-Ahbâr* sagte: 'Izrâ'îl ist im untersten Himmel. Gott hat seine Füße an den Grenzen der Erde geschaffen und seinen Kopf im obersten Himmel. Sein Gesicht ist der Wohlverwahrten Tafel[6] zugewandt, und er hat Helfer entsprechend der Anzahl derer, die sterben. Er hat alle Geschöpfe vor seinen Augen, und kein Geschöpf stirbt, ohne daß seine Lebensversorgung abgelaufen und sein vorbestimmtes Ende gekommen ist. Und von Asch'ath ibn Aslam wird berichtet, daß Abraham den Todesengel fragte: »Was machst du, wenn sich eine Seele im Osten und eine Seele im Westen befindet und eine Seuche den einen Teil, ein Erdbeben den anderen Teil der Erde befällt?« Da sagte der Engel: »Ich rufe die Geister herbei, so daß diese beiden zwischen meinen Fingern sind.« Von *Wahb ibn Munabbih* wird berichtet: Salomon, der Sohn Davids, wünschte den Todesengel zu sehen, um ihn sich zum Freund zu nehmen. Salomon erhielt nun folgendermaßen Kenntnis von ihm: Es sah so aus, als käme er unter seinem Thronsitz hervor. Da sagte Salomon zu ihm: »Wer bist du?« Er sprach: »Der Todesengel.« Da verlor Salomon das Bewußtsein, und als der Todesengel das sah, sagte er: »O mein Gott, siehe, Dein Diener Salomon hat mich erwünscht, und nun ist ihm widerfahren, was Du siehst. O mein Gott, wahrlich ich bitte Dich, daß Du ihn, mich zu sehen, wieder zu Kräften kommen läßt.« Da offenbarte ihm Gott: »Lege deine Hand auf seine Brust!« Er tat es; Salomon kam wieder zu sich und sagte: »O Todesengel, ich sehe dich in gewaltiger

Gestalt. Sind alle Engel wie du?« Der Engel sprach: »Bei dem, der dich als Prophet mit der Wahrheit geschickt hat: Meine Füße sind auf der Schulter des Engels, dessen Kopf über den siebten Himmel hinausgeht, der um eine Reise von tausend Jahren darüberhinaussteigt und dessen Füße die Plejaden um eine Reise von fünfhundert Jahren überschritten haben. Er ist einer, der seinen Mund geöffnet, seine Stimme erhoben und seine Hand ausgestreckt hat, und wenn Gott ihm erlauben würde, seine obere und untere Lippe zusammenzuschließen, dann würden sie sich zusammenschließen über dem, was zwischen Himmel und Erde ist.« Salomon sagte: »Du hast wahrlich eine gewaltige Sache beschrieben!« Da sagte der Engel: »Wie wäre es wohl, wenn ich dir andere von den Engeln in der Gewaltigkeit ihrer Erscheinung beschreiben würde? Ja, und wie wäre es wohl, wenn du mich in der Gestalt sehen würdest, in der ich den Ungläubigen den Tod gebe?« Salomon sagte: »Kommst du zu mir als Besucher oder bringst du den Tod?« – »Nein, ich komme als Besucher«, sagte der Engel. Und Salomon wurde ein Freund des Todesengels, und es pflegte dieser jeden Donnerstag zu ihm zu kommen und zu bleiben, bis die Sonne unterging. Eines Tages sagte Salomon zu ihm: »Ich sehe, daß du die Menschen nicht gleichwertig behandelst: Du nimmst diesen, und jenen läßt du.« Da sagte der Engel: »Der Gefragte weiß nicht mehr als der Fragende. Es ist nun so, daß die Namen derer, die sterben sollen, aufgeschrieben sind, und zwar von der Zeit an, die auf die Nacht des Vertrages[7] fällt, und das ist die Nacht in der Mitte des Scha'bân[8], bis zum Beginn des nächsten Jahres. Was nun die Gläubigen betrifft, so nehme ich ihren Geist weg mit meiner Rechten, in weißer Seide, in Moschus getränkt, und es steigen ihre Geister hinauf nach *'Illîyûn.* Was aber die Ungläubigen betrifft, so nehme ich ihren Geist weg mit meiner Linken in einem Gewand von Teer, und es steigen ihre Geister hinab nach *Siddschîn.* Ihre Angelegenheit ist dem Kenner des Verborgenen und Offenkundigen anheimgestellt, und sie werden dann in Kenntnis gesetzt über das, was sie getan haben.« – Von al-A'masch über Chaithama wird berichtet: Der Todesengel trat bei Salomon, dem Sohn Davids, ein und begann einen seiner Tischgenossen anzuschauen. Er ließ seinen Blick fortwährend auf ihm verweilen, und als der Todesengel hinausging, fragte der Mann: »Wer ist das, o Prophet Gottes?« – »Das ist der Todesengel«, sagte er. Der Mann sagte: »Ich sah ihn nach mir schauen, als ob er etwas mit mir vorhätte.« – »Und was ist es, das du wünschest?« fragte Salomon. Da sagte er: »Ich wünsche, daß du mich von ihm befreist und dem Wind gebietest, daß er mich bis zum äußersten Ende Indiens trägt.« Salomon sagte dies zum Wind, und er tat es. Als nun der Todesengel wieder zu Salomon kam, sagte er zu ihm: »Ich sah, wie dein Blick fortwährend auf einem von meinen Tischgenossen verweilte.« Der Engel sagte: »Ich mußte mich dauernd wundern über ihn. Mir ist nämlich befohlen worden, in Kürze im äußersten Ende Indiens den Geist von ihm zu nehmen, und nun sah ich ihn bei dir.« – *Wahb ibn Munabbih* sagte: Der Todesengel nahm den Geist weg von einem der Gewalthaber. Dann stieg er zum Himmel hinauf, und die Engel sagten zu ihm: »Mit welchem von denen, deren Geist du genommen hast, hattest du am meisten Erbarmen?« Da sagte er: »Mir wurde befohlen, in einer Wüstengegend den Geist von einer Frau zu nehmen. Ich kam zu ihr, und sie hatte ein Kind geboren. Da hatte ich Mitleid mit ihr, weil sie in der Fremde war, und ich hatte Mitleid mit dem Säugling, weil er klein und weil er in der Wüste war, in der es keine Hilfe gab.« Die Engel aber sagten: »Der Gewalthaber, dessen Geist du jetzt hinweggenommen hast, ist jener Säugling, mit dem du Mitleid hattest.« Da sagte der Todesengel: »Gelobt sei Gott der Gütige für das, was Er will.«

Die Cherubim – Friede sei mit ihnen: Sie verweilen immerfort in heiliger Versammlung, und es gibt für sie keine Ablenkung von Gott zu etwas anderem hin, da sie ganz erfüllt sind von der Schönheit der Gottesherrlichkeit und ihrer Majestät. Sie lobpreisen Tag und Nacht und werden dessen nicht müde. Es wird berichtet, daß Gott der Erhabene ein weißes Land hat, in dem die Sonne dreißig Tage lang reisen muß und das voll ist mit Geschöpfen Gottes, die nicht wissen, daß man sich Gott auch nur einen Augenblick lang widersetzen kann. Man sagte: »O Prophet Gottes, gehören diese zu den Söhnen Adams?« Er sagte: »Sie wissen nicht, daß Gott der Erhabene Adam geschaffen hat.« »O Prophet Gottes«, so sagte man, »wie kommt es, daß *Iblîs* Sie nicht beachtete?« Er sagte: »Sie wissen nicht, daß Gott der Erhabene *Iblîs* geschaffen hat.« Dann rezitierte er die Worte Gottes: »UND ER BRINGT HERVOR, WAS IHR NICHT WISSET« (16,8)

Die Engel der sieben Himmel: Ka'b al-Ahbâr sagt: Diese Engel sind fortwährend mit dem Lobpreis Gottes und der Bezeugung Seiner Einzigkeit beschäftigt, im Stehen und Sitzen, bei der Verbeugung und bei der Niederwerfung. Sie lobpreisen Tag und Nacht und werden dessen nicht müde, bis »die Stunde« (des Jüngsten Gerichts) festgesetzt wird, und wenn sich »die Stunde« einstellt, sagen sie: »Wir haben dir nicht gebührend gedient!« Von *Ibn 'Abbâs* – möge Gott Wohlgefallen an ihm haben – wird berichtet: Die Engel des Himmels über der Erde haben die Gestalt von Rindern, und Gott der Erhabene hat sie einem Engel mit dem Namen Ismâ'îl anvertraut; die Engel des zweiten Himmels haben die Gestalt eines Adlers, und der Name des mit ihnen betrauten Engels ist Mîchâ'îl; die Engel des dritten Himmels haben die Gestalt eines Geiers, und der mit ihnen betraute Engel hat den Namen Sâ'diyâ'îl; die Engel des vierten Himmels haben die Gestalt eines Pferdes, und der mit ihnen betraute Engel hat den Namen Salsâ'îl; die Engel des fünften Himmels haben die Gestalt der Huris mit den großen schwarzen Augen, und der mit ihnen betraute Engel hat den Namen Kalkâ'îl; die Engel des sechsten Himmels haben die Gestalt von Kindern, und der mit ihnen betraute Engel hat den Namen Samchâ'îl; die Engel des siebten Himmels haben die Gestalt der Söhne Adams, und der Name des mit ihnen betrauten Engels ist Rûbâ'îl. *Wahb* sagte: Und über den sieben Himmeln sind Schleier, in denen Engel sind, die sich gegenseitig nicht kennen, weil ihrer so viele sind. Sie loben Gott den Erhabenen in verschiedenen Zungen, die wie der betäubende Donner klingen – und Gott ist der Erfolgverleihende.

Die Bewahrenden – Friede sei mit ihnen: Sie sind die edlen Schreiber. Ibn Dschuraidsch sagte: Sie sind zwei Engel, denen die Obhut des Menschen anheimgegeben ist. Der eine ist zu seiner Rechten und der andere zu seiner Linken. Einige sagen auch: Sie sind vier, zwei in der Nacht und zwei am Tage. *'Abdallâh ibn Mubârak* sagte: Sie sind fünf, zwei in der Nacht und zwei am Tage, und der fünfte verläßt ihn weder bei Tag noch bei Nacht. Auch für die Ungläubigen gibt es Bewahrende, denn der Vers der Aufbewahrenden kam im Hinblick auf die Ungläubigen herab, und es sind dies die Worte des Erhabenen: »FÜRWAHR, UND DOCH LEUGNET IHR DAS GERICHT, ABER SIEHE, ÜBER EUCH SIND WAHRLICH HÜTER, EDLE, SCHREIBENDE, DIE WISSEN, WAS IHR TUT.« (82,9–12) Es wird berichtet, daß der Engel, wenn der Mensch sündigt, die Feder für sechs Stunden vom Menschen fern sein läßt, und wenn er bereut und um Verzeihung bittet, schreibt er die Sünde nicht zu seinen Lasten auf – es sei denn, er schreibt sie aus einer anderen Einsicht heraus auf. Wenn er sie nun zu seinen Lasten aufschreibt, und er tut etwas Gutes, dann sagt der Gefährte der Rechten zum Gefährten der Linken – er hat nämlich darüber die Vollmacht: »Laß dieses Schlechte weg, auf daß ich von seinen guten Taten von einer zehnfachen Gutschreibung eine weglasse und neun gute Taten (zum Himmel) aufhebe.« Dies tut dann der Gefährte der Linken. Von Anas ibn Mâlik wird berichtet: Der Prophet

Gottes sagte: »Gott, der erhaben und mächtig ist, übergibt Seinen Diener der Obhut zweier Engel, die zu seinen Gunsten und Lasten aufschreiben. Wenn er nun gestorben ist, sagen sie: ›O Herr, Dein Diener Soundso ist gestorben, wohin sollen wir gehen?‹ Gott der Erhabene spricht: ›Mein Himmel ist voller Engel, die Mir dienen, und Meine Erde ist voller Geschöpfe, die Mir gehorchen. Geht in das Grab meines Dieners, lobpreist Mich, rühmt und verherrlicht Mich und schreibt das zu den guten Taten Meines Dieners bis zum Tage der Auferstehung.‹«

Die Engel des Tages und der Nacht: Sie sind die Engel, welche mit Segnungen herabsteigen und bei Tag und bei Nacht mit den Geistern und Taten der Menschen hinaufsteigen. Die Sinnkundigen sagen: Wenn sich der Mensch eifrig um die Gebete bemüht, zu ihrer erstbesten Gelegenheit, so kommen zu ihm, wenn er das Morgengebet verrichtet, die Engel des Tages, und sie finden ihn betend vor. Die Engel der Nacht verlassen ihn dann, und sie verlassen ihn als einen Betenden. So ist es auch, wenn er das Abendgebet verrichtet, und was zwischen den beiden Gebeten an Sünden vorkommt, wird von den Gebeten wieder gutgemacht. Wenn das nun so ist, wissen sie im Hinblick auf ihn nur die guten Taten. Die Sache dieser Engel wird bestätigt durch eine Überlieferung vom Propheten, die besagt: »Gott sagt: ›O Sohn Adams, du bist nicht gerecht zu Mir: Ich bin liebevoll zu dir mit Wohltaten und du bist haßerfüllt gegen Mich mit Widerspenstigkeiten; Gutes von Mir kommt zu dir herab und Beigesellung steigt zu Mir herauf. Dann bringt Mir unentwegt ein edler Engel bei Tag und bei Nacht dein häßliches Tun. O Sohn Adams, wenn du hören würdest, wie du von einem anderen beschrieben wirst, und wüßtest nicht, wer der Beschriebene ist. Ja, du würdest du ihn schleunigst hassen.‹«

Die Grabesengel Munkar und Nakîr: Sie sind zwei rauhe, harte Engel, die jeden einzelnen im Grab über seinen Herrn und seinen Propheten befragen. Von Anas ibn Mâlik wird überliefert: Der Prophet sagte: »Wenn der Gottesdiener in sein Grab gelegt wird, sich seine Gefährten von ihm entfernen und er das Klopfen ihrer Schuhe hört, kommen zwei Engel zu ihm. Sie setzen ihn auf und sagen zu ihm: ›Was pflegtest du über diesen Mann, das heißt Muhammad, zu sagen?‹ Wenn er nun ein Gläubiger ist, sagt er: ›Ich bezeuge, daß er der Diener Gottes und Sein Gesandter ist.‹ Dann sagt man zu ihm: ›Sieh, wie dein Platz im Höllenfeuer ausgetauscht wurde durch einen Platz im Paradiesgarten‹, und sie zeigen ihm alles. Wenn er aber ein Heuchler und ein Ungläubiger ist und zu ihm gesagt wird: ›Was pflegtest du über diesen Mann zu sagen?‹, dann sagt er: ›Ich weiß nicht, ich pflegte zu sagen, was die Leute sagen.‹ Die beiden sagen dann zu ihm: ›Du wußtest nicht, und du konntest nicht wissen.‹ Dann wird ihm mit einem Eisenhammer ein Schlag versetzt, und er stößt einen Schrei aus, den jeder hört, der außer den Menschen und Dschinnen in seiner Nähe ist.«

Die wandernden Engel: Sie sind eine Art von Engeln, die das gemeinsame Gottgedenken lieben, und wenn sie Versammlungen sehen, in denen man Gottes gedenkt, dann sind sie darüber voller Freude. Von Abû Sa'îd al-Chudrî wird überliefert, daß der Prophet gesagt habe: »Gott hat Engel, die – außer denen, welche die Taten der Menschen aufschreiben – auf der Erde umherwandern, und wenn sie Leute finden, die Gottes des Erhabenen gedenken, dann rufen sie: ›Kommt her zu dem, was ihr wünscht!‹ Sie folgen dem Aufruf, und sie nehmen sie liebevoll auf zum untersten Himmel. Wenn sie nun wieder weggehen, sagt Gott der Erhabene zu ihnen: ›Bei welcher Tätigkeit habt ihr Meine Diener zurückgelassen?‹ Sie sagen darauf: ›Wir haben sie zurückgelassen, während sie Dich lobten und rühmten und heiligpriesen.‹ Dann sagt Gott der Erhabene: ›Haben sie Mich gesehen?‹ Sie sagen: ›Nein.‹ Er sagt: ›Wie wäre es, wenn sie Mich gesehen hätten?‹ Sie sagen: ›Wenn sie Dich gesehen hätten, dann würden sie Dich noch mehr loben, preisen und ehren.‹ Dann sagt er zu ihnen: ›Wovor nehmen sie ihre Zuflucht?‹ – ›Vor dem Höllenfeuer‹, sagen sie. Er sagt: ›Haben sie es gesehen?‹ ›Nein‹, sagen sie. Er sagt: ›Wie wäre es, wenn sie es gesehen hätten?‹ – ›Wenn sie es gesehen hätten‹, sagen sie, ›dann wäre ihre Furcht davor noch stärker, und sie würden sich noch mehr davor hüten.‹ Dann sagt Er: ›Und was wünschen sie?‹ – ›Sie wünschen sich das Paradies‹, sagen sie. Er sagt: ›Haben sie es gesehen?‹ – ›Nein‹, sagen sie. Er sagt: ›Wie wäre es, wenn sie es gesehen hätten?‹ Sie sagen: ›Wenn sie es gesehen hätten, dann würden sie es noch mehr begehren.‹ Dann sagt Er: ›Wahrlich, Ich versichere euch, daß Ich ihnen schon vergeben habe.‹ Sie sagen: ›Unter ihnen war Soundso, der nicht zu ihnen wollte, sondern nur zwecks einer Erledigung gekommen war.‹ Dann sagt Er zu ihnen: ›Sie sind die Leute, durch die ihre Gefährten nicht betrübt werden.‹«

Hârût und Mârût – möge Gott sie erlösen: Sie sind zwei bestrafte Engel in Babel. *Ibn 'Abbâs* sagte: Als Adam nackt aus dem Paradies vertrieben wurde, schauten die Engel zu ihm hin und sagten: »O unser Gott! Dieses ist Adam! Wundersam ist Deine Schöpfung! Lasse ihn seine Verfehlung nicht entgelten und verlasse ihn nicht!«, bis er an einer Versammlung von Engeln vorbeikam, die ihn schmähten wegen seiner Verletzung des Vertrages mit seinem Herrn. Unter denen, die ihn an jenem Tage tadelten, waren auch Hârût und Mârût. Adam aber sagte zu den Engeln: »O Engel meines Herrn, seid barmherzig und tadelt mich nicht, denn das, was mir geschehen ist, geschah nach dem Ratschluß meines Herrn und Seiner Bestimmung.« Dann suchte Gott die beiden heim, so daß sie sich widersetzten und vom hohen Himmel ausgeschlossen wurden. Als die Tage des *Idrîs* kamen, reisten sie zu ihm und erzählten ihm ihre Geschichte. Dann sagten sie zu ihm: »Wie wäre es, wenn du für uns bitten würdest, daß Gott Seine Augen von uns abwendet?« *Idrîs* aber sagte: »Wie soll ich wissen, ob euch vergeben worden ist oder nicht?« Sie sagten: »Bitte für uns, und wenn du uns siehst, dann bedeutet das die Erhörung deiner Bitte, wenn du uns aber nicht siehst, sind wir zugrunde gegangen.« Da verrichtete *Idrîs* die rituelle Waschung und betete zu Gott dem Erhabenen. Dann wandte er sich um und sah sie nicht. Und er wußte nun, daß die Strafe sie getroffen hatte. Sie wurden nach Babylon hinweggenommen. Dann wurde ihnen die Wahl gelassen zwischen der Strafe im Diesseits und der Strafe im Jenseits. Sie wählten die Strafe des Diesseits, und nun sind sie zur Strafe angekettet in einem Brunnen im Gebiet Babylons, mit dem Kopf nach unten, bis zum Tage der Auferstehung. Von Ibn ʿAmr wird berichtet, daß der Prophet gesagt habe: »Die Engel wachten über das Diesseits und sahen die Söhne Adams sich Gott widersetzen. Sie sagten: ›O Herr, wie wenig wissen diese über Deine Macht!‹ Da sprach Gott der Mächtige und Erhabene: ›Wenn ihr in ihrer Haut wäret, dann würdet ihr euch auch Mir widersetzen.‹ Sie sagten: ›Wie können wir das tun, da wir doch Dein Lob singen und Dich heiligpreisen.‹ Er sagte: ›Wählt zwei Engel von euch aus!‹ Da wählten sie Hârût und Mârût aus, die dann zur Erde hinabgesandt wurden, und die Leidenschaften der Kinder Adams wurden in sie eingepflanzt und ihnen vorgestellt. Sie wurden nicht bewahrt, so daß sie in Widersetzlichkeit verfielen. Dann wurde ihnen die Wahl gelassen zwischen der Strafe des Diesseits und der Strafe des Jenseits, und der eine schaute den Gefährten an und sagte: ›Was sagst du?‹ Dieser sprach: ›Ich sage: Die Strafe des Diesseits hat ein Ende, die Strafe des Jenseits aber hat kein Ende.‹ Da wählten sie die Strafe des Diesseits.« Sie sind diejenigen, die Gott in Seinem Buche erwähnt: »... UND WAS HERABGESANDT WURDE AUF DIE BEIDEN ENGEL IN BABYLON, HÂRÛT UND MÂRÛT.« (2,96) In einer anderen Überlieferung heißt es:

»Er sagte zu ihnen beiden: ›Wahrlich, Ich schicke einen Gesandten zu den Menschen, während es zwischen Mir und euch beiden keinen Gesandten gibt. Steigt hinab, stellt Mir nichts Gleichwertiges zur Seite, tötet nicht, überschreitet nicht das Maß und treibt keine Unzucht.‹« Und *Ka'b* sagte: »Und der Tag, an dem sie herabgestiegen waren, war noch nicht zu Ende gegangen, als sie taten, was Gott ihnen verboten hatte.«

Die mit den entstehenden Dingen betrauten Engel: Sie sind diejenigen Engel, deren Aufgabe es ist, die entstehenden Dinge in guter Ordnung zu halten und den Schaden von ihnen abzuhalten. Mit jedem einzelnen von ihnen sind so viele Engel, wie Gott will, betraut worden, und dazu hat Abû Umâma folgendes Prophetenwort überliefert: »Es sind mit dem Gläubigen einhundertsechzig Engel betraut, die von ihm wegscheuchen, was nicht für ihn bestimmt ist. Davon sind sieben Engel für den Gesichtssinn bestimmt. Sie scheuchen weg von ihm, wie an einem sommerlichen Tag Fliegen weggescheucht werden vom Honigfaß.« Was nun die einhundertsechzig Engel betrifft, so ist dies eine Sache, die der Prophet bekanntgemacht hat durch das Licht des Prophetentums. Wir nehmen die Ernährung als Beispiel, denn das ist eine Angelegenheit, die den Pflanzen und Lebewesen gemeinsam ist, und du kannst danach weitere Aspekte analog betrachten. Wir sagen nun, daß kein Teil der Nahrung ein Teil des Nahrungsaufnehmenden werden kann, solange nicht sieben Engel an ihm gewirkt haben – das ist die geringste Zahl –, es geht bis hin zu zehn und hin zu hundert. Der Sinn der Nahrungsaufnahme ist es nun, daß ein Teil der Nahrung zu einem Teil des Nahrungsaufnehmenden wird und die Stelle eines Teiles einnimmt, der zugrunde gegangen ist. Die Nahrung ist nun leblose Materie, die nicht aus sich selbst heraus zu Blut, Fleisch und Knochen wird, so wie der Weizen nicht aus sich selbst heraus zu Mehl, Teig und Brotlaib wird, solange darin nicht arbeitende Kräfte gewirkt haben. Die äußeren arbeitenden Kräfte sind die Menschen, und die inneren sind die Engel. So hat Gott der Erhabene dir reichliche Wohltat verliehen, äußere und innere.

Ich sage nun, daß es notwendig ist, daß ein Engel die Nahrung zum Fleisch und zu den Knochen hinzieht, da die Nahrung sich ja nicht aus sich selbst heraus bewegen kann. Ein zweiter ist notwendig, der sie festhält, damit in ihr die Hitze wirken kann, welche sie verwandelt. Dann ist ein dritter notwendig, der ihm die Form des Blutes verleiht, und ein vierter, der den überflüssigen Teil von der Nahrung abstößt. Ein fünfter ist notwendig, der unterscheidet zwischen den Knochen, dem Fleisch und den Adern und dem, was ihnen jeweils zugehört, und ein sechster, der das, was die Eigenschaft des Knochens besitzt, mit dem Knochen und das, was die Eigenschaft des Fleisches besitzt, mit dem Fleisch zusammenbringt. Ein siebter ist dann schließlich notwendig, der beim Zusammenfügen auf die Ausmaße achtet, auf daß er nicht mit dem Runden zusammenbringt, was dessen Rundung zunichte macht, und mit dem Breiten nicht, was seine Breite zunichte macht, und nicht mit dem Hohlen, was dessen Hohlheit zunichte macht. So wacht er darüber, daß jedem das Seine zukommt, und stößt das Überflüssige ab. Wenn es nämlich so wäre, daß er auf der Nase soviel Nahrung ansammeln würde wie auf dem Schenkel, wäre deren Form entstellt. Vielmehr muß es so sein, daß er von der Nahrung die feine Substanz zu den Augenlidern hinsendet, die klare Substanz zu den Pupillen, den schweren Anteil zu den Schenkeln und den harten Anteil zu den Knochen, und zwar unter Beachtung des jeweiligen Ausmaßes und der jeweiligen Form, auf daß die Form nicht zunichte gemacht werde. Wenn nun der Engel dieses Maß nicht einhalten würde und die Nahrung durch den ganzen Körper, nicht aber zum Beispiel durch einen der Füße schicken würde, dann würde das Bein klein bleiben, während der ganze Körper größer werden würde.

Du würdest dann einen großen, mächtigen Mann sehen mit dem Fuß eines Kindes, so daß er ihm ganz und gar nichts nutzen kann. So ist also diesem Engel diese Technik der richtigen Verteilung anvertraut worden.

So verhält es sich also mit einigen dieser Engel, die mit dem Körper der Kinder Adams betraut worden sind. Sie wirken an dir, während du dich im Schlaf befindest oder immer wieder in Unachtsamkeit verfällst, und sie sorgen gut für die Nahrung in deinem Inneren, ohne daß du von ihnen Kenntnis hast – und wenn du die Güte Gottes aufrechnen wolltest, wärest du nicht dazu fähig. Also verhält es sich mit allen existierenden Dingen, und es gibt nichts, mit dem nicht einer oder mehrere Engel betraut sind – und Gott verhilft im Richtigen zum Erfolg.

Die Zeit

Es wird behauptet, daß die Zeit das Maß der Bewegung der Sphäre ist, und zwar ist das die Ansicht des Aristoteles und seiner Gefährten. Bei der Allgemeinheit bedeutet Zeit das Vergehen der Tage und der Nächte. Das Maß der Bewegung der Sphäre ist nun wiederum eingeteilt in Jahrhunderte, diese in Jahre, die Jahre in Monate, die Monate in Tage, die Tage in Stunden und die Stunden in Minuten. Die Zeit ist nun das kostbarste Kapital, durch das man alle Glückseligkeit erwerben kann. Deine Zeit ist dein Leben, und das ist ein Maß, welches nur Gott und nicht dir bekannt ist. Es ähnelt ganz der Entfernung, die ein kräftiger Läufer zurücklegt, der keinen Augenblick innehält, und jedes Jahr ist wie ein Wohnort, jeder Monat wie eine Poststation (= Tagesreise), jede Woche wie eine Parasange[1], jeder Tag wie eine Meile und jeder Atemzug wie ein Schritt – und wie schnell wird sie doch durchmessen, auch wenn sie lang ausgedehnt wäre und nicht so schnell vorbeigehen würde, auch wenn sie eine lange Zeitspanne wäre, wie es das Leben Lokmans[2] war. – Die Philosophen glaubten, daß die Ursache der verschiedenen Geschehnisse in der jeweiligen Lage der Sphären zu finden ist, und deshalb klagten sie ständig über die Zeit und das Schicksal, wie zum Beispiel derjenige, welcher sagt:

> Es trafen mich die Schicksalstöchter, von wo ich es
> nicht sehen kann. Was soll man nur tun gegenüber
> dem, der schießt und doch kein Schütze ist?
> Wären es Pfeile, würde ich mich vor ihnen
> schützen, jedoch, ich werde getroffen ohne Pfeile.

Als dann die Offenbarung kam, wies sie darauf hin, daß es sich mit dieser Sache nicht so verhalte, wie sie es glaubten, sondern daß die Wechselfälle des Schicksals durch den Ratschluß Gottes und Seine Vorherbestimmung geschehen. Es sagte der gesegnete Prophet: »Schmähet nicht das Schicksal, denn, wahrlich, das Schicksal ist Gott.«

Einige Menschen glauben, daß die ersten Zeiten in Ordnung waren, die letzten aber mangelhaft. Darauf weist *al-Mutanabbî* hin, wenn er sagt:

> Es kamen, als die Zeit in ihrer Jugend war,
> ihre Söhne zu ihr, da erfreute sie diese;
> wir aber kamen zur Zeit, da sie altersschwach war.

Die Vorzüge der einzelnen Tage und ihre besonderen Eigenschaften

DER FREITAG

Er ist der Feiertag der islamischen Gemeinde und der wichtigste aller Tage. *Abu Huraira* – möge Gott Wohlgefallen an ihm haben – berichtet, daß der Prophet gesagt habe: »Der beste Tag, an dem die Sonne aufgeht, ist der Freitag. An ihm wurde Adam erschaffen, an ihm wurde das Paradies bewohnt, an ihm fand die Verstoßung daraus statt, und an ihm hat Gott dieses verziehen; die Stunde des Jüngsten Gerichts wird an einem Freitag stattfinden, und in ihm ist eine Stunde, in der dem Muslim, wenn er auf sie trifft und Gott um etwas Gutes bittet, gegeben wird, worum er gebeten hat.«

Es besagt die Überlieferung, daß die Engel der Sache nachgehen, wenn der Gottesdiener sich in der Zeit (für die gottesdienstlichen Handlungen) am Freitag verspätet: Die einen befragen die anderen über ihn und sagen: »Was macht Soundso, und wie kommt es, daß er sich bei seiner Gebetszeit verspätet hat?« Dann sagen die anderen: »O Gott, wenn es Armut ist, was ihn aufgehalten hat, dann bereichere ihn; wenn es Krankheit ist, dann heile ihn, und wenn es eine Beschäftigung ist, die ihn aufgehalten hat, dann befreie ihn davon für den Dienst an Dir. Wenn es aber ein Vergnügen ist, das ihn aufgehalten hat, dann wende sein Herz um zum Gehorsam zu Dir.«

Jemand von den Altvorderen sagte, daß Gott der Erhabene außer dem notwendigen Lebensunterhalt für die Gottesdiener eine besondere Gnadengabe hat, von der Er nur dem gibt, der Ihn am Abend des Donnerstags und am Freitag bittet.

Von *Ibn Mas'ûd* – möge Gott Wohlgefallen an ihm haben – wird überliefert: »Von dem, der am Freitag seine Fingernägel schneidet, läßt Gott die Krankheit verschwinden und ihm Heilung zukommen.«

DER SAMSTAG

Dies ist der Feiertag der Juden. Es sagt *al-Kalbî:* »Moses – Friede sei mit ihm – gebot dem Volke Israel, in jeder Woche einen Tag für den Gottesdienst freizuhalten. Sie bestanden darauf, den Samstag zu nehmen, und sie sagten, daß dies der Tag sei, an dem Gott die Schöpfung der Dinge beendet hatte, und sie glaubten, daß die Dinge, die sich am Samstag ereigneten, bis zum nächsten Samstag hinwirken würden. Deshalb hielten sie sich an diesem Tag zurück vom Nehmen und Geben.« Die Muslime widersprechen ihnen darin wegen des Prophetenwortes: »Gesegnet wurden für meine Gemeinde die Morgenfrühen des Samstags und des Donnerstags.« – Die Verfasser landwirtschaftlicher Schriften glauben, daß eine Dattelpalme, deren Früchtebüschel am Samstag abgeschnitten werden, das nächste Mal keine Früchte mehr trägt.

DER SONNTAG

Dies ist der Feiertag der Christen. Es sagen die Verfasser von Weltgeschichten, daß der Sonntag der erste der Tage sei und daß er der erste Tag der Welt sei, an dem Gott die Schöpfung der Dinge begonnen habe. Sie sagen ebenfalls, daß Jesus – Friede sei mit ihm – seinem Volke den Freitag als Feiertag geboten habe. Sie aber sagten: »Wir wollen nicht, daß der Feiertag der Juden nach unserem Feiertag kommt.« Da nahmen sie den Sonntag und glaubten, daß er in Ordnung sei, weil an ihm die Dinge begonnen wurden.

DER MONTAG

Dies ist ein gesegneter Tag. Der Prophet Gottes – Gott segne ihn und gebe ihm Heil – pflegte sich häufig am Montag und am Donnerstag dem Fasten zu widmen. Er wurde darüber befragt und sagte: »Dies sind zwei Tage, an denen die Taten hinaufsteigen zum Himmel, und da ich gerne möchte, daß meine Taten aufsteigen, faste ich.« Es wurde überliefert, daß der gesegnete Prophet an einem Montag geboren wurde, daß die Offenbarung an einem Montag zu ihm kam, daß er an einem Montag Mekka verließ, um nach Medina auszuziehen, daß er dort an einem Montag ankam, und daß er an einem Montag gestorben sei. Dies überliefert *Ahmad ibn Hanbal* nach einer Überlieferung des *Ibn 'Abbâs* – möge Gott Wohlgefallen an ihm haben.

DER DIENSTAG

Es wird als wünschenswert angesehen, daß man an diesem Tag ruhend verweilt und sich um Verbesserung der Seele bemüht. Man glaubt, daß das Schröpfen am Dienstag als lobenswert angesehen wird. Es wird auch gesagt, daß Kain den Abel an einem Dienstag tötete.

DER MITTWOCH

Dieser Tag hat nicht viel Gutes, und er ist durchgehend der größte Unglückstag. Das Baden wird an diesem Tag als lobenswert angesehen. Es wird erwähnt, daß ein Bruder des Mazyad zu diesem sagte: »Ich möchte, daß du zwecks eines bestimmten Geschäftes mit mir hinausgehst.« Da sagte dieser zu ihm: »Heute ist Mittwoch. Geschäften nachzugehen wird an diesem Tag nicht als lobenswert angesehen.« Da sagte er: »Es wurde doch am Mittwoch Yûnus ibn Mattâ geboren – Friede sei mit ihm.« Mazyad sagte: »Sicherlich ist ihm der Segen klargeworden in der Weite seines Aufenthaltsortes, der Schönheit seines Gewandes« – er meinte den Bauch des Fisches – »und den Kürbisblättern.«[3] Nun sagte er: »Auch Joseph – Friede sei mit ihm – wurde am Mittwoch geboren.« Da sagte Mazyad: »Wie schön war es doch, was seine Brüder mit ihm taten, so daß seine Kerkerhaft und sein Exil lang wurden.« Der Bruder aber sagte: »Am Mittwoch ließ Gott dem Abraham – Friede sei mit ihm – eine Offenbarung zukommen!« Und Mazyad antwortete: »Wie kühl war doch der Ofen, in den er geworfen wurde, bis Gott ihn davon befreite.« Er aber sagte wiederum: »Am Mittwoch half Gott unserem gesegneten Propheten Muhammad im ›*Grabenkrieg*‹!« – »Gewiß«, sagte Mazyad, »aber erst, nachdem die Blicke unstet hin- und hergeirrt und die Herzen in der Kehle angelangt waren!«

DER DONNERSTAG

Er ist ein gesegneter Tag, besonders, um den Geschäften nachzugehen und eine Reise anzutreten. Es überlieferte az-Zuhrî von ʿAbd ar-Rahmân ibn Kaʿb ibn Mâlik von seinem Vater, daß der Prophet nur am Donnerstag aufbrach, wenn er eine Reise unternehmen wollte.

Das Schröpfen ist am Donnerstag nicht gern gesehen. Hamdûn ibn Ismâʿîl berichtet: »Ich hörte den Kalifen *al-Muʿtasim billâh* eine Überlieferung kundtun von *al-Ma'mûn*, über *ar-Raschîd*, über *al-Mahdî*, der es von *al-Mansûr* gehört hatte, der es wiederum von seinem Vater und dieser von seinem Großvater wußte, welcher es von *Ibn ʿAbbâs* gehört hatte, der vom Propheten überliefert, daß er gesagt habe: ›Wer sich am Donnerstag schröpfen läßt und dann Fieber bekommt, der stirbt an dieser Krankheit.‹« Und Hamdûn sagte: »Ich trat nach längerer Zeit am Donnerstag bei *al-Muʿtasim* ein, da ließ er sich gerade schröpfen, und als ich ihn sah, da hielt ich inne, sprachlos, stumm und traurig. Da sagte er zu mir: ›O Hamdûn, vielleicht erinnerst du dich an die Überlieferung, die ich dir berichtet habe?‹ Ich sagte: ›Ja, o Fürst der Gläubigen!‹ Er sagte: ›Bei Gott, ich habe nicht daran gedacht, bis der Schröpfer den Einschnitt machte.‹ Da bekam er an diesem Abend Fieber, und dies war die Krankheit, an der er starb.«

Man sagt, daß er Ramadân genannt wurde wegen der sehr starken Hitze (ramdâ'), in die seine Zeit fällt, und auch, weil die Sünden in ihm weggebrannt werden. Der Prophet – Gott segne ihn und gebe ihm Heil – hat gesagt: »Der Ramadân ist der Monat meiner Gemeinde, das heißt, in ihm werden ihr die Sünden vergeben.«

Abu Dharr al-Ghifârî sagte, der Prophet habe gesagt: »Das Buch des Abraham kam hernieder in drei Zeiträumen des Monats Ramadân.« Am vierten Tag des Monats kam der Koran zum gesegneten Propheten Gottes herab, am siebten Tag wurde die Thora zu Moses herniedergesandt, und *al-Ma'mûn* kleidete sich in Grün[4]. Am achtzehnten Tag kam das Evangelium zu Jesus, und am neunzehnten wurde Mekka erobert.[5] Am einundzwanzigsten ist nach einer Ansicht die *»Nacht der Macht«*, und sie ist die gesegnete Nacht, »in der jede weise Sache entschieden wird«. (44,4) Nach einer anderen Ansicht ist die dreiundzwanzigste die »Nacht der Macht«. Am fünfundzwanzigsten zeigte sich durch den Aufruf des *Abu Muslim* in Chorasân die Herrschaft der *Abbasiden.* Am siebenundzwanzigsten fand die *Schlacht von Badr* statt, in der die Engel vom Himmel herabstiegen, um der Religion zum Sieg zu verhelfen, und nach einer anderen Ansicht wiederum ist dies die »Nacht der Macht«. Am letzten Tag befreit Gott alle auf einmal, die während des ganzen Ramadân befreit werden, und das sind beim Fest des Fastenbrechens siebzig Millionen für jede Nacht, die vor dem Höllenfeuer bewahrt werden.

Anas ibn Mâlik – möge Gott Wohlgefallen an ihm haben – berichtet, daß der gesegnete Prophet gesagt habe: »Wenn die erste Nacht des Ramadân gekommen ist, ruft der Erhabene, dessen Größe gewaltig ist, Ridwân, den Hüter des Paradieses. Der sagt: ›Hier bin ich, zu Deinen Diensten und zu Deiner Hilfe.‹ Dann spricht Er: ›Gehe hinein in Mein Paradies, und mache es schön für die Fastenden von der Gemeinde Muhammads, und verschließe es solange nicht, bis ihr Fastenmonat vorbei ist!‹ Dann ruft Er: ›O Mâlik‹ – er ist der Hüter des Höllenfeuers –, und der sagt: ›Hier bin ich, zu Deinen Diensten und zu Deiner Hilfe.‹ – ›Verschließe die Tore der Hölle vor den Fastenden von der Gemeinde *Ahmads*, und öffne sie nicht wieder, bevor ihr Fastenmonat vorbeigegangen ist.‹ Dann ruft Er: ›O Gabriel!‹, und dieser sagt: ›Hier bin ich, Dir zu Diensten und zur Hilfe.‹ Dann spricht Er: ›Steig hinab zur Erde und binde und fessle die bösen Geister, so daß sie der Gemeinde Ahmads nicht ihr Fasten und Fastenbrechen verderben können.‹ Und Gott der Mächtige und Erhabene bewahrt sie an jedem Tag des Fastenmonats beim Aufgang der Sonne und beim Fastenbrechen, so daß sie als Gottesdiener und -dienerinnen vom Höllenfeuer befreit sind.« *Ibn 'Abbâs* – möge Gott Wohlgefallen an ihm haben – überliefert vom gesegneten Propheten: »Das Paradies wird schön gemacht für den Eintritt des Fastenmonats. Wenn nun die erste Nacht des Monats Ramadân gekommen ist, weht unter dem Thron ein Wind hervor, den man ›den Aufwirbelnden‹ nennt. Er setzt die Blätter des Paradieses in Bewegung und umweht die Türflügel, und deshalb hört man ein Geklingel – kein Hörender hat jemals Schöneres vernommen. Es treten die Paradiesjungfrauen mit den großen schwarzen Augen hervor, um sich unter den Edlen des Paradieses aufzuhalten. Dann sagen sie: ›O Ridwân, was für eine Nacht ist dies?‹ Er antwortet ihnen mit dem Ruf der Folgeleistung[6] und sagt: ›O ihr besten von den Schönen, dies ist die erste Nacht des Monats Ramadân, in der die Tore des Paradieses geöffnet werden und in der Gott der Erhabene spricht: ›O Ridwân, öffne die Tore des Paradiesgartens!‹ und: ›O Mâlik, verschließe die Tore der Höllenfeuer vor den Fastenden von der Gemeinde Muhammads.‹ Und Gott, der Gepriesene und Erhabene, bewahrt beim Fastenbrechen einer jeden Nacht sieben Millionen vor dem Höllenfeuer, und wenn der letzte Tag des Fastenmonats gekommen ist, befreit er an diesem Tag so viele, wie im ganzen Monat befreit wurden, und dies ist die ›*Nacht der Macht*‹.« *Ibn ʿAbbâs* sagt: »In ihr wird aufgeschrieben, was es im ganzen Jahr an Gutem und Bösem, an Wohltaten Gottes und Todesfristen geben wird, und sie ist die gesegnete Nacht, in der – nach der Auslegung einiger – alles Weise hervorgebracht wird.«

Dschâbir gibt folgende Überlieferung vom Propheten – Gott segne ihn und gebe ihm Heil: »Ich hatte die ›Nacht der Macht‹ gesehen und sie dann wieder vergessen. Sie ist unter den letzten zehn Nächten, die eine ungerade Zahl haben, und sie ist eine gemäßigte Nacht, weder heiß noch kalt.« *Ibn Masʿûd* überliefert, daß der Prophet gesagt habe: »Sucht sie in der siebzehnten, der einundzwanzigsten und der dreiundzwanzigsten Nacht des Ramadân«, und dann schwieg er. Von Ubayy ibn Kaʿb ist überliefert: »Sie ist die siebenundzwanzigste Nacht.« Und er sagt: »Sie ist diejenige von den Nächten, zu der es gehört, daß die Sonne, wenn sie am Morgen aufgeht, aussieht wie eine Scheibe, die keine Strahlen hat, bis sie in die Höhe steigt.«

Einige zählen die Wörter von der Sure der »Nacht der Macht«, bis zum Worte »hiya« (= sie, d. i. die Nacht). Das sind siebenundzwanzig Wörter, und das weist dann auch darauf hin, daß es die siebenundzwanzigste Nacht sein könnte.

Einige Besonderheiten, die mit der Wiederkehr einer bestimmten Anzahl von Jahren zusammenhängen

Einer der Gottesgelehrten sagte, daß Gott der Erhabene in jeweils tausend Jahren einen Propheten schickt mit seltenen, offenkundigen Wundern und wunderbaren, leuchtenden Beweisen, um die Banner Seiner Religion gerade aufzurichten und Seinen geraden Weg offenbar zu machen. Er sagt nun nicht, daß dieses zu Beginn eines jeden tausendsten Jahres so ist, sondern innerhalb von tausend Jahren, und so ist es möglich, daß zwischen den Propheten mehr oder weniger als tausend Jahre liegen. In den ersten tausend Jahren war es Adam Abû l-Baschar, »Vater der Menschen«, in den zweiten Noah, Scheich al-mursalîn, »Führer der Gesandten«, im dritten Jahrtausend war es Abraham Chalîl Allâh, »Freund Gottes«, im vierten Moses Kalîm Allâh, »der von Gott Angesprochene«, im fünften Salomon, Sohn des David, Prophet Gottes, im sechsten Jesus, Geist Gottes und Sein Wort, und im siebten Muhammad, der Gesandte Gottes und Sein Geliebter – Gott segne ihn und gebe ihm Heil. Durch ihn wurde dann das Prophetentum besiegelt, und es wurden mit seinem Jahrtausend die Jahrtausende der Welt abgeschlossen. Es ist von *Ibn 'Abbâs* über Sa'îd ibn Dschubair überliefert worden: »Die Welt ist eine von den Wochen des Jenseits, nämlich siebentausend Jahre. Sechstausend und einhundert Jahre sind vergangen, und es werden noch einige hundert dazu kommen. Am Anfang jedes Jahrhunderts, von der Sendung unseres gesegneten Propheten an, wird ein Wissender erscheinen, der die Banner des göttlichen Wissens aufzieht. Dies war am Anfang des ersten Jahrhunderts *'Umar ibn 'Abdalazîz,* im zweiten *Muhammad ibn Idrîs asch-Schâfi'î,* im dritten Jahrhundert *Abu l-'Abbâs Ahmad ibn 'Umar ibn Suraidsch,* im vierten *Abu Bakr ibn at-Tayyib al-Bâqillânî,* im fünften Jahrhundert war es *Abu Hâmid Muhammad al-Ghazzâlî* und im sechsten schließlich *Abu 'Abdallâh Muhammad ibn 'Umar ar-Râzî* – möge Gott ihnen allen gnädig sein.« Von Anas ibn Mâlik – möge Gott Wohlgefallen an ihm haben – wird überliefert: »Von demjenigen, den Gott der Erhabene vierzig Jahre lang leben läßt, hält er verschiedene Arten von Heimsuchungen fern, wie zum Beispiel die Elephantiasis, die Lepra, die Teufelsbesessenheit. Demjenigen, den Gott der Erhabene fünfzig Jahre leben läßt, macht er die Rechnung am Tag der Auferstehung leicht; demjenigen, den Gott sechzig Jahre leben läßt, stellt er das anheim, was Gott, der erhaben und mächtig ist, liebt; wen Gott siebzig Jahre leben läßt, den lieben die Bewohner des Himmels und der Erde, und demjenigen, den Gott achtzig Jahre leben läßt, löscht er die schlechten Taten aus und schreibt nur seine guten Taten auf; und demjenigen, den Gott neunzig Jahre leben läßt, vergibt Er die Sünden, er ist der Gefangene Gottes auf Erden und hält Fürsprache für die Leute seiner Gemeinde.«

Die Gelehrten nehmen an, daß mit der Wiederkehr einer bestimmten Anzahl von Jahren sonderbare Ereignisse in der Welt stattfinden. So können je nach Materie Lebewesen von sonderbarer Gestalt entstehen, je nach klimatischen Veränderungen können seltene Fundstätten und erstaunliche Pflanzen und Bäume entstehen, und es kann auch sein, daß das bevölkerte Land zu einer Einöde und die Einöde zum bevölkerten Land wird, daß das Festland zum Meer und das Meer zum Festland, der Berg zum flachen Land und das flache Land zum Berg wird. Alles dieses geschieht durch die Bestimmung des Mächtigen, Wissenden.

Wir wollen nun diesen Abschnitt mit einer denkwürdigen Geschichte beenden:

Es gab im Stamme Israel einen gottverehrenden jungen Mann, und diesen besuchte einmal *al-Chidr.* Das hörte der König seiner Zeit; er befahl ihn vor sich und sagte zu ihm: »Wenn *al-Chidr* zu dir kommt, dann bringe ihn zu mir – wenn nicht, töte ich dich.« Da sagte der Jüngling: »Wehe dir, ich soll dir al-Chidr bringen!« Er sagte: »Ja, sonst werde ich dich töten!« Da kehrte der Jüngling nach Hause zurück und dachte über seine Angelegenheit nach, als al-Chidr zu ihm kam. Da erzählte er ihm, was der König gesagt hatte, und al-Chidr sprach: »Gehe mit mir zu ihm hin!« Als sie nun beide beim König eintraten, sagte dieser zu ihm: »Du bist al-Chidr«, und er sagte: »Ja!« Da sagte der König: »Berichte mir über die merkwürdigste Sache, die du gesehen hast!« Al-Chidr sprach: »Ich habe viel von den Merkwürdigkeiten der

Welt gesehen. Ich werde dir erzählen, was mir jetzt in den Sinn kommt: Ich war bei meiner Durchquerung der Welt an einer großen Stadt mit vielen Leuten und Gebäuden vorbeigekommen, und ich fragte einen von den Bewohnern der Stadt, wann diese Stadt gebaut wurde. Da sagte der: ›Dieses ist eine alte Stadt, wir wissen nicht, wie lange sie schon steht, nicht wir und nicht unsere Väter.‹ Nach fünfhundert Jahren kehrte ich dorthin zurück, und ich sah von der Stadt keine Spur mehr. Ich traf dort einen Mann, der Kraut sammelte, und ich fragte ihn, wann dieses Gebiet verwüstet wurde. Da sagte er: ›Es war immer so!‹ Ich aber sagte zu ihm: ›War denn nicht hier eine Stadt?‹ Er sagte: ›Ich habe sie nicht gesehen, und wir haben darüber nichts von unseren Vätern gehört.‹ Dann kam ich nach fünfhundert Jahren wieder an diesem Ort vorbei, und ich fand dort ein Meer vor. Ich traf eine Gemeinschaft von Fischern und fragte sie, wie lange dieses Gebiet schon ein Meer sei. Da sagten sie: ›Einer wie du fragt danach? Dies war immer so!‹ Ich sagte: ›War denn hier nicht vorher eine trokkene Gegend?‹ Sie aber erwiderten: ›Wir haben sie nicht gesehen und haben nichts darüber von unseren Vätern gehört.‹ Und abermals nach fünfhundert Jahren kam ich an diesem Ort vorbei. Da war er wieder trocken geworden, und ich traf dort jemanden, der Kräuter abschnitt. Ich sagte zu ihm: ›Wann ist dieses Gebiet trockenes Land geworden?‹ Da sagte er: ›Es war immer so.‹ Ich aber sagte zu ihm: ›War denn nicht vorher hier ein Meer?‹ Er sagte: ›Wir haben es nicht gesehen und haben nichts darüber von unseren Vätern gehört.‹ Und wieder kam ich nach fünfhundert Jahren an diesem Ort vorbei, und ich fand dort eine große Stadt mit vielen Leuten und Gebäuden vor, schöner als ich sie das erste Mal gesehen hatte. Da fragte ich einen von ihren Bewohnern: ›Wann wurde diese Stadt gebaut?‹ Er sagte: ›Sie ist eine alte Stadt. Wir wissen nicht, wie lange sie schon steht – weder wir, noch unsere Väter.‹«[7] Da sagte der König zu al-Chidr: »Ich möchte dir folgen und mein Königreich verlassen.« »Du bist nicht dazu bestimmt«, erwiderte ihm al-Chidr, »folge vielmehr diesem Jüngling, denn er wird dich zum Richtigen leiten.« – Damit endet die erste Abhandlung über die oberen Gefilde, und es folgt ihr die zweite Abhandlung über die unteren Gefilde. Unser Genüge ist Gott, und was für ein vortrefflicher Verwalter ist Er doch!

DIE UNTEREN GEFILDE
DIE ELEMENTE UND DIE ERZEUGTEN DINGE UNTERHALB DER SPHÄREN

Wesen und Natur der Elemente, ihre Zusammensetzung und ihre Umwandlung ineinander

Man ist der Ansicht, daß das Element der Grundstoff in den Objekten ist. Damit sind die Körper gemeint, welche sich unterhalb der Sphäre des Mondes befinden. Diese Körper sind »Mütter«, und die erzeugten Dinge sind die Fundstätten, die Pflanzen und die Tiere. Man nennt diese »Mütter« auch die Grundelemente, und deren gibt es vier: das Feuer, die Luft, das Wasser und die Erde. Das Feuer ist heiß und trokken, und sein natürlicher Ort ist unter der Mondsphäre und über der Luft. Die Luft ist warm und feucht, und ihr natürlicher Ort ist unter dem Feuer und über dem Wasser. Das Wasser ist kalt und feucht, und sein natürlicher Ort ist unter der Luft und über der Erde. Die Erde ist kalt und trocken, und ihr natürlicher Ort ist die Mitte.

Ein jedes dieser Elemente ähnelt seinem Nachbarn in einer Eigenschaft und unterscheidet sich von ihm in einer anderen. Aufgrund ihrer Ähnlichkeit schneiden sich ihre Bereiche gegenseitig; wegen ihrer Unterschiedlichkeiten sind sie voneinander getrennt, und jedes hat seinen ganz ihm eigenen Bereich, in dem allein es sich aufhält – es sei denn, daß es durch irgendetwas verhindert wird. Wenn nun das Hindernis aufgehoben wird und das Element zum Mittelpunkt der Welt strebt, dann ist es schwer, und wenn es in Richtung auf die

Umhüllung strebt, ist es leicht. Und wisse, daß der erhabene Schöpfer bei der Schaffung der Elemente in Seiner vollkommenen Weisheit eine wunderbare Ordnung und erstaunliche Schöpfung hervorgebracht hat, nämlich, daß dasjenige von ihnen, welches am leichtesten ist, der Sphäre am nächsten ist und das, welches am schwersten von ihnen ist, am weitesten von der Sphäre entfernt ist, wie die Erde. Weil sie nämlich am schwersten ist, wurde die Mitte der Sphäre zu ihrem Ort. Was nun leicht ist im Verhältnis zu ihr und schwer im Verhältnis zu dem, was über ihm ist, ist das Wasser, dessen Platz auf der Erde und unter der Luft ist. Wenn wir nämlich etwas Erdenstaub in das Wasser werfen, sinkt er darin unter, und das Wasser nimmt seinen Platz über ihm ein. Das Wasser kommt nun, da es leichter ist als die Erde, der Sphäre näher als diese. Die Luft, da sie leichter als das Wasser und schwerer als das Feuer ist, hat ihren Platz über dem Wasser und unter dem Feuer. Der Wasserschlauch nämlich, der unter Wasser aufgeblasen wird, treibt naturgemäß nach oben und hört nicht auf, das Wasser zu spalten, bis er an seinem natürlichen Ort angelangt ist, dort verbleibt und so näher zur Sphäre ist als das Wasser. Das Feuer, weil es leichter ist als das alles, ist daher über der Luft und unter dem Kreis der Sphäre.

Wie sich die Elemente ineinander umwandeln

Die Luft verwandelt sich in Wasser, wie man an der Feuchtigkeit sehen kann, die sich an der Oberfläche des Gefäßes aus Messing absetzt. Wenn du nämlich in einem Gefäß etwas Gefrorenes läßt, siehst du an den Seiten des Gefäßes Tropfen von Wasser, und es ist bekannt, daß sie nicht durch das Schwitzen des Gefäßes entstehen. Die Ursache dafür ist vielmehr, daß die Luft, welche den Krug umgibt, wegen der Kälte des Gefrorenen kalt wird, dann zu Wasser wird und sich an den Seiten des Gefäßes niederschlägt. Das Wasser verwandelt sich auch in Luft, wie man an den Dämpfen sehen kann, die, durch die Hitze der Sonne oder des Feuers hervorgerufen, aufsteigen. Und die Luft verwandelt sich in Feuer, wie du es bei starker Hitze an manchen Orten am Glutwind sehen kannst, und wie du es beim Blasebalg der Schmiede siehst: wenn sie ihn energisch aufblasen, wird seine Luft so, daß verbrennt, was ihr nahekommt. – Das Wasser verwandelt sich in Erde, was du daran sehen kannst, daß manche Wässer zu Stein werden. – Die Erde verwandelt sich in Wasser, wie es die Experten des Elixiers tun, dadurch, daß sie deren Teile pulverisieren und eine Droge damit vermischen, so daß alles davon zu Wasser wird und darin auch nicht ein Teilchen Erde übrigbleibt.

Je feiner nun ein diesen Elementen zugehöriger Stoff ist, desto schneller geht dessen Umwandlung und Veränderung vor sich, und je gröber er ist, desto langsamer geht seine Verwandlung und Veränderung vor sich. Wenn wir zum Beispiel zwei Arten von Wasser nehmen, deren eine von feinerer Substanz als die andere ist, und sie beide in der kalten Luft stehen lassen, gefriert das feine Wasser vor dem gröberen. Ebenso, wenn wir sie beide in der Sonne lassen, erwärmt sich das feinere vor dem gröberen. Deshalb ist es bei den Leuten in heißen Ländern, in denen es keinen Schnee und kein Eis gibt, so: Wenn sie Wasser kühlen wollen, setzen sie dieses am Ende des Tages der Sonne aus, um es zu erwärmen. Dann läßt sich die Luft darauf nieder und kühlt es stärker, als es gekühlt würde, wenn es nicht der Sonne ausgesetzt worden wäre. Es ist auch so, daß wir, wenn wir warmes und kaltes Wasser sich selbst überlassen würden, sähen, daß die Wirkung der Kälte auf das heiße größer als seine Wirkung auf das kalte ist.

Die Feuerhülle

Das Feuer ist ein einfacher Körper, dessen Natur es ist, heiß und trocken zu sein und sich um die Mitte zu bewegen, damit er unter der Sphäre verharre. Das Feuer hat keine Farbe. Man behauptet, daß der Gesichtssinn das reine Feuer nicht erfassen kann. Wenn wir nämlich eine Kerze sehen, die entflammt ist, ist ihre Flamme vom Docht getrennt, und es besteht doch kein Zweifel daran, daß die Hitze in unmittelbarer Nachbarschaft des Dochtes am stärksten ist. Es ist ja auch zweifellos so, daß die Luft des Blasebalges der Schmiede, wenn diese ihn kräftig blasen lassen, so wird, daß sie alles verbrennt, was ihr nahe kommt, ohne daß jedoch Licht von ihr ausgeht. So weiß man, daß das reine starke Feuer kein Licht hat. Es steht über den anderen Elementen in seiner außerordentlichen Kraft und Reinheit, und deswegen kann der Gesichtssinn es nicht erfassen. Bedenke die Weisheit des Schöpfers, wie Er die Ätherhülle unter den Himmelskreis des Mondes gesetzt hat, damit sie mit ihrer Hitze den dicken, aufsteigenden Rauch verbrennt und die faulen Dämpfe läutert, damit der Luftraum immer rein und durchsichtig ist; wie Er sie zu einer einzigen Schicht von gewaltiger Hitze gemacht hat, die alles, was an Rauchschwaden und Dämpfen zu ihr gelangt, in reines Feuer verwandelt, wegen der erwähnten göttlichen Weisheit. Des weiteren schuf Er sie ohne Färbung. Wenn sie nämlich leuchtete wie das Feuer, welches wir haben, würde sie die Blicke daran hindern, die Welt der Sphären zu sehen. Dann schirmte Er sie mit der Sphäre der Eiseskälte ab, weil die Eiseskälte die Glut des Äthers von den Lebewesen und Pflanzen fernhält, denn sonst würden sie ihrem Untergang entgegengehen.

Was ist nun bedeutsamer und wundersamer als das Heraustreten dieses feurigen Körpers aus Eisen und aus Stein, die beide fest sind, und aus grünen Bäumen, deren Natur ja der des Feuers entgegengesetzt ist, (was auch wundersamer) als die Hitze und das Leuchten, die ihm anhaften, ebenso als seine Überwältigung und Beherrschung der Körper, sogar des harten Steins, denn es macht ihn ja zu Staub, oder des starken Eisens, denn es schmilzt dieses? Wenn du nun über den Nutzen nachdenkst, der ihm für die Schöpfung, insbesondere für die Gattung des Menschen, anhaftet, mußt du feststellen, daß der Verstand des Menschen nicht ausreicht, um ihn zu erfassen. Deshalb spricht der Erhabene: »WIR HABEN IHN[1] ZU EINER MAHNUNG GEMACHT UND ZU EINEM NIESSBRAUCH FÜR DIE BEWOHNER DER WÜSTE. DRUM PREISE DEN GROSSEN NAMEN DEINES HERRN.« (56,72–3) Gelobt sei Er, wie gewaltig ist doch Seine Sache! Und zu den wundersamen Feuern, die Gott schuf, gehört das Feuer, welches die Opfergaben annimmt: Es fällt vom Himmel herab und verzehrt die Opfergaben, welche angenommen wurden; und es war dieses Feuer, welches die Opfergabe des Abel verzehrte, nicht aber die des Kain. Dieses war auch die Prüfung beim Stamme Israel, als sie ihre Aufrichtigkeit einer Prüfung unterziehen wollten: Sie brachten ein Opfer dar und ließen es in einem Haus ohne Dach. Der Prophet trat nun in das Haus ein und rief Gott den Erhabenen an, während die Leute außerhalb des Hauses waren. Da kam vom Himmel ein weißes Feuer mit großem Getöse herab, bis es die Opfergabe ganz umgab und sie verzehrte. Dieses nun ist das Feuer, von dem Gott der Erhabene berichtet, wenn er spricht: »DIE DA SPRECHEN ›SIEH, GOTT HAT UNS VERPFLICHTET, KEINEM GESANDTEN ZU GLAUBEN, BEVOR ER UNS EIN OPFER BRINGT, WELCHES DAS FEUER (VOM HIMMEL) VERZEHRT.‹« (3,179)[2] Dies ist das Feuer des Wohlgefallens, und gelobt sei Er, welcher es schuf einmal für das Wohlgefallen und einmal für den Zorn. Es gehört nämlich zu den wundersamen Feuern auch das, welches Gott für Seinen Zorn machte, wie das Feuer der »Leute des Gartens«, welches Gott der Erhabene erwähnt: Ein rechtschaffener Mann hatte einen Garten, und wenn der Tag der Ernte kam, dann gab er allen Bedürftigen zu essen, die zu ihm kamen. Als er gestorben war, beschlossen seine Söhne, den Armen nichts zu geben, sondern die Ernte des Gartens heimlich einzubringen. Als sie aber dorthin gingen, fanden sie, daß er verbrannt war, »UND DA SIE IHN SAHEN, SPRACHEN SIE: ›SIEHE, WAHRLICH, WIR IRRTEN; IM GEGENTEIL, UNS SIND UNSERE FRÜCHTE VERWEHRT‹« – bis dahin, da Er spricht: »UND SIE HOBEN AN, EINANDER ZU TADELN.« (68,26–30) Hierzu gehört auch das Feuer des Blitzschlages, und dies ist ein Feuer, welches vom Himmel herunterfällt und jeden Körper verbrennt, mit dem es zusammentrifft, und es dringt auch in den harten Stein ein. Nichts außer Wasser kann es hindern. Man erwähnt, daß es manchmal zu Stein geronnen ist und dann zu Diamant wird, denn die Diamantenstücke rühren daher. Zu den wundersamen Feuern gehört auch das Feuer der beiden Lavafelder, das sich im Lande der ʻAbs befindet: Wenn es Nacht ist, strahlen sie vom Himmel, und der Stamm Tayyi' ließ ihretwegen seine Kamele in der Nacht grasen, bis zu einem Abstand von drei Tagesreisen. Manchmal stieg von diesem Feuer eine Säule auf, die über alles kam, was in ihrer Nähe war, und es verbrannte. Wenn es Tag war, war es ein Rauch, der aufwallte. Gott der Erhabene schickte nun *Châlid ibn Sinân al-ʻAbsî* – und im Stamme Ismâʻîl hatte es vor ihm keinen Propheten gegeben. Er hob für das Feuer einen Brunnen aus und ließ es dort hineingehen – und die Menschen sahen ihm dabei zu –, bis er es hatte verschwinden lassen.

DIE LUFTHÜLLE

Die Luft ist ein einfacher Körper, dessen Natur es ist, warm und feucht, transparent und fein zu sein und sich auf den Ort unter der Feuerhülle und über der Wasserhülle zuzubewegen.

Man behauptet, daß die Himmelsschicht in drei Teile aufgeteilt werden kann: Ein Teil grenzt an die Sphäre des Mondes, der zweite an die Oberfläche des Wassers oder der Erde, und der letzte Teil ist in der Mitte. Was nun die Luft betrifft, welche an die Sphäre des Mondes grenzt, so ist sie Feuer von größtmöglicher Hitze, und dieses nennt man den Äther; diejenige, welche sich in der Mitte befindet, ist von größtmöglicher Kälte, und man nennt sie die Eiseskälte; und diejenige schließlich, welche der Erde am nächsten ist, ist gemäßigt, je nach dem Ort mehr oder weniger, und man nennt diese Luft die Erdenluft. Was nun die Luft betrifft, die mit der Sphäre des Mondes in Berührung kommt, so hat sie sich durch ihre ständige Drehung mit der Sphäre und die Schnelligkeit ihrer Bewegung erhitzt, so daß sie zu einem Glutwind-Feuer geworden ist. In dem Maße, wie sie in tiefere Gegenden hinabfällt, wird ihre Bewegung langsamer und ihre Hitze geringer, und je geringer die Hitze wird, um so mehr nimmt die Kälte überhand, bis sie das äußerste Maß an Kälte erreicht, welche die Eiseskälte genannt wird. – Was nun den dritten Teil der Himmelsschicht betrifft, so erhält er mäßige Temperatur dadurch, daß die Sonnenstrahlen und die Strahlen von den Sternen auf die Oberfläche der Erde fallen und in die Luft zurückgeworfen werden. Wenn dies nun nicht so wäre, dann wäre die Luft, welche die äußere Hülle der Erde berührt, von unvergleichlich stärkerer Kälte als jegliches andere, wie es an dem Ort der Fall ist, welcher sich unter dem Nordpol befindet. Und das ist so, weil dort sechs Monate lang Nacht ist, da die Sonne so lange von ihm entfernt ist. Die Luft kühlt dann sehr stark ab, die Gewässer gefrieren, der Himmel wird dunkel, und die Tiere und Pflanzen gehen zugrunde.

Man behauptet, daß die größte Höhe der Schicht der Erdenluft-Sphäre sechzehntausend Ellen hinauf in die Luft reicht, und ihre geringste Höhe ist dort, wo sie sich mit der Oberfläche der Erde deckt, weil nämlich der höchste Berg, welcher sich auf der Erde befindet, diese Höhe nicht erreicht. Die Wärme des Luftraumes verhindert die Zusammenballung der Wolken dort nicht, ist doch das, was die Zusammenballung der Wolken in der Luft verhindert, die Wärme des Luftraums, die dort entsteht, wo die Strahlen der Himmelskörper auftreffen und von der Oberfläche der Erde zurückgeworfen werden. Was nun die Oberfläche des Kreises der Erdenluft betrifft, welche der Erde am nächsten ist, so dringt sie bis zu einer gewissen Grenze in die Tiefe der Erde ein und hält dann an, denn diejenigen, welche in die Tiefe hinabsteigen, um nach Minen zu suchen, bedürfen manchmal der Frischluft. So führen sie die Luft mit Blasebälgen und Rohren zu, damit sie atmen können und ihre Lampen leuchten, denn wenn ihnen die Frischluft abgeschnitten wird, erlöschen ihre Lampen, und wer in der Mine ist, verläßt diese. Lebewesen, die eine Lunge haben, können ja nur an einem Ort leben, an dem es Frischluft gibt. Die Luft erfährt seltsame Veränderungen und Umwandlungen durch Licht und Dunkelheit, durch Hitze und Wärme. Wir haben darüber schon im ersten Kapitel gesprochen. Was nun alles das betrifft, was sich in der Luft abspielt, als da sind: die vielen verschiedenen Dämpfe und Dünste, die verschiedenen Winde und die Stürme, der Mondhof, der Regenbogen und die Wolken, der Donner, Blitz und Blitzschlag, die Regenfälle, der Nebel, der Sprühregen und der Tau, der Rauhreif, die Schneefälle und der Hagel, die Sternschnuppen und die Kometen, so ereignen sich einige von diesen in der Schicht des Kreises der Frischluft, andere in der Schicht des Kreises der Eiseskälte, noch andere in der Schicht des Kreises des Äthers und wieder andere an den zwei gemeinsamen Berührungsflächen.

Die Wasserhülle

Das Wasser ist ein einfacher Körper, dessen Natur es ist, kühl, feucht und durchscheinend zu sein und sich zu dem Ort hinzubewegen, der unter der Lufthülle und über dem Erdkörper ist. Man behauptet, daß die Form des Wassers kugelförmig ist. Es ist ja so: Demjenigen, welcher das Meer befährt, erscheint, wenn er sich einem Berg nähert, zuerst dessen Spitze und dann sein unterer Teil, während die Entfernung zwischen ihm und dem höchsten Teil des Berges doch größer ist als zwischen ihm und dem niedrigsten Teil. Wenn nun das Wasser keine Krümmung hätte, die es verhinderte, würde man nicht den höchsten Teil des Berges vor seinem niedrigsten Teil sehen. Allerdings ist die Rundung der Wasserhülle nicht vollkommen, weil nämlich, als der erhabene Schöpfer die Erde zu einem Aufenthaltsort für die Lebewesen, insbesondere die Gattung der Menschen, welche die edelste Art der Lebewesen ist, machen wollte – und es ist ja bekannt, daß die Landlebewesen nicht im Wasser leben können, wegen ihres starken Bedürfnisses nach Luft zum Atmen, und auch nicht in der Luft, weil in ihnen das Erdenhafte überwiegt (denn bei allem Zusammengesetzten ist es so, daß einer von den Bestandteilen, aus denen er zusammengesetzt ist, überwiegt, und sein Ort ist der Ort dieses Bestandteiles), und die Landlebewesen der Luft zum Atmen und der Erde als Aufenthaltsort bedürfen –, so schuf Er, dessen Macht groß ist, in Seiner Güte und Fürsorge die Erde als eine mit Zacken versehene, welche aus dem Wasser herausragen wie Rauheiten, die sich außen auf der Oberfläche der Hülle befinden. Das ändert aber nun nichts an der Tatsache, daß die Form des Wassers und die Form der Erde annähernd die einer Kugel ist. So machte Er der Erhabene die Zacken zu einem Aufenthaltsort für die Landlebewesen und die Senken für die Wassertiere. Mithin also ist es so, daß jedes von den Elementen an seinem eigentlichen Orte das andere ganz umgibt, außer dem Wasser. Die göttliche Fürsorge hinderte dieses nämlich daran, die Erde von allen Seiten zu umgeben, entsprechend der erwähnten göttlichen Weisheit.

Wisse nun, daß das Wasser in salziges und süßes eingeteilt wird und jedes von beiden einen Vorteil hat, der sich beim anderen nicht findet: Das salzige Wasser hat seine Salzigkeit von den salinen Teilen der Erde, die durch die Einwirkung der Sonne gebrannt wurden, sich mit Wasser vermischt und dieses salzig gemacht haben. Denn wenn es süß bliebe, würde es durch die Einwirkung der Sonne und das viele Stehen schlecht werden, weil es mit Süßwasser so steht, daß es vom langen Stehen und durch die Einwirkung der Sonne zu stinken beginnt. Wenn es so wäre, würden die Winde seinen faulen Geruch über die Erde hin verbreiten, und es würde dadurch zur verdorbenen Luft kommen, welche man Pest nennt, und das wäre dann die Ursache für den Untergang der Lebewesen. So machte es die göttliche Weisheit notwendig, daß das Wasser des Meeres salzig ist, um diese Fäulnis abzuwehren. Zu den Vorteilen des salzigen Wassers gehören auch die Perlen, das Ambra, die Korallen und anderes, was von den Meeren hervorgebracht wird. Eine ausführliche Darlegung dessen wird noch folgen, so Gott will. Der übelriechende Schlamm nun, in dem die Substanz der Erde überwiegt, ist ein Heilmittel für schwere Krankheiten und hartnäckige Leiden. Das Wasser des *Zemzembrunnens* schlug Gabriel hervor – der Friede sei mit ihm –, und es bewirkt Besserung für verschiedene Krankheiten. Man sagt: Wenn alle, die von den Ärzten behandelt worden sind, zusammengesammelt würden, wären sie nur ein Teil von denen, die Gott mit einem Trunk vom Wasser der Zemzemquelle geheilt hat.

Was das süße Wasser betrifft, so ist sein größter Vorteil, daß es getrunken werden kann. Es besitzt auch eine gewisse Kraft, wenn Speisen in ihm aufgeweicht werden, wie zum

Beispiel die Rosinen: Es saugt alle Süßigkeit aus ihnen heraus, bis überhaupt keine Süßigkeit mehr in ihnen bleibt. Auch nimmt es verschiedene Fähigkeiten an. Wenn es nämlich mit verschiedenen Substanzen gemischt wird, kann es einmal zu Öl werden und einmal zu Honig, einmal zu Milch und einmal zu Blut. Und es kann alle Farben und Geschmäcke annehmen, während es selbst keine eigene Farbe und keinen eigenen Geschmack hat. Und zu den Wunderdingen, welche die Güte Gottes des Schöpfers hervorgebracht hat, gehört es, daß das meiste, was Er an Speisen und Getränken für den Menschen schuf, zum Essen und Trinken erst dann gut ist, wenn es vorher zubereitet wurde, ausgenommen das Wasser. Was nämlich das Fleisch betrifft, so kann es nicht gegessen werden, ohne gekocht zu sein, und das Getreide muß gebacken werden. Das Wasser hat Er nun entsprechend dem allgemeinen Bedürfnis nach ihm so geschaffen, daß man sich nicht bei irgendeiner dieser Vorarbeiten aufzuhalten braucht. Wenn nun alles Wasser salzig wäre und der Mensch es verändern müßte, um die Süßigkeit zu erlangen, würde ihm dadurch große Mühsal entstehen. Der erhabene Schöpfer hat vielmehr in Seiner Güte den Geschöpfen diese Mühsal erspart durch die Einwirkung der Sonne auf das Wasser des Meeres und das Aufsteigen des Dampfes daraus; sodann zerstreuen die Winde diese Dämpfe, wohin immer Er will. Dann kommt es als Regenwasser an diese Orte. Dieses wird dann in Form von Rinnsalen im Inneren der Berge und unter der Erde gespeichert. Sodann bringt Er einen Teil davon heraus und läßt Wadis und Flüsse fließen und Quellen und Brunnen erscheinen – in dem Maße, wie es den Geschöpfen für ein Jahr genügt, bis im folgenden Jahr wieder Regen kommt. Gelobt sei Er! Wie gewaltig ist doch Seine Sache und wie deutlich Sein Beweis!

Die verschiedenen Arten der Meerestiere kennt nur Gott allein. Wir wollen jedoch hier einige erwähnen, die bei den Menschen wohlbekannt sind. Es gibt von ihnen zwei Gattungen: diejenigen, welche keine Lunge haben, wie die Fische; denn sie leben ausschließlich im Wasser, und diejenigen, welche eine Lunge haben, wie die Frösche; denn sie verbinden das Wasser mit der Luft. Was nun diejenigen betrifft, die ausschließlich im Wasser leben, so haben sie kein Bedürfnis danach, Luft einzuziehen. Als der erhabene Schöpfer sie nämlich im Wasser erschuf und bewirkte, daß ihr Leben von ihm abhängig ist und sich in ihm abspielt, machte Er sie gemäß der Natur des Wassers. Und Er gestaltete ihre Körper so, daß die Kühle des Wassers zu ihnen gelangen kann und die angeborene Hitze, welche in ihren Körpern ist, verschwindet und so das Einziehen von Luft ersetzt wird. Deswegen erfährst du sie als Stumme, die keine Stimme haben, weil es ihnen nämlich an einer Lunge fehlt, welcher sie nicht bedürfen.

Die göttliche Weisheit hat bestimmt, daß jedes Tier Organe, Gelenke und Sehnen hat, wie es seinem Bedürfnis entspricht. Jedes Tier nun, dessen Körperbau vollendet und dessen Gestalt vollkommen ist, hat ein größeres Bedürfnis nach vielen Organen und verschiedenen Werkzeugen; jedes unvollständigere Tier aber hat ein geringeres Bedürfnis danach. Darum hat also die göttliche Weisheit bestimmt, daß jedes Tier Organe hat, die mit seinem Körper übereinstimmen, und Gelenke, die zu seinen Bewegungen passen, und auch eine Haut, die gut ist für seinen Schutz. Er machte die Körper der Meerestiere entweder muschelartig hart, so daß ihnen nichts Scharfes etwas anhaben kann, oder auch schuppenartig oder was dem ähnlich ist, als Hülle und Schutz gegen auftretende Schäden. Einigen schuf Er auch Flügel und Schwänze, mit denen sie im Wasser umherschwimmen, wie die Vögel in der Luft fliegen. Einige machte Er zu denen, die fressen, und andere zu solchen, die gefressen werden. Und Er bewirkte, daß diejenigen, welche gefressen werden, eine große Nachkommenschaft haben, damit einige Individuen ihrer Art fortbestehen können. Gelobt sei Er, wie groß ist Seine Sache!

DER WASSERMENSCH

Er ähnelt dem Menschen, jedoch hat er einen Schwanz. Zu unserer Zeit kam jemand mit einem davon, der zerrissen war, und zeigte ihn den Menschen vor. Seine Gestalt war so, wie wir es gesagt haben. – Es wird berichtet, daß zu manchen Zeiten aus dem syrischen Meer in der Nähe des Ufers etwas Ähnliches wie ein Mensch aus dem Wasser heraufsteigt. Er erscheint bis zur Mitte seines Körpers und bleibt ein paar Tage. Sie nennen ihn den Scheich des Meeres, und wenn die Menschen ihn sehen, sehen sie darin ein glückverheißendes Zeichen für Fruchtbarkeit. Ich habe gehört, daß ein lebender Wassermensch als Geschenk zu einem der Herrscher getragen wurde. Der Herrscher wollte nun erforschen, was es mit ihm auf sich hatte; jedoch sprach der in einer seltsamen Sprache. Da verheiratete man ihn mit einer Frau, und sie gebar ihm einen Knaben, der die Sprache der beiden Eltern verstand. Man sagte nun zu ihm: »Was ist es, das dein Vater sagt?« Da sagte er: »Er sagt: ›Die Schwänze aller Lebewesen sind an ihrem unteren Ende. Wie ist es nun mit diesen, deren Schwänze in ihren Gesichtern sind?‹«

DIE WASSERKUH

Man glaubt, daß dies ein Tier sei, welches aus dem Wasser heraussteigt, um zu weiden, daß es als Kot Ambra ausscheidet und daß, was an den Ufergestaden an Ambra gesehen wird, sein Kot ist – und Gott weiß am besten, ob diese Worte richtig sind. Viele Menschen glauben nämlich, daß das Ambra in der Tiefe des Meeres wächst und daß, wenn das Meer aufgewühlt wird, manchmal ein großer Stein darauf fällt, es zerbrochen wird und dann das Meer es auswirft. Andere sagen, es sei Meeresschaum. Nach dieser Annahme aber ist es Kot.

DAS KROKODIL

Dies ist ein Tier, das eine eidechsenartige Gestalt hat. Es gehört zu den erstaunlichsten Wassertieren. Es hat ein weites Maul und sechzig Reißzähne in seinem Oberkiefer, vierundzwanzig in seinem Unterkiefer und zwischen allen Reißzähnen kleine viereckige Zähne, die beim Schließen der Kiefer ineinanderpassen. Es hat auch eine lange Zunge. Sein Rücken ist wie der Rücken der Schildkröte: Nichts Scharfes kann ihm etwas anhaben. Das Krokodil hat vier Beine und einen langen Schwanz, der sechs Ellen mißt. Die Länge seines Kopfes beträgt zwei Ellen, und die gesamte Länge seines Körpers ist acht Ellen. Beim Kauen bewegt es seinen Oberkiefer, im Gegensatz zu den übrigen Tieren. Es vermag nicht, sich zu biegen und sich zusammenzurollen, weil es in seinem Rücken keine Wirbel hat. Es ist häßlich anzusehen und sehr angriffslustig.

Es verschlingt den Menschen und das Schaf und tötet das Pferd und das Kamel. Es kommt nur im Nil und im Indus vor. Wenn es am Rande des Wassers ein Tier sieht, schwimmt es unter Wasser, bis es ihm nahegekommen ist, und dann macht es einen Satz und ergreift das Tier. Das Krokodil legt Eier, und von seinen Eiern geht ein Geruch von Moschus aus. Sein Kot kommt aus seinem Mund heraus, denn es hat keinen Ausgang. Wenn es etwas frißt, bleiben Rückstände in den Zwischenräumen seiner Zähne, und es können darin Würmer entstehen. So steigt es dann aus dem Wasser heraus, öffnet sein Maul und wendet sich der Sonne zu. Dann kommt ein

Vogel, ähnlich wie der Regenpfeifer, zu ihm. Er läßt sich auf seinem Gaumen nieder und pickt mit seinem Schnabel auf, was sich in den Zwischenräumen der Zähne des Krokodils befindet, bis er seine Zähne gesäubert hat. Der Vogel ist dem Krokodil ein ständiger Wächter, solange er dessen Zähne säubert. Wenn er einen Jäger sieht, flattert und schreit er und drängt das Krokodil so lange, bis es sich ins Wasser wirft. Wenn nun das Krokodil spürt, daß seine Zähne gereinigt sind und nichts darin zurückgeblieben ist, macht es sein Maul über jenem Vogel zu, um ihn zu fressen. Nun hat aber Gott auf dem Kopf dieses Vogels einen Knochen geschaffen, der spitzer ist als eine Nadel. Er schlägt gegen den Gaumen des Krokodils, welches daraufhin sein Maul öffnet, und jener Vogel fliegt heraus und hat sich selbst gerettet. Deshalb sagt man: »Der Lohn des Krokodils.«[3]

Wenn das Krokodil umgedreht ist, vermag es nicht, sich zu bewegen. Wenn es nun die Begattung will, kommt es aus dem Nil heraus, und mit ihm sein Weibchen. Das Männchen wirft das Weibchen auf den Rücken; dann geht es zu ihr, und wenn es bei ihr sein Ziel erreicht hat, dreht es sie wieder um. Wenn es sie nämlich so lassen würde, würde sie erjagt werden, weil sie nicht imstande ist, sich umzudrehen.

DIE FISCHE

Die Arten der Fische sind sehr zahlreich, und jede Art hat ihren eigenen Namen. Die Verschiedenheiten zwischen den Arten dieser Tiergattung sind größer als die Verschiedenheiten zwischen den Arten der übrigen Gattungen. Es gibt Fische, deren Anfang und Ende das Auge nicht erfassen kann. So berichtete ein Kaufmann: »Das Vorbeiziehen des Fisches hinderte uns an der Weiterreise. Da warteten wir vier Monate lang darauf, daß er vorbeizöge, bis schließlich sein Schwanz zu Ende ging.« Es gibt auch Fische, die das Auge nicht erfassen kann, weil sie so klein sind.

Man sagt, daß das Fleisch aller Fische, die im Süßwasser sind, sehr gut und sehr zart ist. Die von ihnen, welche lang sind, werden im Sommer durch den Nordwind fett, und bei denen von ihnen, die breit sind, ist das Gegenteil der Fall. In einem Jahr mit viel Regen werden die Fische fett, weil das Meerwasser alleine ihnen ganz geringen Nutzen tut.

Al-Dschâhiz meint, daß alle Fische, die im Süßwasser sind, eine Zunge und ein Gehirn haben, daß aber die, welche im Meer sind, keine Zunge und kein Gehirn haben. Er sagt auch: »Es haben Leute mit eigenen Augen gesehen, wie sich der männliche dem weiblichen Fisch entgegenstellt.« Und er fährt fort: »Wenn der männliche Fisch an die Seite des weiblichen Fisches schwimmt, krümmt er seinen Schwanz, und das Weibchen krümmt auch seinen Schwanz. So treffen ihre beiden Harnöffnungen aufeinander, und das ist ihre Befruchtung.«

Jemand anderes sagt: »Wenn die Zeit für die Eiablage gekommen ist, geht das Weibchen in seichtes Wasser und gräbt ein Loch. Dann legt sie die Eier in dieses Loch und bedeckt sie mit Erde, und darin werden sie dann ausgebrütet.«

Die Erdkugel

Die Erde ist ein einfacher Körper, dessen Natur es ist, kühl und trocken zu sein und sich zur Mitte hinzubewegen. Man behauptet, daß die Form der Erde annähernd die einer Kugel sei und das, was aus dem Wasser herauskommt, sei nach außen gewölbt. Man hat nämlich festgestellt, daß ein und dieselbe Mondfinsternis in östlichen und westlichen Gebieten zu verschiedenen Zeiten stattfindet. Wenn nun der Aufgang und der Untergang des Mondes an diesen Orten auf einmal stattfände, gäbe es keine Unterschiede in bezug auf die verschiedenen Gebiete.

Kühl und trocken wurde die Erde geschaffen, damit die Materie dicht ist und fest zusammenhält. Wenn dies nicht so wäre, wäre es den Lebewesen nicht möglich, sich auf ihrer Oberfläche aufzuhalten, und es gäbe in ihrem Inneren keine Mineralien und Pflanzen. – Man behauptet, daß die Erde drei Schichten hat: die Schicht zunächst dem Mittelpunkt, welche die reine Erde ist, und danach dann die Lehmschicht und die Schicht, welche sichtbar ist. Von dieser letzteren umfängt das Meer einen Teil. In den Prophetenüberlieferungen heißt es, daß die Erde sieben Schichten hat, und der Erhabene spricht: »Er schuf sieben Himmel und ebenso viele Erden.« (65,12) Sich an den Koran und die Prophetenüberlieferungen zu halten, ist passender, wenn auch beides zusammen aufgrund verschiedener Erwägungen möglich ist.

Die Erde ist der Mittelpunkt der Himmelssphären, in der Mitte ruhend durch die Ermächtigung Gottes des Erhabenen, und die Luft und das Wasser umhüllen sie von allen Seiten, außer dem Teil, der hervortritt und den Gott der Erhabene zu einem Aufenthaltsort für die Lebewesen gemacht hat.

Die Entfernung der Erde vom Himmel ist überall gleich groß, und nichts von der äußeren Hülle der Erde ist niedriger, wie es sich die meisten derjenigen Menschen vorstellen, die keine Kenntnis der Astronomie und der Geometrie haben. Und ebenfalls ist es nun so, daß der Mensch an jedem Ort, wo er auf der Oberfläche der Erde steht, mit seinem Kopf immer dem Himmel am nächsten und mit seinen Füßen immer der Erde am nächsten ist. Vom Himmel sieht er die Hälfte, und wenn er sich zu einem anderen Platz hinbewegt, erscheint ihm vom Himmel so viel, wie ihm auf der anderen Seite verschwunden ist – pro neunzehn Parasangen ein Grad.

Das große Weltenmeer nun umhüllt den größten Teil der Oberfläche der Erde, und das, was von ihr unbedeckt ist, ist wenig und aus dem Wasser hervorgewölbt wie die Wölbung des Eis, welches ins Wasser getaucht ist und daraus hervorragt. Sie ist aber nicht ebenmäßig glatt und kompakt, sondern hat viele Erhebungen und Niederungen, nämlich Berge und Anhöhen, Flußtäler und Klüfte, Höhlen und Grotten. Sie hat Öffnungen und Kanäle, und alle diese sind vollgefüllt mit Wasser, Dämpfen und öligen, feuchten Substanzen, aus denen sich mineralische Substanzen verdichten. Diese Dämpfe und Feuchtigkeiten nun sind ständig in Umwandlung und Veränderung, im Werden und Vergehen begriffen. Ebenso verhält es sich mit dem Äußeren der Erde, denn es besteht ja aus vielen Bergen und Flüssen, Wadis und Bächen, Sümpfen, Dickichten und Teichen, und es sind Öffnungen und Kanäle in der Erde, die ständig und zu allen Zeiten zueinander hinlaufen, und die Winde, die Wolken und die Regenfälle lassen zu keiner Zeit von ihr ab. Jedoch ist das verschieden, je nachdem, ob sich ein Land im Osten, Westen, Süden oder Norden befindet, gleichwie Tag und Nacht und Sommer und Winter in verschiedenen Ländern verschieden sind. – Die Pflanzen, die Lebewesen und die Mineralien sind ständig im Werden und Vergehen begriffen, und es gibt nicht eine Spanne auf der Erde, wo sich keine Mineralien, Pflanzen oder Lebewesen befinden, in ihren verschiedenen Gattungen und Arten, Formen, Mischungen und Farben, die nur Gott der Erhabene bis ins einzelne kennt. Er ist es nämlich, der sie herstellt und sie lenkt – und es fällt kein Blatt, ohne daß Er es kennt, es gibt kein Korn im Dunkeln der Erde und nichts Feuchtes und nichts Trockenes, es sei denn, es steht in einer offenkundigen Schrift.

Die entstehenden Dinge

Die entstehenden Dinge sind die Körper, welche aus den Grundelementen entstehen. Wir sagen nun, daß die entstehenden Körper entweder solche sind, die wachsen, oder solche, die nicht wachsen. Wenn sie es nicht tun, sind es die Mineralien, und wenn sie es tun, dann ist es so, daß sie entweder die Fähigkeit der Empfindung und Bewegung haben oder nicht. Wenn nicht, handelt es sich um die Pflanzen, und wenn sie diese Fähigkeiten besitzen, handelt es sich um die Lebewesen. – Man behauptet, daß das erste, worin sich die Grundelemente verwandeln, die Dämpfe und die Lösungen sind. Die Dämpfe sind die feine Substanz, die, hervorgerufen durch die Wärme der Sonne, vom Wasser der Meere, der Sümpfe und der Flüsse aufsteigt. Die Lösungen sind das, was vom Wasser der Regenfälle ins Innere der Erde durchsickert, mit erdigen Teilen gemischt und dichte Substanz wird, welche dann die tief im Inneren der Erde herrschende Hitze »garkocht« und sie so zum Grundstoff für die Mineralien, die Pflanzen und die Lebewesen werden läßt. Seine Eigenart wird noch dargestellt werden, so Gott der Erhabene will. Diese verschiedenen Seinsarten sind miteinander verbunden durch wundersame Anordnung und einzigartige Gesetzmäßigkeit. Über das, was die Ungerechten sagen, ist Er, der sie erschaffen hat, überaus erhaben. Die erste Stufe dieser entstehenden Dinge ist der Erdenstaub und die letzte die reine Engelsseele. Die unterste Stufe der Mineralien nun steht mit dem Erdenstaub oder dem Wasser und ihre oberste Stufe mit den Pflanzen in Verbindung. Die unterste Stufe der Pflanzen steht mit den Mineralien in Verbindung und die oberste mit den Lebewesen. Die unterste Stufe der Lebewesen steht mit den Pflanzen in Verbindung und die oberste mit dem Menschen. Die unterste Stufe des Menschen schließlich steht mit den Tieren in Verbindung und die oberste mit den Engeln.

Wir fügen nun zu dem Gesagten weitere Erläuterungen hinzu und sagen – und Gott ist es, der den Erfolg verleiht: Das erste Mineral ist der Gips – und zwar von denen, die zur Erde gehören –, und das Salz ist das erste von denen, die zum Wasser gehören. Der Gips ist sandige Erde, die vom Regen benetzt wurde, sich dann verdichtete und zu Gips wurde. Das Salz ist Wasser, welches mit Teilen von salzhaltiger Erde gemischt wurde und sich dann als Salz verdickte. Die oberste Stufe der Mineralien, welche den Pflanzen am nächsten ist, ist die Trüffel und ähnliches. Das ist so, weil diese Art der entstehenden Dinge in der Erde entsteht, wie die Mineralien, und an feuchten Orten an Frühlingstagen von den Regengüssen und dem Klang des Donners wächst, so wie die Pflanzen wachsen. Weil sie jedoch keine Früchte tragen, keine Blätter haben und so wie die Mineralien in der Erde entstehen, sind sie diesen ähnlich. So sind sie in einer Weise den Pflanzen und in einer anderen den Mineralien ähnlich. Was nun die Pflanzen betrifft, so ist ihre erste Stufe mit den Mineralien und die letzte mit den Lebewesen verbunden. Die erste und niedrigste Stufe der Pflanzen, welche zum Bereich des Erdbodens gehört, ist die Grünpflanze auf dem Misthaufen, und die letzte und höchste Stufe der Pflanzen, welche beim Bereich der Lebewesen liegt, ist die Dattelpalme. Es ist nämlich so, daß die Grünpflanze auf dem Misthaufen nichts anderes als Erdenstaub ist, der zusammenklebt, und wenn die Regenfälle sie dann treffen, wird sie am Morgen grün, als ob sie ein Kraut sei. Wenn sie dann die Hitze der Sonne trifft, trocknen diese Pflanzen ein, und am nächsten Morgen werden sie durch die Feuchtigkeit der Nacht und die gute Brise des Windes wieder genau so wie vorher. Sowohl die Trüffeln als auch die Grünpflanzen des Misthaufens wachsen nur in den Tagen des Frühlings; das eine ist eine mineralische Pflanze und das andere ein pflanzliches Mineral. Was nun die höchste Stufe der Pflanzen, welche dem Bereich der Lebewesen nahesteht, nämlich die Dattelpalme, betrifft, so sind ihre Daseinsumstände verschieden von denen der Pflanzen, wenn auch ihr Körper der einer Pflanze ist. Das männliche Exemplar ist nämlich verschieden von dem weiblichen, und das männliche hat Samen, der in das zugehörige weibliche gehört, so wie es auch bei den Tieren ist. Es ist auch so, daß die Dattelpalme eintrocknet, wenn ihr der Kopf abgeschlagen wird, und aufhört zu wachsen, so wie es bei den Tieren ist, wenn ihnen der Kopf abgehauen wird. Unter diesem Gesichtspunkt wird klar, daß die Dattelpalme eine tierhafte Pflanze ist. Was die Tiere betrifft, so ähnelt die niedrigste Stufe den Pflanzen, weil das niedrigste der Tiere dasjenige ist, welches nur über einen einzigen Sinn verfügt. Das ist der Halazûn[4], ein Wurm, welcher im Inneren einer Steinröhre lebt und an einigen Küstengebieten vorhanden ist. Dieser Wurm streckt die Hälfte seines Körpers aus dem Inneren dieser Röhre hinaus und reckt sich nach rechts und nach links, auf der Suche nach etwas, wovon er sich ernähren kann. Wenn er nun etwas Feuchtes oder etwas Weiches erfühlt, streckt er sich dorthin aus, und wenn er etwas Hartes erfühlt, zieht er sich zusammen und zieht sich zurück in jene Röhre, aus Vorsicht vor etwas, das seinem Körper Böses antun könnte. Dieser Wurm hat kein Gehör und kein Sehvermögen, keinen Geruchs- und keinen Geschmackssinn, sondern nur den Tastsinn, und das ist alles. So ist das meiste Gewürm, welches im Lehmboden entsteht, und diese Art ist das pflanzenhafte Tier, weil sein Körper wächst, so wie die Pflanzen wachsen.

Bezüglich derjenigen Stufe der Tiere, die dem Menschen nahesteht, läßt sich sagen, daß die Körperform des Affen dem Körper des Menschen nahekommt, und er ahmt mit seinem Wesen das Wesen des Menschen nach. So ist es auch mit dem edlen Pferd, denn es verfügt über Intelligenz, angemessenes Verhalten und edlen Charakter, denn manchmal läßt es keinen Dung, solange ein König auf ihm reitet oder in seiner Gegenwart ist. Es ist auch kühn im Kampf und standfest beim Lanzenangriff. Ebenso steht der Elefant dem Menschen nahe, denn er versteht die Sprache, und also den Befehl und das Verbot, wie der verständige Mensch.

Was die Stufe des Menschen betrifft, welche der Stufe der Tiere nahesteht, so ist diese niedrigste menschliche Stufe die Stufe derjenigen, die von den Dingen nichts anderes kennen als das sinnlich Wahrnehmbare und die nur den Putz und die Genüsse der Welt begehren, als da sind Essen, Trinken und Beischlaf – so wie die Schweine und die Esel, die mehr horten, als sie brauchen, wie die Ameisen und die, welche miteinander zanken um die Abfälle der Welt, sowie die Hunde über die Kadaver zanken. Bei diesen ist es nun so, daß – obwohl sie die Gestalt der Menschen haben – die Regungen ihrer Seele die Regungen der tierischen Seele sind. Die menschliche Stufe schließlich, welche der Stufe der Engel nahesteht, ist die Stufe derjenigen, deren Seelen erweckt wurden aus dem Schlaf der Achtlosigkeit und denen das Auge der Einsicht geöffnet wurde, damit sie mit dem Licht des Herzens sehen können, was vor ihren Sinnen verborgen ist, und mit der Reinheit ihrer edlen Substanz die spirituelle Welt erfahren können und ihnen deren Freude und Glückseligkeit deutlich wird. Sie streben danach und enthalten sich des Glücks der diesseitigen Welt, und sie gehören zur Art der Engel, obwohl sie unter ihren Artgenossen zu den Menschen gehören.

Die Mineralien

Die Mineralien sind Körper, welche aus Dämpfen und Dünsten entstehen, die in der Erde eingeschlossen werden, wenn sie in verschiedenen Arten von Mischungen zusammengesetzt werden, die sich je nach Menge und Beschaffenheit unterscheiden. Sie stellen entweder eine starke oder eine schwache Zusammensetzung dar. Die starke Zusammensetzung ist entweder geschmeidig oder nicht geschmeidig. Von der ersteren Art sind die sieben Körper: das Gold, das Silber, das Kupfer, das Blei, das Eisen, das Zinn, das »Chinesische Eisen«.[5] Diejenigen, welche nicht geschmeidig sind, sind manchmal äußerst weich, wie das Quecksilber, und manchmal sind sie von äußerster Härte, wie der Hyazinth. Diejenigen, welche von äußerster Härte sind, lösen sich manchmal in Flüssigkeiten auf – das sind die salzigen Körper, wie das Vitriol und das Ammoniak, oder aber sie lösen sich nicht in Flüssigkeiten auf – das sind die öligen Körper, wie das Arsen und der Schwefel.

Die sieben Körper nun sind aus einer Mischung von Quecksilber und Schwefel entstanden, und zwar in Mischungen, die je nach Menge und Beschaffenheit verschieden sind. Das Quecksilber entsteht aus Wasserteilen, die sich mit feinen, schwefelhaltigen Erdteilen gemischt haben. Der Schwefel entsteht aus Wasser-, Luft- und Erdteilen, nachdem eine starke Hitze sie »gargekocht« hat, bis sie wie Öl wurden.

Die festen durchsichtigen Körper entstehen aus süßen Wassern, die in ihren Lagerstätten zwischen dem harten Gestein lange Zeit stillgestanden haben, bis sie sich verfestigten und klar wurden und sie die Hitze in der Lagerstätte während der Dauer ihres Stillstandes »garkochte«. Die nicht durchsichtigen Körper bestehen aus einer Mischung von Wasser mit Lehm, sofern diese von klebriger Beschaffenheit ist und die Hitze der Sonne lange Zeit darauf eingewirkt hat.

Die Körper, welche sich in Flüssigkeiten auflösen, bestehen aus einer festen Verbindung von Wasser mit trockenen Erdteilchen. Die öligen Körper bestehen aus Flüssigkeiten, die sich im Inneren der Erde gestaut haben, welche die Hitze der Lagerstätte umschließt, bis sie sich aufgelöst haben und fein geworden sind. Dann vermischen sie sich mit der Erde des jeweiligen Ortes, während die Hitze der Lagerstätte ständig daran wirkt, daß sie »reif« und »gargekocht« werden, bis sie von dickerer Substanz und wie Öl geworden sind.

Man glaubt, daß Gold nur in sandigem Land und in Bergen und Steinen von lockerer Substanz entsteht. Silber, Kupfer,

Eisen und dergleichen sind ausschließlich im Inneren der Berge und Gesteine entstanden, welche mit weicher Erde gemischt sind. Schwefel entsteht allein in feuchten Gebieten mit weichem Erdboden. Ölige Flüssigkeiten und salzige Körper verfestigen sich nur dann, wenn sie sich in Salzsümpfen und salzhaltigen Orten befinden. Der Gips entsteht ausschließlich in weicher, salzhaltiger Erde, und das Bleiweiß verfestigt sich nur in sandigem Gebiet, dessen Erdboden mit Gips und Vitriolen gemischt ist. Die Alaune entstehen nur in Erde, welche zusammenziehende und austrocknende Wirkung hat.

Entsprechend dem Gesagten verhält es sich auch mit den übrigen Arten von Substanzen: Jede einzelne von ihnen gehört speziell zu einem bestimmten Ort. Ihre Entstehung darin kommt von der diesem Ort eigentümlichen Beschaffenheit. Sie fallen – trotz der Vielzahl ihrer Arten – unter drei Gattungen: die Metalle, die Steine und die öligen Substanzen. Das wird jetzt im einzelnen dargelegt werden.

ERSTE ART: DIE METALLE

Die Metalle sind die sieben Körper, von denen man behauptet, daß sie aus einer Mischung von Quecksilber und Schwefel entstanden sind. Wenn das Quecksilber und der Schwefel rein sind und sich in vollkommener Weise miteinander vermischen, wenn der Schwefel die Feuchtigkeit des Quecksilbers aufgesogen hat – so wie die Erde die Feuchtigkeit des Wassers aufsaugt –, wenn er rot ist, so daß sich in ihm Färbekraft befindet, wenn weiterhin das Maß ihres Verhältnisses zueinander richtig und die Wärme der Lagerstätte, welche sie beide zum Reifen bringt, gut ausgewogen ist, wenn sich ihnen keine Kälte und keine Trockenheit hinderlich entgegenstellt, bevor sie zur Reife gekommen sind, verfestigt sich dies im Laufe der Zeit zu reinem Gold. Wenn das Quecksilber und der Schwefel rein sind, das Quecksilber mit dem Schwefel vollkommen

»garkocht« und der Schwefel dabei gelb (wörtl.: weiß) ist, entsteht das Silber. Wird diese Mischung, bevor sie ganz ausgereift ist, von Kälte betroffen, welche verfestigend auf sie wirkt, entsteht das »Chinesische Eisen«. Wenn das Quecksilber rein, der Schwefel aber schlecht ist und ihm eine brennende Kraft innewohnt, entsteht das Kupfer. Wenn aber der Schwefel nicht gut mit dem Quecksilber verbunden ist, entsteht das Zinn. Wenn sowohl das Quecksilber als auch der Schwefel schlecht ist, das Quecksilber schlecht zusammenhängend und erdig und der Schwefel schlecht und brennend ist, entsteht das Eisen. Wenn mit der schlechten Qualität der beiden eine schwache Zusammensetzung einhergeht, entsteht das Blei. Wegen dieser Verschiedenheiten unterscheiden sich nun also die jeweiligen Arten der mineralischen Substanzen, und dies sind die Akzidenzien, die ihnen je nach der Menge und der Beschaffenheit des Quecksilbers und des Schwefels, in großem oder in geringem Maße zukommen. Was nun darauf hinweist, daß dieses alles seine Richtigkeit hat, ist die Erfahrung derer (= der Alchemisten), die diese Kunst beherrschen.

ZWEITE ART: DIE STEINE

Die Steine sind Körper, welche entweder aus dem Wasser des Regens und des Taus, das im Inneren der Erde eingeschlossen wurde, entstehen, wenn sie nämlich durchsichtig sind, oder aus einer Vermischung des Wassers mit der Erde, wenn diese eine klebrige Eigenschaft hat und die Sonnenwärme stark auf sie eingewirkt hat. Was das erstere betrifft, so sagen wir: Wenn die Wasser des Regens und des Taus in Grotten, Höhlen und Klüften eingeschlossen werden, sich keine Erdteilchen mit ihnen vermischen, die Wärme der Lagerstätte auf sie einwirkt und wenn sie dort lange stehen, dann nehmen die Wasser an Reinheit, Schwere und Dichte zu und dann verfestigen sich aus ihnen die harten Steine, auf die das Feuer und das Wasser keine Wirkung haben können, wie die Arten des Hyazinth und dergleichen. Die Leute glauben, daß die verschiedenen Farben der Steine darauf zurückzuführen seien, wie gering oder wie hoch die Wärme in der Lagerstätte ist. Andere sagen, daß die Ursache dafür das Licht der Planeten sei, das auf die jeweiligen Arten der Substanzen hinzeigt, und es davon abhänge, wo in einem jeweiligen Gebiet ihre Strahlen niederfallen. Man sagt, daß schwarze Färbung dem Saturn, grüne dem Jupiter, rote dem Mars, gelbe der Sonne, blaue der Venus, bunte dem Merkur und weiße dem Mond zugehöre.

Was die zweite Art betrifft, so entsteht sie aus einer Mischung des Wassers mit der Erde, wenn diese eine klebrige Eigenschaft besitzt und die Sonnenwärme eine lange Zeit auf sie eingewirkt hat – so wie du es zum Beispiel siehst, wenn das Feuer auf den rohen Ziegel einwirkt und ihn fest und zu einem gebrannten Ziegel macht. Der gebrannte Ziegel ist nämlich auch eine Art von Stein, wenn er auch weich ist, und je stärker das Feuer auf ihn einwirkt, um so härter wird er. Diese Steine unterscheiden sich nun je nach dem Erdboden: Sind sie in salziger Erde, so entstehen die Salze, Boraxe und Alaune, und wenn sie in bitterer Erde sind, entstehen die gelben, roten und grünen Vitriole und ähnliches. Wenn sie jedoch in staubfeiner Erde und reinem Lehm vorkommen, verfestigen sie sich zu reinem Stein. Manchmal verfestigt sich an einem Ort der Stein aus Wasser, denn wir sehen, daß das Wasser zu einem Stein wird, entweder aufgrund besonderer Eigenschaften des Wassers oder des betreffenden Ortes – und Gott weiß es am besten. Wir sehen auch, daß an einigen Plätzen das Wasser von einem hohen Ort heruntertröpfelt. Wenn wir etwas von diesem Wasser aufnehmen, bevor es auf die Erde fällt, bleibt es Wasser, wenn wir es aber zur Erde fallen lassen, wird es zu Stein, und wenn wir anderes Wasser darübergießen, bleibt er, wie er war. Wir sagen nun: Es ist möglich, daß diese Steinwerdung aufgrund einer wundersamen Kraft erfolgt, die Gott in diesem Wasser erschaffen hat. Durch sie wird das Wasser zu Stein – so wie Er der Kälte der Luft eine Kraft verliehen hat, durch die sich das Wasser verfestigt. Wenn es nun möglich ist, daß das Wasser seine Wasserform verläßt und sich in die Form von Luft kleidet, dann ist es auch möglich, daß das Wasser seine Form verläßt und sich in die Form von Erde kleidet. Denn ebenso wie es mit der Luft in mancher Eigenart übereinstimmt und ihr ansonsten entgegengesetzt ist, so stimmt es auch mit der Erde in mancher Eigenart überein und ist ihr ansonsten entgegengesetzt.

Es wird berichtet, daß Gott der Erhabene in einer bestimmten Gegend die Lebewesen und Pflanzen in harten Stein verwandelte. Es ist möglich, daß dies in der eben genannten Weise geschehen ist, nämlich, daß Gott der Erhabene so etwas wie die genannte Kraft in jener Erde erschaffen hat. Wenn Er nun gegen die Geschöpfe zornig wird, erscheint diese Kraft aus dem Inneren der Erde auf der Oberfläche, und sie bewirkt, daß alles, was Wassernatur hat, zu Stein wird, auf daß es eine Warnung sei für die, welche sehen, eine Mahnung für die, welche abwesend sind, und ein Zeichen für den Eifer und den Zorn Gottes.

Avicenna berichtet, daß er auf einem Berge war, der bei Dschâdscharm (Nordostpersien) liegt, als er einen Fladen aus Stein sah, dessen Seiten herausgewölbt waren und dessen Mitte abgesenkt war, so wie es beim Brotfladen der Fall ist. Auf seiner Oberseite waren Linien, so wie sie sich von den Spuren der Rillen im Feuerofen auf dem Brot finden. Durch diese Zeichen nun wurde er davon überzeugt, daß es ein Brot war, welches zu Stein geworden war.

Manchmal entsteht der Stein in der Luft. Das kommt von Rauchteilchen, in denen die erdigen Teilchen überwiegen. Wenn auf diese nun Kälte trifft, erlischt ihre Wärme, sie werden kalt und werden zu Stein. Manchmal fallen inmitten eines Gewitters solche Steine und auch Eisen und Kupfer hernieder, und zu manchen Zeiten gibt es im Land der Türken Gewitter, in deren Verlauf etwas wie Pfeilspitzen aus Kupfer fällt. Dieses findet man gelegentlich auch im Gebiet von Dailam und Dschîlân.[6] *Avicenna* sagt: »Ich nahm einige von diesen Körpern und setzte sie dem Feuer aus, um sie zu schmelzen. Es kam jedoch nicht zum Schmelzen, sondern es stieg ein Rauch von ihnen auf, der ins Grünliche schlug, und das ging so weiter, bis sie zu Asche geworden waren.« Ebenfalls berichtet Avicenna, daß in seiner Zeit im Lande Dschûzdschânân[7] ein Körper aus der Luft gefallen sei, der wie ein Stück Eisen war. Er hatte ein Gewicht von fünfzig Mann[8], und sah aus wie zusammenhängende Hirsekörner. Man wollte ihn zerschlagen, aber weder Stein noch Eisen konnten ihm etwas anhaben.

Es gibt viele mineralische Substanzen, und der Mensch kennt davon nur wenige. Einige Naturwissenschaftler, die sich um deren Erforschung bemüht haben, haben die typischen Eigenschaften einiger von ihnen aufgeführt. Ihre Anzahl besteht ungefähr aus siebenhundert Klassen. Wir erwähnen einen Teil von ihnen, mitsamt ihren besonderen, erstaunlichen Eigenschaften, ihren Lagerstätten und der Art und Weise ihrer Gewinnung. Ich sage also – und Gott ist derjenige, welcher den Erfolg verleiht –, daß es unter den Steinen diejenigen gibt, die hart sind und niemals durch die Einwirkung von Feuer schmelzen, jedoch mit der Axt zerbrochen werden können, wie zum Beispiel die Klassen der Hyazinthe, und dann solche, die aus weicher Erde bestehen und sich im Wasser auflösen, wie die Salze und die Vitriole. Weiterhin gibt es solche, die Gewächse sind, wie die Koralle, und einige kommen von den Tieren, wie die große und die kleine Art der Perlen. Es gibt auch solche unter ihnen, die in der Luft entstehen, wie die Gewittersteine, und solche, die sich im Wasser oder in der Erde verfestigen – aus den oben erwähnten Ursachen. Dann gibt es solche, die künstlich erzeugt sind, wie die Gold- und Silberschlacke, das Zinnober, der Grünspan und ähnliches. Es gibt solche, zwischen denen eine Zuneigung besteht, wie beim Gold und dem Diamanten: Wenn der Diamant sich dem Gold nähert, haftet er an ihm. Man sagt auch, daß der Diamant nur in den Lagerstätten des Goldes gefunden wird, und es gibt diejenigen, zwischen denen eine starke Anziehungskraft besteht, wie beim Eisen und Magneten, denn zwischen diesen beiden Mineralien besteht eine große Hinneigung zueinander. Wenn nämlich das Eisen den Geruch des Magneten erspürt, läuft es dahin, bis es an ihm festhaftet und ihn festhält; so wie der Liebende den Geliebten festhält. Es gibt auch solche, zwischen denen ein Gegensatz besteht, wie zwischen dem Korund und den übrigen Steinen. Er kratzt sie nämlich und poliert sie. Ebenso beim Blei und Diamanten; denn der Diamant beherrscht alle übrigen Steine, während das Blei den Diamanten beherrscht. Weiterhin gibt es solche Substanzen, denen eine reinigende Kraft innewohnt, wie es beim Salmiak der Fall ist; er reinigt die übrigen Steine vom Schmutz.

Was wir hier gesagt haben, umfaßt nicht alle Eigenarten der Steine, sondern wir haben das Vorgehende angeführt, auf daß man sich erstaune und damit es als Beispiel diene.

DRITTE ART: DIE ÖLIGEN SUBSTANZEN

Es wird behauptet, daß die unter der Erde gestauten Flüssigkeiten sich im Winter erwärmen und im Sommer kühl werden, weil nämlich die Wärme und die Kälte zwei Gegensätze sind, die nicht an ein und demselben Ort zusammenkommen. Wenn also der Winter kommt und die Luft kalt wird, flieht die Wärme und erwärmt das Innere der Erde und die Höhlen in den Bergen, unter denen ölige Orte sind. Die in diese Orte herabrinnenden Feuchtigkeiten gewinnen nun vermittels der Wärme von ihnen ihre Ölhaftigkeit. Wenn dann die frische Luft und die Kälte des Luftraumes auf sie treffen, werden sie dick. Dabei verfestigen sie sich manchmal, bleiben aber auch manchmal flüssig. Dann werden sie zu Schwefel, Quecksilber, Teer oder Naphtha oder was auch immer – dieses alles gemäß den Verschiedenheiten der jeweiligen Gegenden und der Luftveränderungen –, und Gott ist derjenige, den man um Hilfe bittet. Man glaubt, daß die erste Wirkung dieser Kräfte – ich meine die Hitze, die Kälte, die Feuchtigkeit und die Trockenheit – bei der Bildung der Mineralien die Erzeugung von Quecksilber war, und zwar auf diese Weise: Wenn auf die im Inneren der erdigen Substanzen aufgestauten Flüssigkeiten und die darin eingeschlossenen Dämpfe die Sommerhitze und die Wärme der Lagerstätte abwechselnd einwirken, werden sie fein und leicht und steigen hinauf an die Decken der Klüfte und Höhlen. Dort bleiben sie eine Zeitlang haften, und wenn dann die Kälte des Winters auf sie einwirkt, werden sie dick und erstarren und tropfen eins nach dem anderen auf den Boden jener Klüfte und Höhlen zurück. Sie vermischen sich mit der Erde der Gegend und bleiben dort eine Zeitlang, während die Wärme der Lagerstätte ständig an ihrer Reifung, Gärung und Klärung arbeitet. So werden diese wäßrigen Feuchtigkeiten dadurch, daß sie mit Erdteilchen gemischt und durch das lange Stehen und die Reifung durch Hitze schwer und dick werden, zu feuchtem, schwerem Quecksilber. Jene Erdteilchen wiederum, welche sich auf dem Boden der Lagerstätte befinden, werden dadurch, daß sie mit öligen Teilchen gemischt werden und durch die Reifung durch Hitze zu brennendem Schwefel. Wenn sich dann wiederum der Schwefel und das Quecksilber verbinden und miteinander vermischen – während die Anordnung (des Entstehungsablaufs) dieselbe bleibt –, setzen sich aus ihrer beider Mischung die mineralischen Substanzen nach ihren verschiedenen Arten zusammen, wie wir es vorher erwähnt haben – und wir werden es nicht wiederholen.

Die Pflanzen nehmen die mittlere Stelle zwischen den Mineralien und den Lebewesen ein, in dem Sinne, daß sie hinausgehen über die Unvollkommenheit der reinen Leblosigkeit, wie sie den Mineralien zugehört, jedoch auch nicht die vollständigen Sinnes- und Bewegungsgaben erreicht haben, durch die sich die Lebewesen auszeichnen. Sie haben vielmehr einige Angelegenheiten mit den Lebewesen gemeinsam. Denn der erhabene Schöpfer hat für jede Sache Werkzeuge geschaffen, derer sie für den Fortbestand ihres Wesens und ihrer Art bedarf. Was darüber hinausgeht und dem jeweiligen Ding zur Last und Beschwerde werden würde, hat Er nicht geschaffen. So bedürfen also die Pflanzen nicht der Sinnesorgane und der Bewegung, im Gegensatz zu den Lebewesen. Zu den Wundern dessen aber, was Gott der Erhabene hervorgebracht hat, gehört es, daß das Korn und der Kern – wenn sie sich in feuchter Erde befinden und sie die Wärme der Sonne trifft – sich spalten und durch die Kraft, welche Gott der Erhabene in ihnen erschuf, die feinen Erdteile aus der Erde und Wasserteile aus dem Wasser herausziehen; und diese Teilchen schichten sich dann übereinander, vermittelst der Kraft, die Gott der Erhabene in ihnen erschaffen hat, bis das Korn zu einer vollständigen Pflanze geworden ist, die eine Wurzel und Zweige und Blüten hat; und der Fruchtkern ergibt einen großen Baum mit Wurzeln und einen Stamm mit Zweigen, Blättern und Früchten. Diese Kraft nun, welche Gott der Erhabene erschaffen hat, besteht aus zweierlei Arten: der dienenden Kraft und der gebietenden Kraft. Von den dienenden Kräften gibt es vier: die anziehende, welches die Kraft ist, die das Wasser von unterhalb des Baumes heraufzieht. Es gehört nämlich nicht zur Natur des Wassers, daß es von alleine hinaufsteigt, vielmehr zieht diese Kraft es hoch. Dann gehört zu diesen Kräften auch die festhaltende. Das ist die Kraft, welche jene Feuchtigkeit festhält, bis etwas anderes an ihr wirkt. Bei den Lebewesen ist es am deutlichsten sichtbar, daß diese Haltekraft vorhanden ist: Wenn der Mensch Wasser getrunken hat und du ihn dann umdrehst, läuft das Wasser nicht wieder aus seinem Bauch heraus, weil die Haltekraft es festhält – im Gegensatz zum Wasser im Krug; wenn du diesen nämlich umdrehst, kommt das Wasser daraus hervorgeflossen, denn der Krug besitzt keine festhaltende Kraft. Dann gibt es die verdauende Kraft, und das ist diejenige, welche der Feuchtigkeit die Fähigkeit verleiht, ein Teil der Pflanze oder des Baumes zu werden. Schließlich gibt es die abstoßende Kraft, welche von jener Feuchtigkeit das abstößt, was nicht dazu geeignet ist, ein Teil der Pflanze zu werden. Auch diese Kraft zeigt sich bei den Lebewesen am deutlichsten: Sie ist die Kraft, die den Urin und den Kot vom Lebewesen abstößt. Was nun die gebietende Kraft betrifft, so gibt es derer auch vier Arten: eine Kraft, welche das, was von der Pflanze aufgelöst wird, umwandelt, es mit ihr verbindet und es der pflanzlichen Substanz gleichmacht; man nennt sie die ernährende Kraft. Weiterhin gehört dazu eine Kraft, welche bewirkt, daß die verschiedenen Bereiche der Pflanze anwachsen. Das geschieht dadurch, daß sie die Nahrung so zu ihnen hingelangen läßt, daß die Pflanze immer weiter zunimmt, bis sie ihre Grenze erreicht hat, und zwar in einem einheitlichen Verhältnis, bis sie vollkommen ausgewachsen ist. Diese Kraft wird die Wachstumskraft genannt. Dazu gehört auch die Kraft, welche die Substanz hervorbringt, die dafür sorgt, daß es Früchte gibt. Diese Substanz ist die Quintessenz der Säfte des Baumes, und sie sorgt für Verbreitung, so wie es das Sperma bei den Lebewesen tut; und man nennt sie die erzeugende Kraft. Schließlich gibt es noch die Kraft, aus der die Ordnung, die Gestaltung, wie sich die betreffende Pflanze anfühlt, ihre Härte, ihre Lage und Ähnliches hervorgeht, und diese nennt man die gestaltende Kraft. Diese Kraft gebietet in wunderbarer Weise über die äußeren Formen der Blätter, der Blumen und Blüten und die Form der Früchte. Die ernährende Kraft hat auch eine wunderbare Verfügungsgewalt: Manchmal leitet sie die gesamte Nahrung zum Kern hin, und es bleibt nichts für das Fruchtfleisch übrig, so wie du es bei der Mandel und der Walnuß, der Haselnuß und der Pistazie siehst. Sie erwählt auch für den Kern einen festen Behälter, in dem er lange Zeit bleiben kann, auf daß ihn kein Schaden befallen und er lange verwahrt werden kann. Manchmal leitet diese Kraft aber auch die ganze Nahrung in das Fruchtfleisch, und es bleibt nichts für den Kern übrig, außer einem wenigen, aus dem die Samen entstehen, wie du es beim Apfel, bei der Birne und der Quitte siehst, damit der, welcher sie essen will, sich nicht mit Zerbrechen und Reinigen quälen muß, sondern sie zum Essen bereit vorfindet. Diese Kraft verteilt auch manchmal die Nahrung gleichmäßig auf Fruchtfleisch und Kern, so wie du es siehst bei der Aprikose, beim Pfirsich und dem, was ihnen ähnlich ist.

Diese Kräfte sind nun die Werkzeuge, die Gott der Erhabene als Mittel für den Fortbestand dieser Pflanzen und ihrer Arten geschaffen hat: daß die Pflanze und der Baum aus dem Korn und dem Kern hervorgehen und das Korn und der Kern durch die Pflanze und den Baum hervorgebracht werden. Gott der Erhabene spricht: »Siehe, Gott lässt keimen das Korn und den Dattelkern; Er bringt das Lebendige aus dem Toten und das Tote aus dem Lebendigen hervor. Das ist Gott, und wie seid ihr abgewendet?« (6,95) Die Koran-Exegeten sagen, daß die Bedeutung dessen ist: Er bringt das Lebewesen aus dem Tropfen und den Tropfen aus dem Lebewesen hervor, so liegt es nicht fern, daß die lebendige Pflanze aus dem toten Korn und das tote Korn aus der lebendigen Pflanze hervorgeht. Gelobt sei Er, wie gewaltig ist doch Seine Sache und wie klar Sein Beweis. – Die Pflanzen nun sind in zwei Klassen eingeteilt: Baum und Kraut.

Ein Baum ist alles, was einen Stamm hat, und die großen Bäume sind gleich wie die großen Tiere, während die Kräuter gleich wie die kleinen Tiere sind. Die großen Bäume haben keine Früchte, wie du am Teakbaum, der Platane und dem Zedernwacholder siehst, weil der ganze Nährstoff in den Baum selbst geleitet wird. So ist es nun nicht bei den früchtetragenden Bäumen, denn ihr Nährstoff wird sowohl in den Baum als auch in die Früchte geleitet. Bei ihnen ist die Lage ähnlich wie bei den männlichen und den weiblichen Lebewesen: Die männlichen haben nämlich einen größeren Körper als die weiblichen Lebewesen, weil ein Teil des Nährstoffes der letzteren in die Embryos geleitet wird.

Die Ernährung gehört nun zu denjenigen Dingen, in denen die Pflanzen den Lebewesen ähneln. So wie nämlich die Nahrung den Körper der Lebewesen durchdringt, bis nicht ein Härchen übriggeblieben ist, das nicht von ihr seinen Anteil bekommen hat, so ist es auch mit dem Wasser, welches in den untersten Teil des Baumes eindringt: Es steigt nämlich nach und nach in den hohlen Gefäßen der Bäume bis zu den Zweigen hinauf, bis es in allen Blättern und überall in den Enden der Blätter verteilt ist und jeder Teil eines jeden Blattes mit Nahrung versorgt ist. Und es ist so, daß sich von den großen Adern kleine Haargefäße abzweigen, die du am unteren Ende des Blattes siehst. Die große Ader ist ein Fluß, und was sich davon abzweigt, das sind Kanäle in der gesamten Breite der Blätter. So gelangt das Wasser in die übrigen Teile des Blattes und auf diese Weise auch in alle Teile der Früchte. Zu den Wunderwerken des erhabenen Schöpfers gehört nun die Erschaffung der Blätter an den Bäumen, als Schmuck für diese und als Schutz für ihre Früchte vor Schaden, der ihnen durch die Sonne und das Wetter zukommen könnte. Sodann hat der Erhabene sie so geschaffen, daß sie abgehoben sind von den Früchten, sich auf etliche Weise vielfach verteilen und sich weder über ihnen verdichten noch weit von ihnen entfernt sind, damit diese zum einen von der Brise des Windes und zum andern von der Sonne etwas bekommen. Wenn sich nämlich die Blätter über den Früchten verdichten würden, so daß sie dadurch verhinderten, daß die Brise und die Strahlen der Sonne die Früchte treffen, dann würden sie auf ihrer unreifen Stufe bleiben, mit dicker Schale und geringer Saftigkeit. Wenn hingegen einige Blätter von den Früchten wegfallen, trifft sie die Sonne und verbrennt sie, wie du das beim Granatapfel siehst, dessen eine Seite verbrannt ist. Wenn nun die Früchte ausgereift sind, fallen die Blätter ab, damit sie nicht den Saft des Baumes herausziehen und er dann in seiner Kraft nachläßt, so wie du es bei den Lebewesen siehst: Die Mutter wird nämlich schwach vom Säugen ihrer Kinder. Die erstaunlichste Sache aber ist die, welche Gott der Erhabene in Seinem Buch erwähnt, da Er spricht: »(Und auf der Erde sind dicht beieinander [verschiedene] Stücke und Rebengärten und Korn und Palmen, zu mehreren und einzeln aus der Wurzel.) Getränkt von einem einzigen Wasser, und die einen machten Wir als Speise vorzüglicher als die anderen. Siehe, hierin sind wahrlich Zeichen für Leute mit Verstand.« (13,4) Wir werden jetzt berichten, was mit jedem einzelnen dieser Bäume zusammenhängt, angeordnet nach dem Alphabet – so Gott will.

DER GRANATAPFELBAUM

Der Granatapfelbaum gehört zu den Bäumen, die nur in warmen Ländern gedeihen. Der Verfasser der »Landwirtschaft« sagt: »Wenn du den Granatapfel pflanzen willst, dann pflanze um ihn herum die Myrte, damit er viele Früchte bekommt und stark wird. Wenn du an dem Ort, wo der Granatapfel gepflanzt wird, zur Zeit der Pflanzung etwas Honig in der Erde umwendest, werden seine Früchte süß, wendest du aber Essig darin um, werden sie sauer.« Er sagt auch: »Wenn du willst, daß keine von den Früchten herunterfällt, bevor sie ganz gut ist, so nimm den Stein, der Meeres-Markasit genannt wird, und lege ihn auf einen von den Zweigen. Dann fällt keine von den Früchten herunter, und sie werden alle gut. Wenn du einen Pflock von Blei nimmst und ihn in den unteren Teil des Stammes schlägst, hat das dieselbe Wirkung. Wenn du einen aus Blei geformten Skorpion nimmst und ihn auf einen von den Zweigen legst, wird diese Wirkung ebenfalls erzielt, und die Granatäpfel bersten nicht.« Er sagt auch: »Wenn du einen Kern der Frucht mit Salz unter dem Granatapfelbaum vergräbst, geht er ein.« Außerdem sagt er: »Wenn du möchtest, daß der Granatapfel keine Kerne hat, dann spalte beim Einpflanzen den Setzling von unten her, säubere sein Inneres vom Mark, verbinde die beiden Teile wieder miteinander, binde sie mit etwas Gras zusammen und pflanze sie. Wenn er dann wächst, sind im Granatapfel keine Kerne.«

Ebenfalls sagt er: »Wenn du die rote Farbe der Körner des Granatapfels verstärken willst, dann mische Asche vom Badehaus mit Wasser und gieße es an die Wurzel des Baumes; dann wird – mit Gottes Erlaubnis – die rote Farbe der Körner kräftiger werden.«

Und er sagt: »Wenn du willst, daß der saure Granatapfel süß wird, reiße die Erde von der Wurzel des Baumes weg, besprenge seine Wurzeln mit dem Mist der Schweine und tränke sie mit dem Urin von Menschen; dann tust du die Erde wieder darauf, so wie es war.« Er sagt auch: »Du nimmst einen Granatapfel vom Baum und zählst seine Körner: So viele Körner hat jeder Granatapfel von diesem Baum. Wenn du die Zacken des Blütenteiles des Granatapfels zählst und es eine gerade Zahl ist, dann ist auch die Zahl der Körner gerade, und sie ist ungerade, wenn die Zahl der Zacken ungerade ist.«

Vor dem Holz des Granatapfelbaumes flieht das meiste Geziefer. Deshalb nehmen einige Vögel etwas davon und lassen es in ihrem Nest, damit sich das Ungeziefer ihrem Nest nicht nähert. *Avicenna* sagt: »Zweige des Granatapfelbaumes sind wunderbar für die Vertreibung von Ungeziefer, und genauso ist es mit dem Rauch, der beim Verbrennen seines Holzes entsteht.« Muhammad ibn Zakariyyâ' ar-Râzî sagt: »Der Rauch vom Feuerholz des Granatapfelbaumes vertreibt die Schlangen und das meiste Ungeziefer.« Jemand anders sagt: »Wenn sich jemand beim Schlagen vom Holz des Granatapfelbaumes eine Wunde zuzieht, dann wird diese nur dann wieder besser, wenn er Fleisch vom grauweißen Pferd darauflegt.«

Die Blüte des Granatapfels nennt man Dschullanâr. Sie ist manchmal rot und manchmal weiß. *Avicenna* sagt: »Sie ist gut gegen Zahnfleischbluten, stärkt lose Zähne und verhindert blutigen Auswurf.«

Über die Früchte wird von *Ibn 'Abbas* überliefert – möge Gott Wohlgefallen an ihm haben: »Der Granatapfel wird immer nur durch einen Tropfen vom Wasser des Paradieses befruchtet.« Es wird überliefert, daß Ali gesagt habe: »Wenn ihr den Granatapfel eßt, dann eßt ihn mit dem (weißen) Fruchtfleisch, denn dieses gerbt den Magen, und ein jegliches Körnchen, welches sich im Magen eines Menschen befindet, erleuchtet sein Herz und bringt den einflüsternden Teufel für vierzig Tage zum Schweigen.«

Der Verfasser der »Landwirtschaft« sagt: »Wer möchte, daß der Granatapfel frisch und saftig bleibt, der lese ihn mit der Hand, ohne daß er verletzt wird, tauche ihn von allen Seiten in erhitzten Teer und hänge ihn in einem kühlen Raum auf. Dann bleibt er für lange Zeit frisch und saftig. Wenn du ihn am Baum läßt, ihn mit trockenem Gras umwickelst und ihn abschirmst, so daß der Wind nicht zu ihm gelangen kann, hält er sich lange.«

Der Olivenbaum ist ein gesegneter Baum von großem Nutzen. Von *Ibn 'Abbas* – möge Gott Wohlgefallen an ihm haben – wird überliefert: Gott der Erhabene beschwöre diesen Baum oder die Frucht im Koran, und das sei so wegen ihrer allumfassenden Nützlichkeit.[1] Hudhaifa ibn al-Yaman überliefert vom Propheten: Adam – Friede sei mit ihm – spürte starkes Pochen in seinem Körper. Er klagte darüber zu Gott dem Erhabenen. Da sandte Er Gabriel mit dem Olivenbaum herab, und dieser gebot ihm, ihn einzupflanzen, seine Früchte zu nehmen und sie auszupressen. Dann sagte er, daß ihr Öl ein Heilmittel gegen alles außer dem Gecko sei.

Zu den erstaunlichen Charakteristika dieses Baumes gehört es, daß er lange Zeit ohne Wasser sein kann und Brennholz und Öl, aus ihm gemacht, nicht rauchen. Auch wächst der Baum nicht aus dem Kern – und wenn er es tut, läßt ihn Gott nicht nützlich sein.

Der Verfasser der »Landwirtschaft« sagt: »Es ist notwendig, daß sich unter dem Olivenbaum viel Lehm befindet. Wenn nämlich der Staub die Oliven bedeckt, gibt ihnen das mehr Öl und Saftigkeit.« Er sagt auch: »Wenn du willst, daß der Baum kräftig wird, dann nimm eine Anzahl von Pflöcken von Eichenholz und schlage sie um den Olivenbaum herum in die Erde. Dann wird er kräftig und hat viele Früchte.« Ebenfalls sagt er: »Wenn du nicht willst, daß seine Früchte eine nach der anderen abfallen, dann nimm von den eßbaren Saubohnen, stärke seine Wurzeln mit Wachs, grabe von den Wurzeln des Olivenbaumes welche aus, werfe welche von den Saubohnen auf sie und grabe sie wieder mit Erde ein, so wie es vorher war. Dann fallen die Früchte nicht eine nach der anderen ab.« *Apollonius* sagt in seinem »Buch der sympathetischen Eigenschaften«: »Wenn etwas von den Wurzeln des Olivenbaumes demjenigen aufgelegt wird, den der Skorpion gebissen hat, dann wird er zur rechten Zeit geheilt.«

Über seine Blätter sagt *Avicenna*: »Wenn du die grünen Blätter des Olivenbaumes mit Wasser kochst und das Haus damit sprengst, fliehen die Fliegen daraus.«

Ein anderer sagt: »Wenn die Blätter des Olivenbaumes mit Essig gekocht werden, nützen sie gegen Zahnschmerzen. Wenn sie mit dem Saft von unreifen Früchten gekocht werden, bis er wie Honig geworden ist, und das dann auf abgenutzte Zähne getan wird, bewirkt es, daß sie ausfallen. Das Harz des Olivenbaumes hilft gegen Hämorrhoiden, wenn sie damit bedeckt werden. Es werden auch die Wunden damit bestrichen, und sie schließen sich dann – besonders beim Harz des wilden Olivenbaumes ist das so. Wenn man das Harz in Wasser auflöst, Brot damit tränkt und dieses stehen läßt, damit die Mäuse davon fressen, und sie dann davon fressen, sterben sie.«

Avicenna sagt: »Das Harz nützt gegen die Nachtblindheit, das Leukom und Katarakte. Das Harz des wilden Olivenbaumes hilft gegen die Räude, die Flechte und gegen den Schmerz der abgenutzten Zähne, wenn sie damit gefüllt werden. Es wird zu den letalen Heilmitteln gezählt.« Dieses alles ist von Avicenna.

Was die Früchte belangt: Al-Ahwas ibn Hakîm hat von seinem Vater gehört, daß der gesegnete Prophet gesagt habe: »Welch eine schöne Zutat zum Essen sind doch der Essig und das Olivenöl!« Und er sagte auch: »Ihr braucht das Olivenöl, denn es vertreibt die Bitterkeit der Galle, läßt den Auswurf verschwinden und stärkt die Nerven. Es nimmt die Erschöpfung, verschönt den Charakter, macht die Seele gut und nimmt die Sorge hinweg.«

DIE DATTELPALME

Die Dattelpalme ist ein gesegneter Baum. Zu den erstaunlichen Dingen bei ihr gehört es, daß sie ausschließlich in islamischen Ländern vorhanden ist – und das ist etwas von alledem, womit Gott dem Islam Wohltaten erwiesen hat –, obwohl doch Abessinien, Nubien und Indien heiße Länder und so beschaffen sind, daß es die Dattelpalme dort geben könnte. Man wird dort aber niemals auch nur eine Dattelpalme vorfinden. Der gesegnete Prophet hat gesagt: »Ehrt eure Tante (väterlicherseits), die Dattelpalme.« Er nannte sie unsere Tante, weil sie erschaffen wurde aus dem Rest des Lehmes, der bei der Erschaffung Adams übrigblieb. Sie ähnelt dem Menschen, was die aufrechte Art des Wuchses, die Länge der Statur und fehlende Krummheit betrifft, auch hinsichtlich der Auswüchse in ihrem unteren Teil und den Zweigen und der Unterscheidung in solche, die männlich, und solche, die weiblich sind. Ebenfalls ähnelt sie dem Menschen darin, daß sie stirbt, wenn ihr der Kopf abgeschlagen wird, und daß sie vor allen anderen Bäumen mit dem Samen ausgezeichnet ist. Von ihrem Kolben strömt der Geruch des Sperma aus, und die Haut der Dattel ist wie die Placenta, aus der das Kind herauskommt. Wenn dem Palmenmark, das sich auf ihrem Kopf befindet, ein Unheil widerführe, würde das zum Untergang der Dattelpalme führen, so wie es mit dem Gehirn des Menschen wäre, wenn ihm ein Unglücksfall widerführe. Wenn ein Zweig von ihr abgeschnitten wird, kommt seinesgleichen nicht wieder, so wie es ist, wenn dem Menschen ein Körperteil abgeschnitten wird. Es befinden sich auch auf ihr Fasern, die wie die Haare des Menschen sind.

Der Verfasser der »Landwirtschaft« sagt: »Wenn eine von den Palmen keine Früchte trägt, so kann folgendes geschehen: Ein Mann nimmt eine Axt, nähert sich der Palme und sagt zu einem anderen Mann: ›Ich will diesen Baum abschlagen, weil er keine Früchte trägt!‹ Dann sagt der andere: ›Tue es nicht, denn sie wird dieses Jahr Früchte tragen.‹ Aber der erste sagt: ›Sie wird nichts tun‹, und er schlägt zwei- oder dreimal gegen die Palme. Dann ergreift ihn der andere bei der Hand und sagt: ›Tue es nicht, denn sie ist ein schöner Baum! Habe dieses Jahr Geduld mit ihr, und wenn sie dann keine

Früchte trägt, kannst du tun, was du willst.‹ Wenn er das getan hat, bringt der Baum viele Früchte hervor. Außer der Dattelpalme ist kein anderer Baum so, daß er Früchte trägt, wenn dies mit ihm geschieht.«

Er sagt auch: »Wenn du die männlichen und weiblichen Dattelpalmen einander nahe bringst, tragen sie viel, weil sie durch die Nachbarschaft miteinander vertraut sind. Manchmal wird nun die Vertraute von den männlichen Bäumen getrennt. Dann trägt sie nichts wegen der Trennung. – Wenn männliche Pflanzen inmitten weiblicher gepflanzt werden und dann der Wind weht und die weiblichen Pflanzen mit dem Geruch des Kolbens der männlichen Palme in Berührung kommen, wird jede weibliche Palme um ihn herum allein dadurch befruchtet.« – Wenn man etwas vom Kolben der männlichen Dattelpalme auf den Kopf der weiblichen Palme legt, legt sich ihre Begierde, sie wird ruhig und gibt reiche Ernte.

Al-Asmacî berichtet, daß jemand aus der Yamâma gesagt habe: »Wir hatten einen Garten mit einer Palme, die uns kaum jemals enttäuscht hat, doch jetzt hatte sie uns zwei Jahre lang enttäuscht. Da riefen wir einen Mann herbei, der sich mit Dattelpalmen auskennt. Er stieg an ihr hinauf und sagte: ›Ich sehe keine Krankheit an ihr!‹ Dann blickte er nach rechts und links, und siehe, da war eine männliche Dattelpalme in ihrer Nähe. Er sagte: ›Sie ist in diesen Baum verliebt.‹ Da wurde sie von ihm befruchtet, und sie trug wieder.«

Man sagt, daß zwischen der Dattelpalme und dem Zedernwacholder eine Feindschaft besteht. Gewisse Leute sagen, wenn wir vom Sarât kommen und nach Tabâla oder woanders wollen, dann untersuchen sie uns, bevor wir zu den Palmenhainen hinausgehen. Wenn sie dann bei uns etwas vom Holz des Zedernwacholder finden – und sei es auch nur ein Stöckchen –, nehmen sie es uns weg und hindern uns daran, damit zu ihnen zu gehen, weil ja zwischen den Palmen und dem Zedernwacholder Feindschaft und schädliche Einwirkung besteht. Man sagt auch, daß dies bei der Dattelpalme erstaunlich sei: Wenn unter ihr eine Mauer gebaut wird, wendet sie sich dieser mit ihrem Gesicht zu, auch wenn die Mauer sie nicht berührt.

Abu Huraira überliefert, daß der gesegnete Prophet gesagt habe: »Die Adschwa-Dattel ist vom Paradies, und sie ist ein Heilmittel gegen Gift.« – Einige sagen, daß es eine Dattelpalmenart gibt, die al-Adschwa genannt wird. Diese Bäume bringen erst nach vier Jahren Früchte hervor. Darum pflanzen die Leute von Medina sie nicht an.

Zweite Klasse der Pflanzen: Die Kräuter

Kräuter sind alle Pflanzen, die keinen harten, hohen Stamm haben, wie das Getreide, die Gemüsepflanzen, die Duftkräuter, die wilden Pflanzen.

Wir sagen nun: Gott der Erhabene folgt in jedem Jahr Seiner Gewohnheit, indem Er die Erde belebt nach ihrem Tode, ihre ausgetrockneten Flüsse wieder fließen läßt und die trockenen und zerbröselten Überreste ihrer Pflanzen zerstreut, so daß du das Grüne der Blätter und das Rote und Gelbe der Blüten siehst, damit der, welcher ein gesundes Wesen und einen richtig funktionierenden Verstand hat, daraus Schlüsse ziehen kann auf die Wiederbelebung der Toten und die Wiederherstellung der zerfallenen Gebeine.[2] Darauf weist auch der Größte aller, die sprechen, hin, wenn Er spricht: »So schau auf die Spuren der Barmherzigkeit Gottes, wie Er die Erde lebendig macht nach ihrem Tode; dies ist wahrlich Der, Welcher die Toten lebendig macht, und Er hat Macht über alle Dinge.« (30,49)

Zu den wunderbaren Dingen nun gehört die Kraft, welche Gott der Erhabene im Samenkorn erschaffen hat. Wenn dieses nämlich in die Erde gesetzt wird, zieht es vermittelst dieser Kraft die Flüssigkeit, die es umgibt, aus der Erde selbst heraus, in dem Maße, wie sie sich für das Samenkorn als Nahrung eignet, so wie es die Flamme des Feuers in der Lampe tut: Sie zieht die Feuchtigkeit, welche in der Lampe ist, aus dieser heraus, vermittelst der Kraft, welche Gott der Erhabene in ihr geschaffen hat. Wenn diese Feuchtigkeit sich dann im Samenkorn selbst befindet, wird sie ihm zur Nahrung, und es wirkt in ihm – mit dem Willen Gottes – die ihm eigentümliche Kraft, bis es zu seiner Vollendung gekommen ist, so wie Gott der Erhabene es bestimmt hat.

Innerhalb der Gattung der Pflanzen sind die Kräuter, was die kleinen Tiere innerhalb der Gattung der Lebewesen sind, und die Bäume sind wie die großen Tiere: Ebenso wie bei starker Kälte von denjenigen Tieren, die keine Knochen haben, nichts übrig bleibt, so bleibt auch von den Pflanzen, die kein hartes Holz haben, nichts übrig. Was aber die großen Tiere betrifft, so halten sie der Kälte stand, und so verhält es sich auch mit den Bäumen.

Der Verstand der Verständigen ist verwirrt angesichts dessen, was die Kräuter betrifft, und die Einsicht der Klugen ist beschränkt, was das Erfassen ihrer besonderen Eigenschaften und Vorzüge betrifft. Wie könnte es auch nicht so sein, bei all dem, was zu sehen ist, als da sind zum Beispiel: die Vielgestaltigkeit der Form ihrer Stengel, die verschiedenen Formen ihrer Blätter, die wunderbaren Farben ihrer Blüten und die Vielfalt jeder dieser Farben. Nehmen wir das Rot als Beispiel: es kann purpurfarben sein, so wie du es bei der Lilie siehst, es kann stark gesättigt sein, wie du es beim Adonisröschen siehst, es kann feurig sein, wie bei der Anemone, und es kann milde sein, wie bei der Rose. So verhält es sich mit allen Farben. Dann sind da die Wunder ihrer Düfte und deren Unterschiedlichkeiten, wobei allen der Duft an sich gemeinsam ist; alsdann die Wunder der einzelnen Formen ihrer Samenkörner, denn jedes Samenkorn erzeugt ein Blatt, eine Blüte und eine Wurzel mit einer bestimmten Form, Farbe, Natur, einem Duft und einem jeden eigenen Besonderheiten.

Ja, die besonderen Eigenschaften kennt eigentlich keiner außer Gott, und das, was der Mensch weiß, ist im Verhältnis zu dem, was er nicht weiß, wie ein Tropfen im Meer. Wir werden nun etwas von den besonderen Eigenschaften einiger Kräuter aufführen – so Gott der Erhabene will, aufgelistet nach dem Alphabet.

DIE AUBERGINE

Ihr Genuß zieht üble geistige Verwirrung und schlechte Wahnvorstellungen nach sich. *Ma'mar ibn al-Muthannâ* sagte: »Ich wurde bei drei Gesellschaften zum Schweigen gebracht, und ich fand dafür keine andere Erklärung, außer daß ich bei der ersten viel Auberginen, bei der zweiten Oliven und bei der dritten Saubohnen gegessen hatte.« – Man sagt: Wenn die Aubergine aufgespalten und im Schatten getrocknet, dann mit Rinderfett zerstoßen wird und die Brüste der Mädchen damit bestrichen werden, bevor sie sich runden, dann werden sie nicht herunterhängen und werden auf dem Brustkasten bleiben wie Kästchen.

Avicenna sagt: »Die Aubergine erzeugt Verstopfung und Melancholie, sie macht die Farbe schlecht, macht die Haut dunkel und färbt das Gesicht gelb. Sie bringt die Elephantiasis, den Krebs, die Verwirrtheit, den Kopfschmerz und die Hämorrhoiden hervor.« Jemand anders sagt: »Sie erzeugt den Schmerz in den Seiten.«

Wenn du willst, daß die Aubergine sich eine Zeitlang hält, dann tauche sie in zerlassenes Fett und hänge sie auf. Ebenso hält sie sich, wenn du sie inmitten von Lehm läßt.

DER FRAUENHAARFARN

Diese Pflanze wird das »Blut der beiden Brüder« genannt. Es ist ein feines Kraut, dessen Standort Zisternen und Flußufer sind. Sie hat braun- bis schwarzfarbene Zweige ohne einen

Stamm; sie hat keine Blüte, und ihr Blatt ähnelt dem Blatt des Sellerie.

Man behauptet, daß dieses Kraut, als der türkische Herrscher *Afrâsiyâb* den Sohn des persischen Königs, Siyâwusch, ungerechterweise tötete, aus seinem Blut hervorwuchs.

Avicenna sagt: »Wenn du diese Pflanze mit dem Futter von fetten Hähnen mischst, stärkt sie das beim Kämpfen. Ihre Blätter«, so sagt Avicenna, »helfen gegen Fisteln, zerbröseln die Blasen- und Gallensteine, lassen den Harn und das Menstruationsblut reichlich fließen und die Placenta herauskommen.« Andere sagen, daß es gegen Gelbsucht, den Biß des tollwütigen Hundes, der Schlange und anderer Tiere nützt.

DER EISENHUT

Diese Pflanze wächst in Indien. Das Gewicht eines halben Dirham[3] davon ist tödliches Gift. Den, der davon trinkt, befällt die Glotzäugigkeit, die Lippen und die Zunge schwellen ihm an, ihn überkommt Schwindel und Blindheit.

Es wird berichtet: Wenn die Könige von Indien Verrat üben wollen an Königen, mit denen sie verfeindet sind, ziehen sie eine Sklavin von ihrem Säuglingsalter an mit Eisenhut auf. Und zwar breiten sie den Eisenhut eine Zeitlang unter ihrer Wiege aus, dann eine Zeitlang unter ihrem Bett und danach eine Zeitlang unter ihren Kleidern, und so geht es Stufe für Stufe, bis die Sklavin davon gegessen hat, und es ihr nicht schadet. Dann ist die Vorbereitung vollkommen, und nun schickt man sie mit Geschenken zu einem König, an dem man Verrat üben will. Wenn er ihr dann beiwohnt, stirbt er.

Die Wachtel nährt sich von ihm, und es schadet ihr nichts, ebenfalls die Eisenhut-Maus. Dies ist ein Tier, das an der Wurzel des Eisenhuts lebt und davon ißt.

Avicenna sagt: »Der Eisenhut bringt den Aussatz zum Verschwinden, und zwar als Salbe und als Trunk. In derselben Form nützt er auch gegen die Elephantiasis. Er ist ein tödliches Gift, von dem weniger als die Hälfte des Gewichts eines Dirham tötet. Sein Gegengift ist die Eisenhut-Maus.«

DIE KOLOQUINTE

Die Koloquinte ist eine wohlbekannte Pflanze von äußerster Bitterkeit. Die Gazellen essen sie gerne, die wilden Tiere aber fliehen vor dem Baum mit der Koloquinte[4], und sie nähern sich einem Ort auch dann nicht, wenn dort ein Baum ist, an dem sich nur eine einzige Koloquinte befindet. Sie ist nämlich von tödlicher Wirkung, und ebenso ihre Frucht.

Frische Blätter der Koloquinte bringen die starke Blutung zum Stillstand und nützen gegen die Melancholie und die Epilepsie. *Avicenna sagt* über ihre Früchte: »Wenn du sie in Wasser einweichst und damit das Haus besprengst, sterben die Flöhe, die dort sind.«

Der Qâdî Abu Alî at-Tanûchî berichtet, daß einer vom Stamme ʿUqail gesagt habe: »Wir hatten bei uns in der Wüste eine chronisch kranke Sklavin. Unsere Gewohnheit ist es nun, wenn wir das Innere durch Durchfall reinigen wollen, eine Koloquinte auszuhöhlen und etwas Milch hineinzutun; dann tun wir den Deckel zurück an seinen Ort und begraben sie in heißer Asche, bis sie kocht. Wenn sie dann gekocht hat, trinkt davon, wer den Durchfall will, und dann wird sein Körper gesund. Wir nahmen einmal drei Koloquinten für drei Personen. Da sah das die chronisch kranke Sklavin, ging zu ihnen hin und trank sie alle drei. Da bekam sie einen Durchfall, so daß wir um ihr Leben fürchteten, und wir entfernten uns vom Zelt, um ihren Geruch nicht zu riechen. Als die Nacht kam, hörte ihr Durchfall auf. Sie stand auf, ging auf eigenen Beinen und kehrte zu den Wohnzelten zurück, war befreit von ihrem Leiden und lebte noch jahrelang.«

Wenn das Bett mit Koloquinte und Teer eingerieben wird, können ihm die Bienen nicht nahekommen, ohne einzugehen.

Wenn die Elephantiasis und die Elefantenkrankheit[5] mit der Koloquinte eingerieben werden, nützt das gegen beide, und ebenso nützt das gegen den Schweiß der Frauen und die Gicht. Die Wurzel der Koloquinte hilft gegen den Biß der Nattern und ist die wirksamste Medizin gegen den Biß des Skorpions, und zwar als Trunk und als Salbe. Sie ist ein Gegengift. Es wurde berichtet, daß einer, der an vier Stellen vom Skorpion gebissen worden war, das Maß eines Dirham trank und auf der Stelle genas.

DER WEIZEN

Ka'b al-Ahbâr sagt: »Als Adam aus dem Paradies vertrieben wurde, kam der Engel Michael mit Weizenkörnern zu ihm. Er fragte: ›Was ist das?‹ Michael sagte: ›Dies ist deine Versorgung und die Versorgung deiner Kinder. Steh auf, pflüge die Erde und säe die Saat aus.‹« Und Ka'b sagte: »Das Korn gedieh ständig, von der Zeit Adams an bis zu den Anfängen der Zeit des Enoch, bis es die Größe eines Straußeneies erreicht hatte. Als aber die Menschen ungläubig wurden, nahm es bis auf die Größe eines Hühnereies ab, dann bis auf die Größe eines Taubeneies, danach bis auf die Größe einer Haselnuß, und zur Zeit des 'Uzair[6] hatte es die Größe einer Kichererbse.«

Der Verfasser der »Landwirtschaft« sagt: »Das Korn, welches beim Ausstreuen der Saat auf das Horn des Ochsen fällt, bringt keine Wurzel hervor.« *Al-Dschâhiz* sagt: »Wenn die Hunde in ihrem Bauch Würmer haben, fressen sie eine Ähre Weizen; das tötet die Würmer in ihrem Bauch.« – Das Korn reinigt das Gesicht und ebenso das Mehl. Wenn der Weizen zerstoßen und auf die Bißwunde eines tollwütigen Hundes gelegt wird, ist das von offenkundigem Nutzen. Wenn es auf erhitztes Eisen gelegt und zerrieben wird, bis eine Flüssigkeit erscheint, und mit dieser Flüssigkeit die Hautflechte bestrichen wird, kommt sie zum Stillstand.

Avicenna sagt: »Der Weizen reinigt das Gesicht, und ebenso tut es die Weizenstärke, besonders zusammen mit Safran.«

Einige sagen: Wenn man unreifen Weizen ißt, erzeugt das Würmer im Bauch und Winde. – Wenn die Weizenkleie mit sehr saurem Essig gekocht wird, und die schwärende Krätze damit verbunden wird, wird diese beseitigt. – Wenn der Sauerteig vom Weizen mit Salz vermischt und auf Abszesse gelegt wird, bringt es diese zur Reife. – Wenn das weiche Weizenbrot mit Salzwasser befeuchtet wird, und auf die Hautflechte gebunden wird, heilt es diese.

DAS BASILIENKRAUT

Man nennt es im Persischen Shâhasfaram (etwa: »Kaiserkraut«). Die Perser glauben, daß es das Basilienkraut nicht vor dem *Chosrau Anuschirwân* in Iranshahr gegeben habe und daß es erst in seiner Zeit gefunden wurde. Die Ursache dafür ist folgendes: Als der *Chosrau* sich eines Tages zur Rechtsprechung[7] niedergelassen hatte, näherte sich eine riesige Schlange und glitt unter seinen Thron. Da stürzten die Notablen zu ihr hin, der Herrscher aber sagte: »Haltet ein! Mit ihr hat es etwas auf sich. Folgt ihr nach! Ich glaube nämlich, daß ihr ein Unrecht geschehen ist.« Sie glitt nun dahin, bis sie sich um die Öffnung eines Brunnens legte. Dann ging sie dort hinein und kam wieder herauf. Die Notablen beobachteten sie, und siehe da, auf dem Boden des Brunnens, die Länge einer Speerspitze entfernt, lag eine getötete Schlange und auf ihrem Rücken war ein riesiger schwarzer Skorpion. Da senkte einer der Notablen seinen Speer zum Skorpion hinab und durchstach ihn damit. Er ging zum König und berichtete ihm, was es mit der Schlange auf sich hatte. Da sagte der Herrscher: »Habe ich nicht gesagt, daß ich glaube, ihr sei ein Unrecht widerfahren?« Als nun das folgende Jahr gekommen war, näherte sich die Schlange erneut an dem Tag, da sich der Herrscher zur Rechtsprechung niedergelassen hatte. Sie glitt dahin, bis sie anhielt und dann aus ihrem Mund einen schwarzen Samen herausfallen ließ. Der Herrscher befahl, diesen zu pflanzen, und aus ihr sproß dann das »Kaiserkraut«. – Der König litt nun sehr viel an Schnupfen und an der Ansammlung von Abfallstoffen im Gehirn. Es wurde jetzt etwas von dieser Pflanze auf ihn angewandt, und das war von großem Nutzen.

Avicenna sagt: »Das Basilienkraut wirkt gegen Hämorrhoiden. Sein Samen wirkt auf das Blut insgesamt. Wenn mit ihm die Achselhöhle eingerieben wird, beseitigt das den starken Achselgeruch, für den es sonst kein Heilmittel gibt. Es nützt auch gegen Schwindel und Nasenbluten.«

DIE ANEMONE

Im Persischen wird sie »Lâle« genannt. Man sagt, daß das Umland von Kufa die Anemone hervorgebracht hat, und die Araber nennen sie »Wange der Jungfrau«. *Nu'mân ibn al-Mundhir* ging an ihr vorbei, und da sagte er: »Wer davon etwas ausreißt, dem reißt seine Schulter aus!« So wird sie mit Nu'mân in Verbindung gebracht.[8] Der Dichter sagt:

> In deinem Gesichte zeigt die Freude diejenigen,
> die »Anemone« genannt werden wegen des Sohnes
> der Anemone.

»Anemone« war der Name der Mutter des *Nu'mân ibn al-Mundhir.* Die Anemone dreht sich mit der Sonne. Sie öffnet ihre Blätter bei Tag, und bei Nacht schließt sie sie. Wenn man sich mit ihr die Augenränder umstreicht, nützt das gegen die Sehschwäche. *Avicenna* sagt: »Zusammen mit der Mandelschale färbt sie das Haar schwarz. Sie ist nützlich bei der Krätze und bei Geschwüren. Wenn sie mit ihren Stengeln gekocht wird, läßt sie die Milch reichlich fließen.« Andere sagen: »Ihr Saft läßt das Menstruationsblut fließen. Als Schnupfmedizin nützt sie gegen die Sehschwäche, die weiße Hornhauttrübung und nützt der Reinigung des Kopfes.« Mit der weißen Abart der Anemone wird die weiße Hautflechte bestrichen, und dann wird sie dadurch entfernt. Wenn du etwas von der aus der Anemone austretenden Flüssigkeit mit Rosenwasser mischst und dann auf die weißen Gewänder sprengst, werden diese ganz deutlich rot gefärbt. Wenn du es dann wieder aufsaugst, bleibt keine Spur davon auf ihnen zurück.

DIE LEBEWESEN

Die Lebewesen befinden sich auf der dritten Stufe der entstehenden Dinge, sind von allen am weitesten von den Elementen entfernt. Die erste Stufe haben nämlich die Mineralien inne: sie verbleiben in der Leblosigkeit, weil sie den Grundstoffen nahe sind. Die zweite Stufe nehmen dann die Pflanzen ein: Sie befinden sich in der Mitte zwischen den Mineralien und den Lebewesen, weil es bei ihnen Wachsen und Zunahme, nicht aber Fühlen und Bewegung gibt. Die dritte Stufe nun, welche die Lebewesen innehaben, vereinigt das Wachsen und das Zunehmen, das Fühlen und die Bewegung, und diese Möglichkeiten sind in jedem einzelnen der Lebewesen vorhanden, bis hin zu den Fliegen, den Mücken und dem Gewürm.

Mit der Empfindung verhält es sich nun so: Da Gott der Erhabene für jedes Lebewesen eine bestimmte Lebenszeit festgesetzt hat und die Körper der Lebewesen den für sie schädlichen und verderblichen Einflüssen ausgesetzt sind, machte die göttliche Weisheit die Empfindungskraft für sie erforderlich, damit sie vermittelst dieser merken, was mit ihnen unvereinbar ist, und es dann von sich selbst abwehren, wenn sie den entsprechenden Schmerz empfinden. So bleibt der Körper bestehen, bis die Vorherbestimmung ihren festgesetzten Termin erreicht hat. Wenn es diese Fähigkeit nicht gäbe, würde das Lebewesen keinen Hunger empfinden, bis es dann plötzlich und unerwartet aus Mangel an Nahrung sterben würde; wenn es schlafen und im Schlaf versinken würde und seine Hand oder seinen Fuß ein Feuer träfe, würde es nichts davon merken, so daß es aus seinem Schlaf aufwachen würde, und siehe da, es hätte keine Hand oder keinen Fuß mehr! Daher also verlangte es die Weisheit Gottes des Erhabenen, daß die Lebewesen Empfindungen haben für die Schmerzen und Leiden, die von den verderblichen Dingen kommen, damit sie das Lebewesen zur Erhaltung seines Körpers vor dem Untergang bewahren.

Was die Bewegung betrifft, so verhält es sich damit folgendermaßen: Da das Lebewesen der Nahrung bedarf und nicht mit der Nahrung in Verbindung steht wie der Baum und das in die Erde Eingepflanzte, die Nahrung nicht zu allen Zeiten in seiner Nähe ist und es dazu noch den schädlichen Einflüssen unterworfen ist, erfordert es die göttliche Weisheit, daß es Bewegungswerkzeuge hat, mit denen es sich zur Nahrung hin bewegen kann. Wenn es diese Fähigkeit nicht gäbe, dann könnte das der Nahrung bedürftige Lebewesen nicht dorthin laufen und stürbe vor Hunger, wie die Pflanzen, die kein Wasser finden und dann verdorren. Und es wäre auch so, daß das Lebewesen, wenn ein Unheil durch Brand oder Ertrinken es beträfe, an seinem Ort bliebe, so daß es vom Untergang erreicht würde. So wurden ihm also die Bewegungswerkzeuge für die schützende Erhaltung seines Körpers gegeben. Gelobt sei Er! Wie groß ist seine Sache, und wie klar ist Sein Beweis!

Da nun unter den Lebewesen das eine des anderen Feind ist, machte es die göttliche Weisheit erforderlich, daß jedes Lebewesen ein Werkzeug hat, mit dem es sich selbst vor seinem Feinde schützt. Dazu gehören diejenigen, welche den Feind von sich abwehren mit Kraft und Widerstand, wie der Elefant, der Löwe und der Büffel; dann gibt es solche, die sich vor dem Feinde durch die Flucht retten und denen das Werkzeug der Flucht gegeben wurde, wie die Gazelle, der Hase und der Vogel; solche, die sich durch ihre Waffe schützen, wie der Igel, das Stachelschwein und die Schildkröte; und es gibt solche, die sich durch einen Schutzbau unzugänglich machen, wie die Mäuse, die Schlangen und das Gewürm.

Es gehört also zu den Bestimmungen der göttlichen Weisheit, daß jedem Lebewesen Organe und Fähigkeiten zu eigen sind, auf denen der Fortbestand seiner selbst und seiner Art beruht, und zwar deren nicht zu viel und nicht zu wenig. Deswegen unterscheiden sich ihre Formen und Organe und zerfallen in viele verschiedene Formen und Arten. Von *'Umar ibn al-Chattâb* wird berichtet, daß der Prophet – Gott segne ihn und gebe ihm Heil – gesagt habe: »Gott hat auf der Erde tausend Arten geschaffen, davon sechshundert im Meer und vierhundert auf dem Festland.« Und einer von den Kommentatoren sagte: »Wer die Bedeutung der Worte des Erhabenen: ›Und Er erschuf, was ihr nicht kennt‹ (16,8) verstehen will, der soll des Nachts in der Mitte eines Dikkichts ein Feuer anzünden und dann zusehen, was für Arten von Tieren, nämlich verschiedene Insekten, zu diesem Feuer kommen. Er wird dann wundersame Formen und erstaunliche Erscheinungen sehen, von denen er nicht gedacht hätte, daß Gott der Erhabene etwas wie dieses in der Welt geschaffen hätte.« Dabei muß man noch bedenken, daß diejenigen Tiere, welche zu diesem Feuer kommen, sich je nach den Orten, wie Dickichte, Meere, Berge und Wüsten, unterscheiden. Keiner von diesen Plätzen wird nämlich von den gleichen Lebewesen wie der andere bevölkert – und die Heere deines Herrn kennt keiner außer Ihm selbst.

Wir werden nun einige der Arten der Lebewesen aufführen und erwähnen, was an Erstaunlichem und besonderen Eigenarten mit ihnen zusammenhängt. Und Gott ist der, den man um Hilfe bittet und auf den man vertraut.

Erste Art der Lebewesen: Der Mensch

Das eigentliche Wesen des Menschen

Wisse, daß der Mensch das Lebewesen von höchstem Rang und die Quintessenz der geschaffenen Dinge ist. Gott der Erhabene hat ihn in wunderbarer Weise in der schönsten Form aus verschiedenen Dingen und unterschiedlichen Mischungen gestaltet. Er teilte seine Substanz in einen Geist und einen Körper und zeichnete ihn mit Verstehen und Vernunft aus, in offener und verborgener Weise. Er stattete sein Äußeres mit den Sinnesorganen aus und jedes von diesen mit der besten Möglichkeit, und Er wählte für sein Inneres Fähigkeiten aus, deren es edlere und stärkere nicht gibt. Er bereitete für die vernunftbegabte Seele das Gehirn vor, setzte es an die höchste Stelle und gab ihm den passendsten Rang. Er stattete es aus mit dem Denken, der Erinnerung und der Gedächtniskraft. Er setzte die geistigen Substanzen darüber zum Herrscher ein, damit die Seele der Fürst und der Verstand sein Wesir sei, die verschiedenen Fähigkeiten seine Heere und der Gemeinsinn sein Nachrichtendienst, der Körper das Königreich des Fürsten und die Organe seine Dienerschaft. Die Sinne reisen zu bestimmten Zeiten in ihrer Welt umher, nehmen die übereinstimmenden und die widersprüchlichen Nachrichten auf und unterbreiten sie dem Gemeinsinn, welcher am Tor des Staates die Mitte einnimmt zwischen der Seele und den Sinnen. Er unterbreitet dann die Eindrücke den Verstandeskräften, damit sie auswählen, was übereinstimmt, und entfernen, was widersprüchlich ist. In dieser Hinsicht nun nennt man den Menschen einen kleinen Kosmos. Insofern er aber ernährt wird und wächst, nennt man ihn eine Pflanze; insofern, als er sich bewegt und empfindet, ist er ein Tier, und insofern, als er um die innersten Wahrheiten der Dinge weiß, nennt man ihn einen Engel. Er faßt alle diese Bedeutungen in sich zusammen. Wenn er nun sein Bestreben auf einen von diesen Bereichen ausrichtet, erreicht er sein Ziel: Wenn er also sein Bestreben auf die bloße Naturanlage ausrichtet, dann ist er mit seiner Welt zufrieden, indem er seinen Körper instandhält, sich nährt und sich vom Überschuß reinigt. Handelt es sich aber um die tierische Seite, auf die er zustrebt, dann wird er entweder zornmütig wie das wilde Tier oder geil wie der Bock, gefräßig wie das Rindvieh, gierig wie das Schwein oder unterwürfig wie der Hund, übellaunig wie das Kamel, hochmütig wie der Tiger oder hinterlistig wie der Fuchs, oder aber er vereinigt dieses alles in sich, und dann wird er ein widerspenstiger Teufel. Wenn er aber nach dem Engelhaften strebt, dann wird er sich zur oberen Welt hinwenden und nicht zufrieden sein mit der niedrigen Wohnstätte und dem Ort tief unten. Das ist nun mit dem gemeint, was durch das Wort Gottes des Erhabenen ausgedrückt wird: »Wir bevorzugten sie hoch vor vielen Unserer Geschöpfe.« (17,72)

Die vernunftbegabte Seele

Der Mensch ist in der Lage – während er intensiv mit einer Sache beschäftigt ist – zu sagen: Ich habe so und so gesprochen oder so und so gehandelt – wobei er um sich selbst in dieser Lage weiß, nicht aber um alle seine äußeren und inneren Organe. Was nun in dieser Lage bewußt ist, ist die Seele; und sie kennt alle Möglichkeiten, jede Art von Wahrnehmungen zu erfassen, und tut alles, was zu tun möglich ist – ohne jedoch danach zu trachten, die Kenntnis ihres eigenen Wesens zu erlangen, denn diese entgeht dem Verständnis vieler Menschen. Deshalb spricht der Erhabene: »Der Geist kommt vom Befehl meines Herrn.« (17,87) Damit ist die Seele gemeint, denn sie ist verpflichtet, die Verantwortung zu tragen, ist dem Risiko der Belohnung und der Strafe ausgesetzt, und sie bleibt nach dem Tode bestehen – entweder in Wohlleben und Glückseligkeit, gemäß den Worten des Erhabenen: »Und wähnet nicht die in Gottes Weg Gefallenen für tot; nein, lebend bei ihrem Herrn werden sie versorgt, freudig über das, was Gott ihnen gab von Seiner Huld« (3,163 f.), oder aber im Höllenfeuer und dem Leiden darin, gemäß dem Worte des Erhabenen: »Dem Feuer sollen sie ausgesetzt werden morgens und abends, und am Tag, da sich ›die Stunde‹[1] erhebt (wird gesprochen werden:) ›Führet ein das Haus Pharaos in die strengste Strafe.‹« (40,49) Vom Propheten – Gott segne ihn und gebe ihm Heil – wird überliefert: Er pflegte die Vornehmen von Quraisch[2] anzurufen, als sie kämpften am Tage der Schlacht von Badr[3] und in den Brunnen von Badr geworfen wurden, indem er sagte: »O 'Utba, o Schaiba, wir haben als wahr gefunden, was uns unser Herr verheißen hat, habt ihr auch als wahr gefunden, was euch euer Herr verheißen hat?« Da sagte man zu ihm: »O Prophet Gottes, du rufst sie an, obwohl sie doch tot sind.« Er sagte: »Bei dem, in dessen Hand meine Seele ist: Ihr hört meine Worte nicht besser, als jene sie hören, jedoch sind sie nicht imstande, zu antworten.«

Diese Seele nun verhält sich im Körper wie der Verwalter im Königreich, und die Fähigkeiten und Organe sind ihre Dienerschaft. Der Verwalter besitzt über die Diener das Verfügungsrecht; sie sind von Natur aus zum Gehorsam ihm gegenüber geschaffen und können ihm nicht widersprechen. Der Körper ist also das Königreich der Seele, ihr Aufenthaltsort und ihre Stadt. Das Herz ist die Mitte des Königreichs, die Organe sind wie die Dienerschaft, die inneren Fähigkeiten sind wie die Handwerker der Stadt, und die Verstandeskräfte sind wie der beratende Wesir und der verständige Ratgeber; die Leidenschaft ist die, welche Nahrung für die Dienerschaft fordert, der Zorn ist der Polizeimeister, und er ist ein listiger und bösartiger Diener, der die Gestalt des Beraters annimmt.

Sein Rat ist tödliches Gift, und er ist ständig und unermüdlich damit beschäftigt, mit dem gutratenden Wesir zu streiten. Die Vorstellungskraft im vorderen Teil des Gehirns ist der Postmeister, zu dem die Nachrichten der sinnlich wahrnehmbaren Dinge gelangen. Die Gedächtniskraft, welche ihren Sitz im hinteren Teil des Gehirns hat, ist wie der Schatzmeister, die Zunge ist wie der Dolmetscher, und die fünf Sinne sind ihre Spione, deren jeder die Verantwortung dafür hat, Nachrichten aus einem der verschiedenen Bereiche zu liefern. So ist das Auge mit der Wahrnehmung von Farben beauftragt, das Ohr mit der Wahrnehmung von Lauten, und so weiter mit den übrigen Sinnen. Sie sind in der Tat verantwortlich für die Nachrichten aus diesen verschiedenen Bereichen, welche sie aufnehmen und dann zur Vorstellungskraft, dem Postmeister, hingelangen lassen. Dieser vertraut sie dem Schatzmeister an, welcher sie aufbewahrt. Davon benutzt die Seele, was sie für die Verwaltung ihres Königreiches braucht – und gelobt sei der, welcher dem Menschen an äußeren und inneren Wohltaten reichlich gab.[4]

Diese Seele hat ewiges Dasein, jedoch wird sie von einem Zustand in einen anderen und von einem Sitz zu einem anderen hin versetzt. Der Fürst der Gläubigen, *ʿAlî ibn Abî Tâlib* – möge Gott Wohlgefallen an ihm haben –, sagt in einer seiner Predigten: »Wahrlich, ihr seid für die Ewigkeit geschaffen, jedoch werdet ihr von einer Wohnstätte zu einer anderen hin versetzt: von den Lenden in den Mutterleib, vom Mutterleib in die Welt, von der Welt in den Bereich zwischen Himmel und Hölle, und von diesem Bereich ins Paradies und ins Höllenfeuer.« Dann rezitierte er: »Aus ihr (d. h. der Erde) haben Wir euch erschaffen, in sie lassen Wir euch zurückkehren, und aus ihr lassen Wir euch wieder erstehen ein anderes Mal.« (20,57)

Es wird behauptet, daß es sich mit diesen Seelen in dieser körperlichen Welt und mit dem, was sie an Heimsuchungen von diesem Körper überkommt, folgendermaßen verhält: Sie sind wie ein weiser Mann in einem fremden Land, der von der Liebe zu einer Frau mit dummen, schamlosen und bösen Charakterzügen und verderblicher Natur heimgesucht wurde. Diese Frau nun fordert von ihm fast allezeit gute Dinge zu essen und angenehme Dinge zu trinken, prächtige Kleidung, einen prunkvoll hergerichteten Wohnsitz und schädliche Leidenschaften. Jener weise Mann richtet nun – wegen seines heftigen Verlangens nach ihrer Liebe und weil er von der starken Heimsuchung des Umganges mit ihr befallen wurde – all sein Streben auf ihr Wohlergehen und fast alle seine Anstrengungen auf die Regelung ihrer Angelegenheiten. Damit vergißt er seine eigene Angelegenheit und das Instandhalten seiner Dinge, sein Land, von dem er fortgegangen ist, und seine Angehörigen, mit denen er aufgewachsen ist, und die Wohltaten, die er bei ihnen genossen hat. Für diesen weisen Mann gibt es nur dann Ruhe, wenn er sich von dieser Frau trennt und dafür sorgt, daß er die Liebe zu ihr und die Leidenschaft für sie vergißt. Wenn er jedoch hiervon etwas hört, bricht sein Herz aus Furcht vor der Trennung von ihr.

Es ist nun bekanntlich so, daß die Seelen geistige Substanzen sind, die ewiges Leben haben, ohne ein Bedürfnis nach Speise, Trank, Kleidung, Heirat und ähnlichem. Dieses alles gehört nämlich zu dem, was der Körper braucht zur Aufrechterhaltung seines Daseins und für die materiellen Grundlagen seines Fortbestehens. So ist also alles, was der Mensch an Akzidenzien von der Welt braucht, in derselben Weise befristet wie jener Körper, sei es nun hinsichtlich des Herbeiführens dessen, was für ihn nützlich ist, oder des Abstoßens dessen, was ihm Schaden zufügt. Solange nun die Seele mit diesem Körper verbleibt, vermehrt sie ihre Bemühungen für das Wohlergehen dieses Körpers und nimmt beschwerliche Arbeiten und mühevolle Handlungen auf sich, zum Zwecke des Erwerbs von Vermögen, für Genuß und Ausstattung. Und die Seele hat erst dann Ruhe, wenn sie fortgeht, so wie wir über den weisen Mann, der heimgesucht wurde mit der Liebe zur Dirne, gesagt haben, daß er nicht eher Ruhe hat, als bis er sich von ihr trennt und sie vergißt – und Gott ist derjenige, den wir um Hilfe bitten, und Er ist es, der zum geraden Weg hinführt.

Die Charaktereigenschaften

Die Charaktereigenschaft ist ein feststehender Zug in der Seele, aus dem die Handlungen mühelos hervorgehen, ohne daß es des Denkens und der Einsichtnahme bedarf. Man wendet nun die Beschränkung »feststehend« an, weil man von dem, der wegen einer zufällig sich ergebenden Notwendigkeit oder aufgrund eines Gelöbnisses Geldausgaben macht, nicht sagen kann, daß er einen freigebigen Charakter habe, solange das nicht in seiner Seele begründet ist. Es muß betont werden, daß »die Handlungen mit Leichtigkeit aus ihm hervorgehen«, weil man auch von demjenigen, der sich mit Anstrengung und Überlegung bemüht, Geld auszugeben oder zu schweigen, wenn er zornig ist, nicht sagen kann, daß er einen freigebigen und nachsichtigen Charakter habe.

Alsdann wird die Art der seelischen Ausprägung, aus der – vom göttlichen Gesetz und vom Verstand aus gesehen – schöne Taten hervorgehen, ein guter Charakter genannt, und wenn davon nach Gesetz und Verstand häßliche Taten ausgehen, wird das ein schlechter Charakter genannt. Jeder Anteil nun von den tugendhaften und lasterhaften Zügen kommt dem Menschen bisweilen selbsttätig zu, das heißt, daß er ihm entstanden ist ohne eine Bemühung seinerseits, ihn zu erlangen; und er wird zuweilen erworben in dem Sinne, daß der Mensch viele Male immer wieder sein Handeln von ihm ausgehen läßt, so daß es ihm zur Gewohnheit wird. Aufgrund dessen ist es nun dem Menschen möglich, sich eine Eigenschaft anzueignen, die er nicht von vornherein hat, oder auch sich von einer Eigenschaft, die er in seiner Seele vorfindet, abzuwenden und sich zu etwas anderem hin zu verändern.

Die Vorzüge der guten Eigenschaften sind wahrlich gewaltig im Diesseits und im Jenseits. Vom Propheten – Gott segne ihn und gebe ihm Heil – wird berichtet, daß er gesagt habe: »Was am schwersten in der Waage wiegt[5], ist der gute Charakter«, und ʿAbd ar-Rahmân ibn Samura sagte: »Wir waren beim Propheten Gottes, als er sagte: ›Ich habe wahrlich gestern etwas Erstaunliches gesehen: Ich sah einen Mann aus meiner Gemeinde, der auf seinen Knien saß, und zwischen ihm und Gott waren verhüllende Schleier. Da kam sein guter Charakter und führte ihn zu Gott.‹ Und er, den Gott segnen und dem Er Heil geben möge, sagte auch: ›Die Schlechtigkeit des Charakters ist eine Sünde, die nicht verziehen wird‹, und ebenfalls: ›Wahrlich, der Mensch erreicht durch seinen schlechten Charakter die niedrigste Stufe der Hölle.‹ Wer nun alle vorzüglichen Eigenschaften oder die meisten in sich vereint, hat es verdient, daß er ein Engel ist, dem man unter den Menschen gehorcht, damit die Menschen ihm alle als Beispiel folgen können. Wer sich aber davon trennt und sich durch die gegenteiligen Eigenschaften auszeichnet, für den ist es nur recht und billig, daß er von den Gottesdienern und aus dem Lande fortgejagt wird, und er ist ein widerspenstiger Teufel. Sowie es nun der erste verdient, daß man ihm folgt, so verdient es der zweite, daß man sich von ihm fernhält – und Gott verleiht dem Richtigen Erfolg.«

Über die hervorragenden Seelen, die wunderbare Wirkungen haben

Die wahren Forscher[6] sind der Meinung, daß die Seelen hinsichtlich ihrer Substanz verschieden sind: die lichtvollen, erhabenen Seelen, die eine Kenntnis der Welt der Geister besitzen und in Fülle aus der Welt der Geister erstaunliche

Dinge herbeiziehen, und die schweren, getrübten Seelen, die von der Leidenschaft zu den körperlichen Dingen erfaßt sind und keine Kenntnis der Welt der Geister haben.

Einer von den Philosophen behauptet, daß die vernunftbegabte Seele eine Klasse ist, unter der es verschiedene Arten gibt, und unter jeder dieser Arten wiederum Einzelseelen, die sich voneinander in nichts außer der Anzahl unterscheiden. Jede dieser Arten davon ist nun wie ein Kind zu einem von den himmlischen Geistern, und dies ist es, was die Vertreter der Talismanlehre[7] »die ideale Natur« nennen, und man behauptet, daß sie darüber wacht, daß diese Seele in Ordnung ist, und zwar einmal durch geheime Zwiesprache, dann durch Eingebung, und auch auf dem Wege des Einblasens in den Geist.

Zu den hervorragenden Seelen gehören die Seelen der Propheten – möge der Segen Gottes über ihnen allen sein. Als Gott der Erhabene sie zu Vorbildern für die Menschen machen wollte, vereinte Er in ihren Seelen die vorzüglichen Arten seelischer Substanzen und schloß die niederen Sorten davon aus, auf daß die Menschen ihnen nacheifern könnten und sich auf ihnen die wunderbaren Wirkungen der Wunder zeigen, damit die Menschen durch sie geleitet werden.

Es gehören auch die Seelen der Heiligen dazu. Sie folgen den Seelen der Propheten nach und sind ihnen ähnlich. Von ihnen gehen auch erstaunliche Wirkungen aus, wie es berichtet wird über diejenigen, welche die Ränge der Asketen, der Gottesdiener und derjenigen innehaben, die Kenntnis haben über die Heilung der Kranken durch ihre Bitte um Heilung, das Tränken der Erde durch ihre Bitte um Regen, das Abwenden von Seuche und Sterben durch ihre Gebete. Sie können auch an einer Schar von Vögeln eine Umwandlung bewirken, so daß sie still werden und sich niederlassen, und die Wildheit der Raubtiere können sie in freundliches und demütiges Verhalten verwandeln, und alle möglichen andern Dinge, die von ihnen erzählt werden.

Auch die Seelen der Physiognomiker gehören dazu. Das sind diejenigen, die aus den äußeren Zuständen auf die inneren Angelegenheiten Schlüsse ziehen, und es handelt sich dabei um eine richtige Schlußfolgerung. Es sprach nämlich der Erhabene: »SIEHE, HIER SIND WAHRLICH ZEICHEN FÜR EINSICHTIGE.« (15,75) Und der Prophet – Gott segne ihn und gebe ihm Heil – sagte: »Fürchtet die Einsicht des Gläubigen, denn er sieht mit dem Lichte Gottes.« Abû Sa'îd al-Charrâz berichtet: »Ich sah im heiligen Bezirk einen Bedürftigen, der nur so viel auf sich trug, wie es seine Scham bedeckte, und meine Seele verschmähte ihn. Da erschloß er dies (aus meinen Gesichtszügen) und sagte: ›WISSET, DASS GOTT WEISS, WAS IN EUREN SEELEN IST, SO NEHMT EUCH VOR IHM IN ACHT.‹ (2,235) Bei diesen Worten bereute ich und bat in meinem Herzen um Verzeihung. Da sagte er: ›ER IST ES, DER DIE REUE VON SEINEN DIENERN ANNIMMT UND DIE MISSETATEN VERGIBT ...‹« (42,24)

Es wird auch berichtet, daß *asch-Schâfi'î* und Muhammad ibn al-Hasan – möge Gott ihnen beiden gnädig sein – einen Mann sahen und der eine von ihnen sagte: »Er ist ein Zimmermann.« Der andere aber sagte: »Nein, er ist ein Schmied«. Daraufhin fragten sie ihn, und er sagte: »Ich war vorher ein Zimmermann, jetzt aber bin ich mit der Schmiedekunst beschäftigt.«

'Ubaidallâh ibn Ziyâd ibn Zabyân, welcher einer von den Emiren im Irak und damit beauftragt war, einen günstigen Zeitpunkt für die Ermordung des *al-Haddschâdsch* abzupassen, berichtete: »Ich kam eines Tages zu ihm, während er allein an der Tür seines Hauses stand. Da sagte ich zu mir: ›Jetzt ist seine Zeit gekommen.‹ Er aber erkannte dieses in mir, während zwischen mir und ihm nur noch ein Abstand vom Maß einer Lanze geblieben war, und er sagte zu mir: ›Hast du nicht einen Brief von Soundso bekommen?‹ Ich sagte: ›Nein!‹ Da sagte er: ›Gehe zu ihm, denn dein Brief ist bei ihm!‹ Als ich das Wort ›Brief‹ hörte, ließ ich von meinem

Vorhaben ab und ging davon, um den Brief zu erlangen. Da holten mich seine Soldaten ein und nahmen mich fest.«

Es gehören zu diesen hervorragenden Seelen auch diejenigen der Merkmaledeuter. Vom Merkmaledeuten nun gibt es zweierlei Arten: diejenige, welche die Menschen betrifft, und diejenige, bei der es sich um das Lesen von Fährten handelt. Bei der ersten Art geht es darum, daß von der Körpergestalt auf die Herkunft geschlossen wird. Diese Art der Schlußfolgerung ist bei demjenigen arabischen Stamm besonders ausgeprägt, welchen man die Banû Mudlidsch nennt. Wenn man einem von ihnen zum Beispiel einen Säugling vorführt inmitten von zwanzig Frauen, unter denen sich nicht seine Mutter befindet, spricht er ihn ihnen allen ab. Wenn er ihm dann unter zwanzig Frauen, unter denen sich seine Mutter befindet, vorgeführt wird, spricht er ihn ihr zu.

Ein Kaufmann erzählte: »Ich erbte von meinem Vater einen alten schwarzen Sklaven. Da begab es sich auf einer meiner Reisen, während ich auf einem Kamel ritt und der Sklave es führte, daß ein Mann vom Stamme der Mudlidsch an uns vorbeikam, der uns scharf musterte und dann sagte: ›Wie doch der Reitende dem Leitenden ähnelt!‹ Seine Worte bewegten mich sehr. So kehrte ich zurück zu meiner Mutter und berichtete ihr, was der vom Stamme Mudlidsch gesagt hatte. Da sagte sie: ›Der vom Stamme Mudlidsch hat recht gesprochen. Wisse, mein Sohn, daß mein Ehemann schon ein alter Mann mit Besitz und ihm noch kein Sohn geboren worden war. Da fürchtete ich, daß bei seinem Tode sein Vermögen von uns schwinden würde. So gab ich mich diesem schwarzen Sklaven hin, und ich wurde mit dir schwanger. Wenn nun nicht diese Sache gewesen wäre, hättest du im Jenseits erfahren, was ich dir jetzt im Diesseits erzählt habe.‹«

Was nun das Lesen von Fährten betrifft, so handelt es sich dabei darum, daß aus Spuren von Füßen, Schuhen und Hufen Schlüsse gezogen werden. Diese Art der Schlußfolgerung ist eine besondere Eigenschaft der Leute im Maghreb, deren

Erde sandig ist. Wenn nun jemand vor ihnen flieht oder ein Dieb zu ihnen kommt, folgen sie den Spuren seiner Füße, bis sie ihn eingeholt haben. Zu den erstaunlichen Dingen nun gehört es, daß von ihnen berichtet wird, sie könnten die Fußspuren eines jungen Mannes von denen eines alten, die eines Mannes von denen einer Frau und die eines Fremden von denen eines Einheimischen unterscheiden.

Auch die Seelen der Wahrsager gehören hierher. Dabei handelt es sich um diejenigen Seelen, die Dinge aus der Welt der Geister empfangen und von ihnen erfahren, wie es sich mit der Welt des Entstehens und Vergehens verhält, worauf die Träume und andere Dinge, die einem widerfahren, hinweisen.

Es wird berichtet, daß Rabîʿa ibn Nasr al-Lahmî al-Himyarî einen erschreckenden Traum hatte. Da schickte er nach Leuten in seinem Königreich aus. Man versammelte alle Wahrsager, Astrologen und Hellseher und ließ auch keinen aus. Als sie nun alle anwesend waren, sagte der König zu ihnen: »Ich habe einen erschreckenden Traum gehabt. Berichtet ihn mir und gebt seine Ausdeutung!« Sie sagten: »Erzähle ihn uns!« Da sagte er: »Wenn ich euch über ihn berichte, bin ich über eure Ausdeutung nicht sicher. Wer nämlich den Traum kennt, kennt auch seine Auslegung.« Da sagte einer der Männer: »Der König möge nach *Satîh* und *Schiqq* schicken, denn wir kennen keine, die kundiger darin sind als diese beiden.« Da schickte er nach ihnen. Sie erschienen vor ihm, und es trat Satîh hervor. Da sagte der König: »Ich habe einen Traum gesehen, der mich erschreckt hat. Berichte mir über ihn, und wenn du ihn triffst, dann triffst du auch seine Ausdeutung.« Satîh sagte: »Du sahst ein Stück glühender Kohle, das herauskam aus einer Dunkelheit und auf eine fruchtbare Erde fiel. Und es aßen davon alle, die einen Schädel haben.« Da sagte der König: »Du hast dich darin in nichts geirrt, o Satîh. Was ist nun die Deutung dessen?« Satîh sagte: »Es werden die Abessinier in euer Land einfallen, und sie werden herrschen über das Gebiet zwischen Ibyan und Dschurasch.« Der König sagte: »O Satîh, das bringt einen wahrlich in Aufregung. So sage mir, wann wird dies sein, in unserer Zeit oder danach?« Er sagte: »Es wird danach sein, zu einer Zeit, wenn mehr als sechzig oder siebzig Jahre vergangen sind. Dann tötet man alle dort, oder sie fliehen von dort hinweg.« Da sagte der König: »Wer ist denn derjenige, der es fertigbringt, sie zu töten und hinauszujagen?« Satîh sagte: »Es ist *Iram dhû Yazan*, der sie von Aden her angreift, und er läßt nicht einen von ihnen im Jemen übrig.« Der König sagte: »Ist denn seine Herrschaft von Dauer – oder hört sie auf?« Satîh antwortete: »Sie hört auf.« – »Wer wird sie beenden?« fragte der König, und Satîh antwortete: »Ein reiner Prophet, zu dem eine Offenbarung vom Erhabenen kommt.« Da sagte der König: »Wer ist denn dieser Prophet?« Satîh sagte: »Er ist ein Mann aus der Nachkommenschaft des Ghâlib ibn Fihr ibn Mâlik ibn Nadr. Die Herrschaft wird in den Händen seines Volkes sein bis zum Ende der Zeit.« – »Hat denn die Zeit ein Ende, o Satîh?« fragte da der König. »Ja«, sagte dieser, »am Tag, an dem die Ersten und die Letzten versammelt werden, an dem es denen, die Gutes tun, wohlergeht und diejenigen leiden, welche Schlechtes tun.« Der König sagte: »Ist es wahr, was du berichtest?« – »Ja«, sagte Satîh, »bei der Morgenröte, beim Abendrot und beim Mond, wenn er vollendet ist, wahrlich, was ich dir mitgeteilt habe, ist wahr.« Als er nun mit seinem Bericht fertig war, ließ der König Schiqq kommen und sagte zu ihm dasselbe, was er zu Satîh gesagt hatte, wobei er ihm jedoch dessen Antwort verheimlichte, um zu sehen, ob sie übereinstimmten oder sich widersprächen. Schiqq sagte nun: »Du sahst ein Stück glühender Kohle, das herauskam aus einer dunklen Erde und zwischen Tal und Berg fiel. Davon aßen dann alle Lebewesen.« Da wußte der König, daß sie sinngemäß übereinstimmten, wenn sie sich auch im Wortlaut unterschieden, und er sagte: »Du hast nichts davon ausgelassen, o Schiqq, was ist nun dessen Deutung?« Schiqq sagte:

»Es werden die Neger in euer Land hereinstürzen, und sie werden beherrschen, was zwischen Ibyan und Nedschran ist.« Da sagte der König: »Das bringt einen wahrlich in Aufregung. Wann wird denn das sein, in unserer Zeit oder danach?« Schiqq sagte: »Es wird in einer Zeit danach sein. Dann wird euch einer von großer Bedeutung von ihnen befreien und ihnen die größte Schande zu schmecken geben.« Der König fragte: »Wer ist denn dieser Gewaltige?« Darauf antwortete Schiqq: »Er ist ein Sohn aus dem Hause des Dhû Yazan, der von Aden kommen wird.« Da sagte der König: »Wird seine Herrschaft von Dauer sein, oder wird sie ein Ende haben?« – »Sie wird beendet werden«, sagte da Schiqq, »durch einen von den Gesandten, welche die Wahrheit und die Gerechtigkeit bringen, von denen, die Religion haben und tugendhaft sind. Die Herrschaft wird in den Händen seines Volkes bleiben bis zum Tag der Entscheidung.« – »Und was ist der Tag der Entscheidung?« fragte der König. »Das ist der Tag«, sagte Schiqq, »an dem von den Himmeln her Rufe erschallen, welche die Lebendigen und die Toten vernehmen und an dem die Menschen versammelt werden zur festgesetzten Frist, und für den, der dann Gott fürchtet, ist das Paradies da und sind die guten Dinge bereit.« Da sagte der König: »Ist es wahr, was du gesagt hast, o Schiqq?« – »Ja«, sagte dieser, »beim Gott der Himmel und der Erde und dem, was es dazwischen an Hohem und Niedrigem gibt. Wahrlich, was ich dir berichtet habe, ist die Wahrheit, und es ist nichts Falsches darin.« – Dann ereignete es sich, daß die Abessinier den Jemen eroberten und über ihn herrschten, bis Saif ibn Dhî Yazan zum *Chosrau* ging und ihn um Hilfe bat. Da half dieser ihm mit seinen Heeren zu Lande und zu Wasser, und sie töteten die Abessinier in einem verheerenden Kampf und trieben sie aus dem Jemen hinaus. Dann herrschte darüber *Saif ibn Dhî Yazan.* Er versammelte bei sich die Oberhäupter der Araber, und es trat auch *'Abdalmuttalib ibn Hâschim,* der Großvater des gesegneten Propheten Gottes, mit seinen

Leuten bei ihm ein. Da ehrte er ihn und verlieh ihm ein Ehrenkleid und sagte: »Wir haben in unseren Büchern gefunden, daß dieses Königreich zu einem von deinen Nachkommen kommen wird. Hoffentlich werde ich ihn noch erleben können.«

Es gehören zu den besonderen Seelen auch die der Hellseher. Das sind diejenigen, welche aus einem Vorkommnis auf ein anderes Schlüsse ziehen vermittelst des Verhältnisses zwischen den beiden oder durch eine verborgene Ähnlichkeit. Es wird berichtet, daß Alexander, als er in ein bestimmtes Gebiet hineinkam, den Tempel dort betrat und dort eine Frau vorfand, die sich ihr Gewand webte. Da sagte sie: »O König, du hast ein Königreich erlangt, das lang und breit ist.« Dann trat der derzeitige Fürst ihres Landes bei ihr ein, und sie sagte zu ihm: »Wahrlich, Alexander wird dich absetzen!« Da erzürnte der Fürst; sie aber sagte zu ihm: »Erzürne dich nicht. Die Seelen haben Kenntnis über die Angelegenheiten durch Zeichen. Als Alexander eintrat, war ich dabei, die Länge und die Kürze des Gewandes zu planen. Als du eintratst, war ich damit fertig und wollte es kürzen. Deshalb sagte ich zu dir, daß deine Herrschaft zu Ende gekommen sei.« Und die Sache war so, wie sie es gesagt hatte.

Es wird auch folgendes erzählt: Als *Saif ibn Dhî Yazan* den *Chosrau* um Hilfe bei der Bekämpfung der Abessinier bat, sandte der *Chosrau* seine größten Heerführer mit einem gewaltigen Heer. Er trennte es in zwei Teile: Ein Teil nahm den Weg über das Festland, und der andere Teil kam übers Meer. Als die Nachricht über sie zum König der Abessinier, Masrûq ibn Abraha, gelangte, zog er zu ihnen mit hunderttausend von Abessiniern und anderen von den Himyar und Kahlân.[8] Da machten sich die Leute bereit. Zwischen den Augen des Masrûq ibn Abraha befand sich ein roter Hyazinth, der mit einem Aufhänger aus Gold von einer Krone herunterhing, und der leuchtete wie Feuer. Er saß auf einem riesigen Elefanten. Dann stieg er von dem Elefanten hinab und ritt ein Kamel, und von dem Kamel stieg er hinab und ritt ein Pferd. Dann hielt er die auf den Schiffen für zu gering, um vom Pferd aus mit ihnen zu kämpfen. So ließ er einen Esel kommen und ritt ihn. Saif betrachtete das, und er freute sich darüber. Er sagte: »Sein Königreich ist dahingegangen, denn er hat sich vom Großen zum Kleinen hin verändert. Greift sie an!« Da griffen sie an. Die Abessinier wurden vernichtet, das Schwert erreichte sie, und Masrûq ibn Abraha und seine Gefolgschaft wurden getötet.

Es wird auch berichtet: Als *'Alî ibn Abî Tâlib* sich niederließ, um den Treueeid[9] entgegenzunehmen, war der erste, der ihm huldigte, Talha b. 'Ubaidallâh. Er leistete den Eid mit seiner Hand, und diese hatte einen verkrüppelten Finger. Darin erblickte 'Alî ein schlimmes Vorzeichen, und er sagte: »Wie wahrscheinlich ist es doch, daß der Eid gebrochen wird.« Und die Sache war so, wie er es gesagt hatte. Das Kalifentum war nicht ungetrübt für ihn, bis er zur Nähe des Wahren (= Gottes) aufstieg.

Es berichtet *Ibrâhîm ibn al-Mahdî: »Al-Amîn* schickte nach mir. Da machte ich mich zu ihm auf, und siehe da, er saß in einem Pavillon aus Aloe- und Sandelholz, im Ausmaße zehn mal zehn, ausgeschmückt mit verschiedenen Arten von Seide und grünem, goldenem und rotem Brokat. Und da war Sulaimân ibn Mansûr bei ihm unter der Mittelkuppel. Vor al-Amîn stand ein Becher aus gedrehtem Kristall, und diesen Becher bewunderte er sehr, so daß er ihn mit seinem eigenen Namen benannte. Er sagte nun: ›Ich habe zu euch beiden geschickt, weil mich die Nachricht von der Reise des Tâhir ibn al-Husain nach Nahrawân erreicht hat, und er hat uns ja allerlei Häßliches zugefügt. So habe ich euch beide hergerufen, damit ich in meinem Kummer erheitert werde.‹ So begannen wir uns zu unterhalten, und dann ließ er eine Sklavin kommen, deren Name Sa'b (= Schwierig) war, und wir sahen in ihrem Namen ein schlimmes Vorzeichen. Dann befahl er ihr zu singen, und sie sang:

Ihr Weggehen bringt mein Auge zum Weinen und
macht es schlaflos,
und das Fortgehen bedeutet ja Weinen für den
Sehnsüchtigen.
Die Willkür des Schicksals hat sie unaufhörlich
überfallen,
bis sie einer nach dem anderen umgekommen sind;
und die Willkür des Schicksals ist ja ein Feind.

Da schalt al-Amîn sie und sah ein schlechtes Vorzeichen in ihren Worten. Er sagte: ›Möge Gott dich verfluchen, kannst du nichts anderes singen als dieses?‹ Sie sagte: ›O mein Herr, ich habe nur beabsichtigt, das zu singen, von dem ich glaubte, daß du es gerne hören möchtest, und dies ist nur das, was mir kam.‹ Da kam der Kummer zurück, wie er vorher war. Wir begannen wieder, uns zu unterhalten, bis er lachte. Dann wandte er sich der Sklavin zu und sagte zu ihr: ›Gib her, was du hast!‹ Da sang sie:

Sie töteten ihn, auf daß sie an seiner Stelle sein
könnten,
so wie es eines Tages mit dem *Chosrau* seine Satra-
pen machten.

Da schalt er sie und verfiel dann wieder in seinen ersten Zustand. Wir lenkten ihn ab, bis er wieder anfing zu lachen. Er ließ ein drittes Mal die Sklavin kommen und sagte: ›Sing!‹ Da sang sie:

Beim Herrn der Ruhe und der Bewegung,
wahrlich, das Schicksal hat viele Fallstricke;
nicht wechseln sich ab die Nacht und der Tag,
und nicht drehen sich die Sterne des Himmels am
Firmament,
ohne daß sich wendet das Glück von einem König,

dessen Herrschaft dahinging, zu einem anderen hin.
Und das Reich des Besitzers des Thrones ist immerwährend,
es vergeht nicht und wird nicht geteilt.

Da sagte er zu ihr: ›Steh auf! Möge Gott dich verfluchen!‹ Da stand sie auf, stolperte über den Becher, der vor ihm stand, und zerbrach ihn, und der Trank wurde vergossen. Es war eine mondhelle Nacht, und wir befanden uns am Ufer des Tigris. Da standen wir auf, verwundert über das, was wir gesehen hatten, und in Gedanken darüber. Und da hörten wir jemanden rufen: ›Entschieden ist die Sache, über die ihr mich um Aufschluss fragt.‹ (12,41) Dieses war nun das letzte Mal, daß wir mit ihm zusammengesessen hatten, bevor er getötet wurde.«

Es wird berichtet, daß *as-Saffâh,* der Fürst der Gläubigen, der zu den Menschen mit dem schönsten Gesicht gehörte, eines Tages in den Spiegel sah. Da sagte er: »O Gott, ich sage nicht wie *Sulaimân ibn ʿAbdalmalik* es getan hat: ›Ich bin der jugendliche König‹, ich sage vielmehr: ›O Gott, laß mich lange leben im Gehorsam zu Dir und Wohlbefinden genießend.‹« Kaum war jedoch seine Rede zu Ende, als er einen Jüngling zu einem anderen sagen hörte: »Die festgesetzte Frist zwischen mir und dir ist zwei Monate und fünf Tage.« Da sah er ein Omen in seinen Worten und sagte: »Mein Genüge ist Gott, es gibt keine Kraft außer bei Gott. Auf Ihn vertraue ich, und Ihn bitte ich um Hilfe.« Kaum waren einige Tage vergangen, da überkam ihn das Fieber, und er starb nach zwei Monaten und fünf Tagen.

Es wird auch erzählt, daß Tâhir ibn al-Husain von ar-Rayy auszog, um gegen ʿÎsâ ibn Mâhân zu kämpfen. Er steckte nun auch Dirham für die Schwachen in seinen Ärmel. Dann wurde er unaufmerksam und senkte seinen Ärmel. Da wurden die Dirham zerstreut. Und der Dichter sagte:

Dies ist das Zerstreuen ihrer Massen, und nichts anderes,
und ihr Entschwinden bedeutet das Schwinden des Kummers.
Eine Sache, deren Buchstaben zur Hälfte aus dem Wort Kummer bestehen[10],
im Ärmel zu behalten, ist nicht gut.

Und die Sache war so, wie er es gesagt hatte. Er tötete ʿÎsâ ibn Mâhân, ging dann nach Bagdad und tötete auch *al-Amîn*. Sâʿid ibn Mahmûd an-Nahâwandî berichtete, daß es in Bagdad einen weisen Straßen-Wahrsager gab, der sich in den wundersamen Dingen auskannte und sich nie darin irrte. Da kam einmal ein Mann zu ihm und sagte: »Ich habe eine Frage. Wenn du sie triffst, bekommst du das und das.« Da sagte der Wahrsager: »Frage!« Der Mann aber sagte: »Wenn ich sie verrate, kann mir über deine Antwort kein Vertrauen eingeflößt werden, wenn du sie mir aber zuerst sagst, dann ist mir Vertrauen in dein Wort gegeben.« Da blieb der Wahrsager kurze Zeit still. Dann sagte er: »Du willst mich über einen Gefangenen befragen.« »Bei Gott, du hast es getroffen«, sagte der Mann, »berichte mir über seine Gefangenschaft. Wird sie andauern, oder wird er bald befreit werden?« Der Wahrsager sagte: »Die Abmachung wird eingehalten. Wenn du dein Versprechen hältst, berichte ich dir, wie es ihm geht.« Da ging der Mann nach Hause, nahm, was er ihm versprochen hatte, und gab es ihm. Dann sagte er zu ihm: »Berichte mir über seine Gefangenschaft!« Darauf sagte der Wahrsager: »Er wird in Kürze frei sein und geehrt werden.« Und es vergingen nicht viele Tage, bis es so war, wie er gesagt hatte. Da kam der, welcher den Wahrsager befragt hatte, und sagte zu ihm: »Sage mir, auf welche Weise du Kenntnis über die Angelegenheit dieses Gefangenen haben konntest.« Der Wahrsager antwortete: »Wisse, daß ich, wenn ich über etwas gefragt werde, vor mich sehe, nach rechts und nach links.

Wenn ich nun etwas sehe, das mit dem, worüber gefragt wurde, in einem Zusammenhang steht oder Ähnlichkeit hat, antworte ich in Übereinstimmung mit dieser Beziehung oder Ähnlichkeit. Als du mich zum Beispiel das erste Mal fragtest, schaute ich umher, und da sah ich einen Wasserschlauch, in dem Wasser war, bei einem der Wasserträger. Da sagte ich, daß es sich um die Frage über einen Gefangenen handelt. Als du mich dann zum zweiten Mal fragtest, da sah ich, daß derselbe Wasserschlauch leer geworden war und der Wasserverkäufer ihn sich auf die Schulter warf, und so sagte ich, daß er herauskommen und geehrt würde. Und Gott ist es, der dem Richtigen Erfolg verleiht.«

Die Erzeugung des Menschen

Wenn die Speise zum Magen gelangt ist, so ist die erste Kraft, die auf sie einwirkt, die Verdauungstätigkeit. Sie reinigt die Speise. Dann werden ihre reinen Teile zur Leber hingezogen, und sie werden in der Leber ein weiteres Mal gekocht. Dann verteilt diese Verdauungskraft die Speise auf die Gefäße und die Organe, die bereit sind, sie aufzunehmen. Jeder Körperteil bekommt nun von ihr, was ihm ähnlich ist, damit sich dadurch Wachstum ergeben kann, das heißt eine Zunahme an allen Enden, an Länge, Breite und Tiefe. Was nun bei der letzten Verdauung übrigbleibt, wird in das Rückenmark geschickt und vom Rückenmark in die Hoden. Dort wird es dann in den Samen verwandelt, und nun kitzelt es und erregt es, wie es beim erregten Deckhengst ist. Es kommt dann nicht zur Ruhe, bis diese Substanz vermindert ist, und das ist die Ursache für die Vereinigung von Mann und Frau. Wenn nun das Sperma in der Gebärmutter angekommen ist, wird ein Tropfen des Mannes und der Frau in der Form einer Kugel zusammengebracht. Dann verfestigt sich über ihr durch die Wärme der Gebärmutter eine feine Hülle, so wie du es beim

Teig siehst, wenn er in etwas Heißes gelegt wird; und es haften sich an ihn auch die Öffnungen der Adern, durch die das Menstruationsblut in die Gebärmutter gelangt. Dann – mit der Erlaubnis Gottes – verdichtet die gestaltende Kraft die ölige Substanz des Tröpfchens und nimmt sodann einen Teil, der für das Herz bestimmt ist, zur Mitte hin; von der rechten Seite nimmt sie einen Anteil für die Leber und von oben einen Teil für das Gehirn. Dann bildet sie den Nabel, der durch eine Vene und eine Arterie verbunden ist mit der Placenta, das ist die Hülle, die das Gebilde im ersten Stadium der Entstehung wie ein Beutel umgibt. Diese Verwandlung ist nun in sechs Tagen abgeschlossen. Nach den sechs Tagen beginnt dann die Planung und genaue Ausgestaltung, welche in neun, zehn Tagen abgeschlossen ist. Am fünfzehnten Tag fließt das Menstruationsblut überall in die Kugel hinein, so daß sie zu einem Blutklumpen wird. Dann kommen zehn Tage, in denen die flüssige Substanz zu Fleisch wird, wobei die Körperteile und Glieder äußerlich unterscheidbar sind. Die feuchte Substanz wächst sich zum Rückenmark aus, welches die Grundlage des Körpers ist. Danach bildet sich in neun Tagen der Kopf heraus, dann die Schultern, die Rippen und der Bauch – insgesamt bis hin zu vierzig Tagen, höchstens bis zu vierundfünfzig Tagen und mindestens bis zu fünfunddreißig Tagen. Bei dem weiblichen Embryo dauert es nämlich länger als bei dem männlichen. Dann erscheinen seine Knochen, die alsdann mit Fleisch bekleidet werden, das aus dem Menstruationsblut entsteht. Entsprechend sagt der Erhabene: »Und wahrlich, wir erschufen den Menschen aus reinstem Ton. Alsdann setzten wir ihn als Samentropfen in eine sichere Stätte. Dann schufen wir den Tropfen zu geronnenem Blut, schufen den Blutklumpen zu Fleisch, schufen das Fleisch zu Gebein und bekleideten das Gebein mit Fleisch; alsdann brachten wir ihn hervor als eine andere Schöpfung, und gesegnet sei Gott, der beste der Schöpfer!« (23,12 ff.)

In welchem Zustand sich das Tröpfchen in jedem der neun Monate befindet

Man glaubt, daß Gott, wenn das männliche Tröpfchen sich in der Gebärmutter festgesetzt hat, in diesem eine Kraft schafft, welche den weiblichen Tropfen an sich zieht. Dann zieht der Tropfen, wenn er sich in der Gebärmutter niedergelassen hat, das Menstruationsblut, das während der Tage der Menstruation aus dem Körper ausgestoßen zu werden pflegt, an sich, so wie das Feuer der Öllampe das Öl anzieht, welches im Docht ist. Das Blut umgibt nun den Tropfen, so wie Eiweiß das Eidotter umgibt. Dann gerinnt der Tropfen, wenn die Wärme auf ihn einwirkt, so wie durch das Lab die frische Milch gerinnt. So wird er zu einem geronnenen Klumpen, und als solcher verbleibt er dreißig Tage und zweiundsiebzig Stunden lang. Die Astrologen sagen, daß er während dieser Zeit unter der Einwirkung des Saturn steht. Sodann läßt Gott der Erhabene in diesem Klumpen Hitze erscheinen. Seine Mischung wird harmonisch, und es widerfährt ihm etwas Ähnliches wie ein Zittern und ein Beben. In diesem Zustand bleibt er, bis zwei Monate vollendet sind.

Die Sterndeuter sagen, daß er sich während dieser Zeit unter der Einwirkung des Jupiter befindet. Dann läßt Gott der Erhabene in ihm mehr Wärme hervorkommen, und er wird zu rotem Fleisch. So verhält es sich nun mit ihm, bis sich drei Monate vollendet haben. Die Astrologen sagen, daß er in dieser Zeit unter der Einwirkung des Mars steht. Wenn er nun den vierten Monat beginnt, wird die Mischung der verschiedenen Teile für die Zusammensetzung seines Körperbaus vollendet, die Gestalt wird ausgeformt, und der Charakter reift. Es zeigen sich die Formen der Glieder, und die Gelenke werden zusammengefügt, die Nerven auseinandergespalten, und die Adern werden ausgelegt im Fleisch. Und nun bläst der Engel den Geist dort hinein, und es fließt die kreatürliche

Seele darin ein. Dieser Zustand dauert an bis zur Vollendung des vierten Monats. Die Astrologen sagen, daß er in dieser Zeit unter dem Einfluß der Sonne steht. Wenn der Fötus nun in den fünften Monat eintritt, ist die Gestalt vollendet, der Körperbau vollkommen, und es zeigt sich die eigentliche Gestalt der Gliedmaßen, die Augenhöhlen bilden sich heraus, die Nasenlöcher spalten sich, der Mund öffnet sich, die Lippen teilen sich, und es sind deren andere Vorgänge mehr. Dieser Zustand dauert an, bis sich der fünfte Monat vollendet hat. Die Astrologen sagen, daß sich der Fötus während dieser Zeit unter der Einwirkung der Venus befindet. Wenn er in den sechsten Monat kommt, vermehrt sich seine Bewegung: Er läuft mit seinen Füßen, streckt seine Hände aus, öffnet seinen Mund, bewegt seine Lippen, läßt seine Zunge herumdrehen, und er schläft und wacht auf. So bleibt es nun seine Gewohnheit bis zur Vollendung des sechsten Monats. Die Astrologen sagen, daß er in dieser Zeit unter der Einwirkung des Merkur ist. Wenn er in den siebten Monat kommt, wächst sein Fleisch, und sein Körper wird fett, seine Gliedmaßen werden kräftig und seine Gelenke hart, seine Bewegung wird stärker. Er empfindet die Enge seines Aufenthaltsortes, und er strebt danach, ihn zu verlassen. Wenn Gott es nun so bestimmt hat, dann kommt er heraus, wobei er ein vollständiger, vollkommener Embryo und am Leben ist. Wenn Gott der Erhabene dies aber nicht bestimmt hat, bleibt er dort bis nach dem siebten Monat. Die Astrologen sagen, daß er in dieser Zeit unter der Einwirkung des Mondes steht. Wenn er nun in den achten Monat kommt, überwiegen bei ihm in diesem Monat Schwere und Müdigkeit, wegen seiner Unruhe im siebten Monat, da er danach strebte, herauszukommen. Wir haben schon erwähnt, daß er, wenn er imstande ist, die Hülle zu zerreißen, als etwas Vollständiges, Vollkommenes herauskommt. Wenn er aber dazu nicht imstande ist, stößt ihm aufgrund der vielen Bewegung und der heftigen Unruhe eine Betäubung im achten Monat zu, und er verbleibt im kranken Zustand für vierzig Tage. Wenn dann noch die Schwierigkeit der Geburt für ihn hinzukommt, läßt seine Kraft ganz und gar nach, und es kommt selten vor, daß er lebt. Wenn er aber am Leben bleibt, bewegt er sich schwer und bleibt nicht lange am Leben. Die Astrologen sagen, daß er im achten Monat unter der Einwirkung des Saturn steht, so haben sie die Runde wieder von vorne angefangen. Wenn er in den neunten Monat kommt, ist seine Mischung harmonisch, sein Geist ist stark in ihm, und es zeigen sich die Funktionen der kreatürlichen Seele. Die Astrologen sagen, daß er in dieser Zeit unter der Einwirkung des Jupiters steht. – Und Gott ist derjenige, der dem Richtigen zum Erfolg verhilft.

Wie der menschliche Körper einer Stadt ähnlich ist

Es sagte einer der Philosophen: Als Gott, der Erhabene, den Körper des Menschen erschuf, ihn ausrichtete und ihm seinen Geist einblies, war er wie die Grundlagen eines Gebäudes. Und in der Art und Weise, wie seine Körperglieder zusammengefügt und seine Organe zusammengesetzt sind, ist er wie eine Stadt, die aus verschiedenen Dingen aufgebaut wurde, wie zum Beispiel Steinen und Ziegeln, Gips und gebranntem Ziegel, Lehm und Kalk, Asche, Holz und Eisen und ähnlichem mehr. Dann machte Er den Bau stark und fest, die Gebäude wurden befestigt, die Stadt bekam eine starke Mauer, ihre Straßen wurden ausgezogen, sie wurde in Wohnviertel eingeteilt, ihre Häuser wurden geschmückt, ihre Schatztruhen gefüllt, und ihre Flüsse wurden zum Fließen gebracht; ihre Kanäle wurden geöffnet, ihre Landgüter bearbeitet, und ihre Händler wurden angesiedelt; sie wird regiert, und man dient ihrem Herrscher. Neun Substanzen verschiedener Form, welche die Grundlage ihres Baus bilden, wurden geschaffen. Dann wurden sie zusammengebracht und das eine auf das andere gefügt: zehn Schichten, in harmonischer

Weise miteinander verbunden. Alsdann wurden sie gestützt durch zweihundertachtundvierzig Säulen. Sodann wurden ihre Seile mit Nägeln festgemacht und ausgezogen und die Verbindungsstücke stark gemacht durch siebenhundertzwanzig Bindungen, welche sie ausspannen und verbinden. Es wurde alsdann ihre Festigkeit bestimmt, es wurden ihre Wölbungen eingeteilt und elf Schatzkammern, gefüllt mit Edelsteinen verschiedener Farbe, in sie hineingelegt. Ihre Straßen wurden ausgezogen, ihre Wege ausgeschlagen und dreihundertdreißig Tore geöffnet als Wege für ihre Bewohner. Es wurden aus ihr als Quellen herausgezogen und als Flüsse hervorgebracht dreihundertsechzig Wasserläufe, verschieden in ihrem Lauf. Als Zugänge zu ihren Schatzkammern (= Organe) wurden in ihrer Mauer Tore geöffnet. Der Bau dieser Stadt wurde in die Hände von acht Handwerkern gegeben, die zusammenarbeiten, und diese sind ihre Diener. Mit ihrer Bewachung sind fünf Wächter betraut worden, um ihre Grundlagen zu bewachen. Dann hob Er diese Stadt auf zwei Säulen in die Luft. Er ließ sie sich mit zwei Flügeln nach sechs Seiten hin bewegen. Dann siedelte Er in ihr drei Stämme an: vom Geschlecht der Dschinnen, der Menschen und der Engel. Das sind nun ihre Bewohner. Sodann stellte Er einen Engel über sie, befahl ihm, sie zu bewachen, und beauftragte ihn mit ihrer Verwaltung.

Die Ausdeutung dessen ist nun folgendermaßen: Die neun Substanzen sind: die Knochen, das Mark, die Nerven, die Adern, das Blut, das Fleisch, die Haut, die Nägel und das Haar. Die zehn Kategorien sind: der Kopf, der Hals, die Brust, der Bauch, der Unterleib, die Lenden, die Hüften, die Oberschenkel, die Unterschenkel und die Füße. Die Säulen sind die Knochen, die Seile sind die Nerven, und die elf Schatzkammern sind: das Gehirn, das Rückenmark, die Lunge, das Herz, die Leber, die Milz, die Galle, der Magen, das Gedärm, die Nieren und die Hoden. Die Straßen und die Wege sind die Schlagadern, und die Flüsse sind die Venen.

Die zwölf Tore sind: die Augen, die Ohren, die Nasenlöcher, die Brüste, die beiden Ausgänge, der Mund und der Nabel. Die acht Arbeiter sind: die Fähigkeit des Anziehens, des Festhaltens, der Verdauung, des Abwehrens, der Nahrungsaufnahme, des Schlafens, der Erzeugung und der Gestaltung. Die Wächter sind die fünf Sinne, nämlich: das Hören, das Sehen, das Riechen, das Schmecken und das Fühlen. Die beiden Säulen sind die Beine, die beiden Flügel die Hände, und die sechs Seiten sind allgemein Bekanntes. Die drei Stämme sind die drei Seelenarten: die leidenschaftliche Seele wie der Dschinn, die kreatürliche Seele wie der Mensch, die vernunftbegabte Seele wie die Engel, und der eine Führer ist der Verstand.

Die Besonderheiten des Menschen

Der Mensch hat viele besondere Eigenschaften. Dazu gehört die Sprache. Dies ist die Fähigkeit, durch welche der Mensch einen anderen wissen läßt, was in seinem Inneren ist. Dieses geschieht manchmal durch einen Wink oder einen Hinweis, und das gesprochene Wort gehört zu den klarsten Zeichen.

Auch die Fähigkeit zur Verwunderung gehört dazu. Sie macht das Lachen notwendig, wenn der Mensch sich über etwas, das er sieht oder hört, erstaunt. Dadurch zeichnet sich der Mensch vor jedem anderen Lebewesen aus. Auch das Weinen bei starker Traurigkeit gehört dazu.

Ebenso gehört dazu das Wachsen der Haare auf dem Kopf, im Gegensatz zu den übrigen Lebewesen. Die göttliche Weisheit hat nämlich bestimmt, daß das Haar der Lebewesen ihre Kleidung und ihr Schutz vor Hitze und Kälte sei. Was jedoch den Menschen betrifft, so ist seine Kleidung nicht ein unmittelbarer äußerer Teil. Das Haar wurde auf seinen Kopf gesetzt als Schmuck und Schutz für das Gehirn. Der Mensch wurde mit dünner Behaarung geschaffen, denn wenn er stark behaart wäre, wären die Schönheit und das Tastempfinden hinfällig.

Die Weißhaarigkeit gehört auch hierher, denn man findet sie nur beim Menschen vor. Die Ursache dafür ist, daß die Wärme im Menschen schwächer wird und die Feuchtigkeit zunimmt. Die weiße Farbe der Haare entsteht nun aus verfaultem Schleim, und darum findet man sie auch erst dann vor, wenn sich die Mischung der Körpersäfte zugunsten der Feuchtigkeit verändert, und zwar in den letzten Jahren des reifen Alters, bei einem Mangel an Verbrennungshitze und einer großen Menge Feuchtigkeit. So ergibt sich dann ein fauliger, verdorbener Dampf, aus dem weißes Haar entsteht.

Hierher gehört auch, daß, wenn der Mensch einen schmerzenden Körperteil berührt, der Schmerz weniger wird. Wenn ihn also ein Schlag trifft oder er zu Fall kommt, beeilt er sich deshalb, die betreffende Stelle sofort mit der Hand zu berühren, und wenn er gestochen wurde oder eine Rißverletzung erhielt, berührt er die Stelle mit seiner Hand, und sie kommt sofort zur Ruhe.

Zu den Besonderheiten des Menschen gehört auch die Ansteckungsgefahr bei einigen seiner Krankheiten. Man glaubt zum Beispiel, daß das dauernde Hinsehen zu einem Auge, das von der Augenkrankheit befallen ist, die Ansteckung des Auges des Blickenden zur Folge hat. Ebenso zieht auch das Essen eines Restes von demjenigen, der die Räude, ein Gehirnleiden, Elephantiasis, Lepra oder Diphtherie hat, die Ansteckung nach sich, wie man behauptet. – Hierzu gehört auch folgendes: Wenn der Aussätzige barfuß über die Erde geht, wachsen an der Stelle, wo sein Fuß aufgetreten ist, keine Pflanzen mehr hervor.

Hierzu gehört ebenfalls, daß der Körper des Menschen, wenn er verschnitten wird, schwach wird – im Gegensatz zu den meisten anderen Lebewesen. Auch riecht sein Atem übel, sein Entscheidungsvermögen läßt nach, seine Eßlust wird größer, seine Knochen werden länger, seine Finger krümmen sich, seine Begierde wird insgesamt stärker, er träumt viel, und sein Leben ist lang wegen Mangel an Geschlechtsverkehr. – Bei den Maultieren unter den Lebewesen ist es ja auch so, daß sie ein langes Leben haben, weil es kein Bespringen des Weibchens gibt; und die kleinen Vögel haben unter den Lebewesen das kürzeste Leben, weil sie davon so viel in ihrem Leben haben. – Auch wird das Haar auf dem Körper der Beschnittenen weniger wegen der vielen Flüssigkeiten, denn es wächst nicht dort, wo viel Feuchtigkeit ist. Es biegen sich auch ihre Schenkel aufgrund der Schwere des Körpers, die Kraft nimmt ab, und Krummheit befällt sie, so wie sie das Rohr befällt, wenn es mit etwas Schwerem belastet wird. Außerdem wird ihre Stimme scharf, weil ihre Luftröhre durch die übermäßig vorhandene Flüssigkeit eng wird – so auch der Ton, der aus dem dünnen Rohr kommt. – Bei jedem Lebewesen, dem ein übler Geruch anhaftet, ist es nun so, daß dieser abnimmt, wenn es kastriert wird, wie der Bock und was diesem ähnlich ist. Nur beim Menschen ist es nicht so. Bei ihm nimmt nämlich in diesem Fall der üble Geruch zu, sein Achselgeruch wird stärker, und sein Schweiß wird schlecht von Geruch. Zu dem, was die Verschnittenen an Erstaunlichem betrifft, gehört, daß sie schnell in Zorn geraten und ebenso schnell Zufriedenheit zeigen, daß ihre Brust kein Geheimnis zu bergen vermag und daß sich die Stimme bei der Beschneidung des Geschlechtsteiles verändert, so daß jeder aufgrund seiner Stimme weiß, daß es sich um einen Verschnittenen handelt. Es zeigt sich auch bei ihnen Liebe zum Schachspiel. Weiterhin wachsen bei dem, der vor dem Haarwuchs verschnitten wurde, keine Haare mehr. Wenn es aber nach dem Wachsen der Haare geschah, fallen sie alle aus, außer dem Schamhaar und dem Kopfhaar; den Augenbrauen und den Wimpern passiert nichts, denn sie wurden mit der Geburt hervorgebracht.

Zu den Besonderheiten gehört es auch, daß der Blinde von allen Menschen am meisten heiratet, so wie der Verschnittene von allen Menschen die beste Sehkraft hat. Dies sind nun zwei Extreme, und was nun an Fähigkeit dem einen ermangelt, tritt vermehrt in dem anderen auf. Wenn also den Blinden die Sehkraft fehlt, nimmt bei ihnen eine andere Fähigkeit zu, wie zum Beispiel die Gedächtniskraft, die Auffassungsgabe oder die Kraft zum Beischlaf und ähnliches. Man sagte zu Qatâda: »Wie kommt es denn nur, daß wir die Blinden klüger finden als die Sehenden?« Da sagte er: »Weil ihre Sehkraft nach innen hin gewendet wurde.« Aus diesem Grunde sagte auch *Ibn 'Abbâs:*

> Gott hat meinen Augen ihr Licht genommen,
> doch in meinem Herzen und meiner Mitte ist von ihnen Licht.
> Mein Herz ist scharfsinnig, und ungetrübt ist mein Verstand,
> und in meinem Mund ist eine Schärfe
> wie das Schwert, allen bekannt.

Es gehört auch zu den Besonderheiten das Folgende: Wenn die Menstruierende ihre Scham entblößt, werden die Regenwolken zerstreut, und wenn sie sich an einer Stelle niederlegt, bei der man Schaden durch Hagel fürchtet, dann ist diese vor einem solchen Schaden sicher. Man glaubt auch, daß die wilden Tiere vor ihr fliehen, wenn sie ihre Scham entblößt, und wenn sie den Gärten und den Bäumen nahekommt, verderben sie. Wenn sie an einem Gurkenfeld vorbeigeht, werden die Gurken bitter; wenn sie in einen polierten Spiegel schaut, wird er trübe, und wenn ein Mann ihr beiwohnt, verblödet er, und seine Lebenskraft, seine Frische und Schönheit nehmen ab. Wenn sie einen Epileptischen berührt, läßt seine Epilepsie nach, und wenn sie auf die abgestreifte Haut einer Schlange tritt, stirbt die betreffende Schlange. Wenn die Menstruierende das Kleinvieh hütet, kommt ihr der Wolf nicht nahe; wenn er sich aber nähert, schmerzt ihn sein

Bauch. Wenn ein Tuchfetzen mit ihrem Menstruationsblut an dem hinteren Ende eines Schiffes befestigt wird, ist es sicher vor den widrigen Winden. Und wenn einer, der das Quartanafieber (= Viertagefieber, Art der Malaria) hat, ein Hemd anzieht, das auf einer Frau war, die in Geburtswehen lag, und zwar bevor es gewaschen wurde, dann hört sein Fieber auf.

Zweite Art der Lebewesen: Die Dschinnen

Man glaubt, daß der Dschinn ein luftiges Lebewesen mit durchsichtigem Körper ist, in dessen Art es liegt, daß er verschiedene Formen annehmen kann. Die Menschen sind unterschiedlicher Meinung über die Existenzart der Dschinnen. Einige sind der Meinung, daß die Dschinnen und die Satane widerspenstige Menschen sind, und zwar sind das die Anhänger der (Lehre der) *Mu'tazila*[11]. Andere sind wiederum der Meinung, daß Gott der Erhabene die Engel aus dem Licht des Feuers, die Dschinnen aus seinen Flammen und die Satane aus seinem Rauch erschaffen hat, daß der Betrachter diese Formen nicht sehen kann und sie jede Form, die sie wollen, annehmen können; wenn sich aber ihre Form verdichtet, kann sie der Betrachter sehen.

Es wird überliefert, daß die Dschinnen in alten Zeiten vor der Erschaffung Adams Bewohner der Erde waren. Sie hatten sich über die Erde verbreitet, zu Lande und zu Wasser, im flachen Land und im Gebirge, und groß war die Wohltat Gottes ihnen gegenüber. Es gab bei ihnen das Königtum, das Prophetentum, die Religion und das religiöse Gesetz des Islam. Da übertraten sie die Gesetze, taten Unrecht und ließen das Vermächtnis ihrer Propheten im Stich, und es mehrte sich auf der Erde die Verderbtheit. Da schickte Gott der Erhabene ein Heer von Engeln zu ihnen, die sich auf der

Erde niederließen. Sie vertrieben die Dschinnen bis hin zu den äußersten Enden der Inseln und nahmen viele von ihnen gefangen – und einer derer, die gefangen wurden, war *'Azâzîl*, der zu dieser Zeit ein Knabe war. Er wuchs bei den Engeln auf und erwarb sich etwas von ihrem Wissen. Er nahm ihre Natur an, und so dauerte seine Zeit lange an, bis er zu einem Führer unter ihnen wurde. So blieb es nun für lange Zeit, bis sich zwischen ihm und Adam ereignete, was sich ereignete, entsprechend dem, was der Erhabene spricht: »DA FIELEN NIEDER ALLE ENGEL INSGESAMT, AUSSER IBLÎS« (15,30); er gehörte zu den Dschinnen.

Es sagte *Mudschâhid:* »*Iblîs* hat fünf Söhne, und er hat jeden einzelnen von ihnen für eine von seinen Angelegenheiten eingesetzt.« Er berichtet, daß ihre Namen sind: *Thabr* und al-A'war, Mabsût, Dâsim und Zalanbûr. Was nun Thabr betrifft, so herrscht er über die Unglücksfälle, gebietet über den Untergang und die Trauer um die Toten. Al-A'war ist Herr über den Ehebruch, über den er gebietet und den er in der Menschen Augen als schön darstellt. Mabsût herrscht über die Lüge, Dâsim tritt zwischen die beiden Ehepartner und sät den Haß zwischen ihnen, und Zalanbûr ist der Herr des Marktes, und seinetwegen hören die Marktleute nicht auf, gegeneinander zu streiten.

Vom Propheten – Gott segne ihn und gebe ihm Heil – wird über Abu Umâma berichtet: Als *Iblîs* zur Erde niederstieg, sagte er: »O Herr, du hast mich herabgeschickt und mich zu einem Verfluchten gemacht, so bestimme mir ein Haus.« Er sagte: »Das Badehaus!« – »Und bestimme mir einen Versammlungsort!« Da sagte Er: »Die Märkte und wo die Wege zusammenkommen!« Iblîs sagte: »Bestimme für mich eine Speise!« Gott sagte: »Alles das, worüber nicht der Name Gottes ausgesprochen wird!« – »Und bestimme auch für mich einen Trunk!« sagte Iblîs, und Gott sagte: »Alles das, was trunken macht!« Er sagte: »Und setze für mich einen Ausrufer fest!« Gott sagte: »Die Flöten!« – »Bestimme für mich einen Koran!« sagte Iblîs, und Gott sagte: »Die Dichtung!« – »Gib mir auch eine Schrift!« sagte Iblîs. »Das Brandmal!« sagte da Gott. »Und bestimme für mich eine Überlieferung!« sagte er. Da sagte Gott: »Die Lüge!« – »Bestimme für mich Fallstricke!« – »Die Frauen!« sagte Gott.

Über die erstaunlichen Listen des Satans

Vom Propheten – Gott segne ihn und gebe ihm Heil – wurde überliefert: Es gab einen Mönch im Volke Israel, dessen Name Barsîs war. Eines Tages ergriff nun der Satan ein Mädchen, ließ es in Raserei geraten und gab den Leuten ein, daß das Heilmittel bei dem Mönch zu finden sei. Da trugen sie das Mädchen zu ihm hin, er aber weigerte sich, es zu empfangen. Sie aber ließen nicht von ihm ab, bis er sie empfing. Sie war nun bei ihm, damit er sie behandle. Da kam der Satan zu ihm, flüsterte ihm ein, malte ihm die Annäherung an sie in den schönsten Farben aus und ließ nicht von ihm ab, bis er ihr beiwohnte. Da wurde sie von ihm schwanger. Satan flüsterte ihm nun ein: »Jetzt kommen ihre Leute zu ihr, und du wirst bloßgestellt, so töte sie und sage zu ihnen, sie sei gestorben!« Da tötete er sie und begrub sie. Satan kam nun zu ihren Leuten und berichtete ihnen, daß er sie schwanger gemacht, sie getötet und begraben habe. Da kamen ihre Leute zu dem Mönch und wollten ihn töten. Nun kam Satan zu ihm und sagte: »Ich bin es, der sie ergriffen hat, und ich bin der, welcher den Herzen ihrer Leute etwas eingegeben hat. So gehorche mir, damit du Glück hast und gerettet wirst. Wirf dich mit zwei Niederwerfungen vor mir nieder.« Da tat er es und wurde wegen Abfalls vom Glauben getötet. Gott der Erhabene spricht: »(Sie [die Heuchler] schmeckten das Unheil ihrer Sache, und es ward ihnen eine schwerliche Strafe –) gleich dem Satan, da er zum Menschen spricht: ›Sei ungläubig!‹ Und da er ungläubig gewor-

DEN, SPRICHT ER: ›SIEHE, ICH HABE NICHTS MIT DIR ZU SCHAFFEN; SIEHE, ICH FÜRCHTE GOTT, DEN HERRN DER WELTEN.‹« (59,16)

Hierher gehört auch, was von Jesus – Friede sei mit ihm – überliefert wird: Als er emporgehoben ward, hatte er Schüler, welche die Leute zum Glauben an die Einheit Gottes aufriefen. Die größten von ihnen waren vier: Markus, welcher der jüngste unter ihnen war, Johannes, der am demütigsten Gott verehrte, Matthäus, welcher der mittlere, und Lukas, welcher von ihnen der älteste war. Jeder von ihnen baute eine Einsiedelei, um darin Gott zu dienen. Da kam Satan plötzlich zu Markus, während er eine Lampe in seiner Hand hatte. Markus sagte zu ihm: »Wer bist du?« Er sagte: »Ich bin vom Messias zu dir und deinen Kameraden gesandt. Er sagt: ›Wehe euch, ihr wißt, daß ich den Blinden von seiner Blindheit befreie, den Aussätzigen heile und die Toten auferwecke. Wer so ist, ist ein Gott, wie könnt ihr mich nun des Menschentums zeihen?‹« Da stieg er herab aus seiner Einsiedelei, trat bei Johannes ein und berichtete ihm, was er vom Satan gehört hatte. Sie begaben sich dann zur Einsiedelei des Matthäus und erzählten ihm, was vom Satan gekommen war. Da sagte Matthäus: »Meine Seele hat schon so zu mir gesprochen, jedoch habe ich sie der Lüge bezichtigt.« Dann begaben sie sich zur Einsiedelei des Lukas und berichteten ihm dieses. Und er sagte zu ihnen: »Wahrlich, Jesus ist einer von dreien.«[12] Er rief die Leute dazu auf, so daß sie irregingen und in die Irre führten.

Es gehört auch hierher, was unter den Israeliten erzählt wird: Ein frommer Mann hörte, daß Leute einen Baum anbeteten. Da stand er auf und ergriff die Axt, um den Baum abzuschlagen. Und es näherte sich ihm *Iblîs* in der Gestalt eines alten Mannes und sagte: »Was willst du tun – möge Gott sich deiner erbarmen!« Er sagte: »Ich will diesen Baum abschlagen.« Da sagte *Iblîs* zu ihm: »Du hast deinen Gottesdienst gelassen und dich diesem hier gewidmet. Die Leute werden jedoch, wenn du ihn abschlägst, etwas anderes anbeten.« Da sagte er zu dem alten Mann: »Ich muß ihn unbedingt abschlagen!« *Iblîs* sagte: »Ich hindere dich daran!« Da kämpfte der Gottesdiener mit ihm, warf ihn auf die Erde und setzte sich auf seine Brust. *Iblîs* sagte zu ihm: »Laß mich frei, so daß ich mit dir reden kann«, und da ließ er ihn frei. Er sagte nun zu dem frommen Mann: »O du, Gott hat dich hiervon befreit. Er hat ja auf der Erde solche, die Ihm dienen, und wenn Er wollte, würde Er ihnen befehlen, den Baum abzuschlagen.« Da sagte der Gottesdiener: »Ich muß ihn abschlagen!« Er erklärte ihm den Krieg, und da besiegte ihn der fromme Mann ein zweites Mal und warf ihn zu Boden. *Iblîs* sagte nun zu ihm: »Wie wäre es, wenn du zwischen mir und dir etwas machen würdest, was besser für dich ist als dieses?« Da sagte der Gottesdiener: »Was ist das?« Er sagte: »Du bist ein armer Mann, vielleicht möchtest du aber deine Brüder und Nachbarn beschenken und möchtest, daß du der Menschen nicht bedarfst.« Er sagte: »Ja!« *Iblîs* sagte nun: »Ziehe dich von dieser Sache zurück, und dann verpflichte ich mich dir gegenüber, jede Nacht zwei Dinare unter deinen Kopf zu legen, daß du sie nehmen und für deine Familie ausgeben und davon Almosen geben kannst. Das wird dir und den Muslimen nützlicher sein, als diesen Baum abzuschlagen.« Da dachte der Gottesdiener nach und sagte: »Der alte Mann hat hierin recht.« Er sagte: »Schließe hierüber mit mir einen Bund!« Da schwor er zu ihm, und der Gottesdiener kehrte zu seinem Gottesdienst zurück. Als er nun am Morgen erwachte, sah er zwei Dinare unter seinem Kopf, und er nahm sie. So war es auch am zweiten Tag. Am dritten Tag aber und danach sah er nichts. Da wurde er zornig, ergriff die Axt und ging zu dem Baum. Da trat ihm *Iblîs* in der Gestalt jenes alten Mannes entgegen und sagte zu ihm: »Wohin?« Er sagte: »Ich gehe, um den Baum abzuschlagen!« Da sagte *Iblîs:* »Dazu wirst du keine Möglichkeit haben!« Da langte der Gottesdiener nach ihm, um ihn zu besiegen, wie er ihn vorher besiegt hatte. *Iblîs* sagte: »Weit gefehlt!« Und er nahm den Gottesdiener und warf ihn auf die Erde wie einen kleinen Vogel und sagte zu ihm: »Wenn du nicht von dieser Sache abläßt, dann schlachte ich dich ab!« Da sagte der Gottesdiener: »Gib mich frei und erzähle mir, wie du mich besiegt hast!« Er sagte: »Als du im Namen Gottes zornig wurdest, machte mich Gott dir dienstbar, jetzt aber bist du im Namen deiner Seele und der Welt zornig geworden, da warf ich dich nieder.«

Auch folgende Erzählung gehört hierher: Mazdak[13] nahm für sich das Prophetentum in Anspruch zur Zeit von Qubâd, dem König der Perser. Er machte die Besitztümer und die Frauen zum Gemeingut unter den Menschen, und es folgten ihm unzählig viele Menschen. Sein Sohn *Chosrau* aber bemühte sich um das Gute und tötete Mazdak und seine Genossen, zwölftausend an der Zahl, an einem einzigen Tag. Die Übriggebliebenen flohen und verbargen sich im Lande. Wenn einer von ihnen starb, begruben sie ihn und saßen die erste Nacht nach seinem Begräbnis Wache. Da kam einmal Iblîs zu ihnen in der Gestalt des Toten und sagte: »Ich komme zu euch, um von euch Abschied zu nehmen. Wisset, daß die Religion des Mazdak wahr ist.« Wenn also einer von ihnen plötzlich stirbt und bei ihm etwas hinterlegt worden ist, dann sagen sie zu dem Betroffenen: »Gedulde dich, er wird zu uns kommen, um sich zu verabschieden, dann werden wir uns bei ihm über das hinterlegte Gut erkundigen.«

Einige von den dämonenartigen Wesen

Das berühmteste unter ihnen ist die *Ghûl*, die Wüstendämonin. Man glaubt, daß die Ghûl ein unebenmäßiges, häßliches Lebewesen ist, welches von der Natur keine feste Form bekommen hat und das, wenn es von seinesgleichen abgesondert, nicht zahm wird. Es ist wild und sucht die öden Gegenden auf. Es hat Ähnlichkeit mit dem Menschen und dem

Vieh. Es erscheint dem, der alleine in der Nacht und zu einsamen Zeiten reist; und der glaubt, daß es ein Mensch sei. Es hindert den Reisenden daran, den richtigen Weg zu gehen. – Einige von ihnen sagen, daß Sternschnuppen die Teufel treffen, wenn sie heimlich lauschen wollen. Einige verbrennen davon, einige fallen ins Meer und werden zu Krokodilen, und einige fallen auf das feste Land und werden zu Ghûl. *Al-Dschâhiz* sagt, daß die Ghûl alle Arten von Dschinnen seien, die sich den Reisenden entgegenstellen und in verschiedenen Gestalten und Gewändern in Erscheinung treten. *Ka'b ibn Zuhair* sagt:

> Und sie bleibt nicht in dem Zustand, in dem sie sich befindet,
> so wie sich in ihren Gewändern verändert die Ghûl.

Zu diesen Wesen gehören auch die *Si'lât.* Das ist eine Art von dämonischen Wesen, die sich von den Ghûl unterscheiden. 'Abîd ibn Ayyûb sagt:

> Oh, eine, die über mich spottet! Wenn aber ihr Aüge
> sähe, was mir an Schrecken begegnet ist, würde sie sich verbergen!
> Ich pflegte die Nacht zu verbringen – wobei eine Si'lât und eine Ghûl sichtbar wurden – in einer Einöde, in der ansonsten die Nacht die Dschinnen verbirgt.

Meistens befindet sich die Si'lât im Dickicht. Wenn sie sich eines Menschen bemächtigen kann, läßt sie ihn herumtanzen und spielt mit ihm, so wie die Katze mit der Maus spielt. Ich sah einen Mann aus dem Lande Isfahîd, der berichtete, daß es bei ihnen viele von dieser Art gäbe, und man erzählte, daß der

Wolf sie manchmal in der Nacht erjagt und frißt. Wenn er sie nun zerrissen hat, erhebt sie ihre Stimme und sagt: »Gedenkt meiner, der Wolf hat mich gefressen!« Manchmal ruft sie auch: »Wer mich befreit, der bekommt hundert Dinare, die ich habe!« Die Leute wissen dann, daß dies die Worte der Si'lât sind, so daß niemand sie befreit und sie der Wolf frißt.

Auch die *Dalhâth* gehören dazu. Sie sind eine andere Art von dämonischen Wesen, die sich auf den Inseln der Meere befinden. Sie reiten in einer menschlichen Form auf einem Strauß, und sie essen das Fleisch der Menschen, die das Meer auswirft. Einige berichteten, daß der Dalhâth denen erschien, die auf dem Meer reisten. Er wollte sie ergreifen, sie aber kämpften gegen ihn. Da stieß er ihnen einen Schrei entgegen; sie fielen auf ihr Gesicht, und der Dämon ergriff sie.

Schiqq ist eine andere Art dämonisches Wesen. Seine Gestalt ist wie die Hälfte eines Menschen. Man glaubt, daß der Nasnâs aus dem Schiqq und dem Menschen zusammengesetzt ist. Er erscheint dem Menschen auf seinen Reisen. Man erzählt, daß 'Alqama ibn Safwan ibn Umayya eines Nachts auszog und schließlich zu einem Ort gelangte, der als Hûmân bekannt ist. Und siehe da, es erschien ihm Schiqq. Da sagte 'Alqama (zu sich selbst): »Wahrlich, ich bin des Todes, und mein Fleisch wird gegessen; ich schlag sie im Zwielicht, wie ein närrischer Jüngling schlägt!« Dann sagte 'Alqama: »O Schiqq, sage mir, wie ist es mit mir und mit dir? Stecke deine Schwertschneide weg von mir in die Scheide, sonst wirst du den töten, der dich nicht töten will!« Und Schiqq erwiderte: »Komm hierher! Ertrage gefaßt, was über dich verhängt worden ist!« Da schlugen sie sich gegenseitig und fielen tot hin. Es ist ja bekannt, daß der Dschinn den 'Alqama tötete. – Und Gott weiß über alles Bescheid.

Auch der *Mudhab*[14] gehört dazu. Einer der frommen Männer berichtete, daß sie einen Dämon hatten, den man Mudhab nennt, welcher ihnen diente und ihnen Wunder zeigen wollte. Nun kehrte bei einem der Frommen ein Gast ein und blieb einige Tage bei ihm. Er sah niemanden in der Einsiedelei des Frommen, doch sah er jeden Abend beim Fastenbrechen ein Feuer, eine Lampe und einen Tisch, auf dem sich Essen befand. Da wunderte sich der Gast und befragte den frommen Mann darüber. Dieser jedoch verweigerte ihm die Antwort. Er drang jedoch in ihn ein, und da sagte er zu ihm: »Wisse, daß dies seit einiger Zeit so ist, als nämlich ein Dämon zu mir kam, der wollte, daß ich ihn meine Wunder tun lasse. Ich wußte aber vom ersten Tag an, daß er ein Dämon ist.« Da verlöschte die Lampe, und das Essen verschwand. Und Gott weiß über alles Bescheid.

Erstaunliche Geschichten von den Dschinnen

Vom gesegneten Propheten wird nach *Dschâbir* überliefert: Satan setzt seinen Thron auf das Wasser. Dann läßt er seine Streifschar kommen, und die am größten sind im Zwistestiften, läßt er in der Sitzordnung nahe bei sich sein. Es kommt dann einer von ihnen und sagt: »Ich habe das und das getan«, und er sagt: »Du hast nichts fertiggebracht.« Dann kommt einer und sagt: »Ich habe nicht von ihm abgelassen, bis ich ihn und seine Leute auseinandergebracht habe.« Darauf sagt Satan: »Du bist der Richtige« und läßt ihn in seiner Nähe sein.

Hierzu gehört auch die folgende Erzählung:

Als Gott dem Salomon[15] – Friede sei mit ihm – die Dschinnen dienstbar machte, rief Gabriel – Friede sei mit ihm: »O ihr Dschinnen und Dämonen, seid, mit der Erlaubnis Gottes, Seinem Propheten Salomon, Sohn des David, willfährig.« Da kamen die Dschinnen und Dämonen heraus aus den Höhlen und Bergen, den Riffen und Wadis, den Wüsten und Dickichten, indem sie sagten: »Hier bin ich! Zu deinen Diensten!« Dann trieben die Engel sie zusammen, wie der Viehhirte auf dem Markt sein Vieh zum Handel zusammentreibt, bis sie versammelt waren, demütig und in Gehorsam zu Salomon.

Sie waren damals vierhundertzwanzig Scharen. Sie stellten sich vor Salomon auf, und er begann, ihre Gestalten und ihre sonderbaren Formen zu betrachten: Es gab weiße und schwarze, gelbe, blonde und schwarz-weiß gescheckte, in der Form von Pferden, Maultieren und wilden Tieren, und sie hatten Rüssel und Schwänze, Hufe und Hörner. Da warf Salomon sich vor Gott nieder und sagte: »O Gott, verleih mir Stärke, denn die Furcht macht es mir unmöglich, sie anzusehen.« Da kam Gabriel zu ihm und sagte: »Wahrlich, der Erhabene hat dir Macht über sie gegeben. Steh auf von deinem Platz!« Da stand er auf, und der Siegelring war an seinem Finger, und die Dschinnen und Dämonen fielen in Verehrung nieder. Dann hoben sie ihre Köpfe und sagten: »O Sohn des David, wir sind zu dir versammelt worden, und uns ist der Gehorsam zu dir befohlen worden.« Da begann Salomon ihnen Fragen zu stellen über ihre Religionen, ihre Stämme, ihre Wohnorte und ihre Speisen, und sie antworteten ihm. Dann sagte er zu ihnen: »Wie kommt es, daß ihr verschiedene Formen habt, da doch euer Vater ein einziger Dschinn war?« Sie sagten: »Die Verschiedenheit unserer Formen kommt von der Verschiedenartigkeit unserer Sünden und wie sich unser Vater in uns gemischt hat und wir uns mit seinen Nachkommen gepaart haben.« Da schaute sich Salomon um und sah die Rebellen, die auf Verderben sannen. Die Engel traten dazwischen mit Stangen, und die Rebellen wurden gefesselt. Dann wurden verschiedene Arbeiten an sie verteilt: die Herstellung von Eisen und Kupfer, das Schlagen von Steinen, Felsen und Bäumen und der Bau von Festungen. Ihren Frauen wurde befohlen, Rohseide, Seide und Baumwolle zu spinnen, Teppiche und Polster zu weben. Einigen wurde befohlen, Gebetsnischen und Bilder, Schalen, wie zum Beispiel Wasserbecken und feste Kochtöpfe, anzufertigen. Und sie machten für ihn Kochtöpfe von Steinen, und aus jedem dieser Töpfe konnten tausend Seelen essen. Ein Teil von ihnen wurde mit dem Mahlen des Mehles beschäftigt, ein Teil mit dem Brot und ein anderer Teil mit dem Schlachten und Enthäuten; ein Teil damit, in die Meere hinabzutauchen, um Edelsteine und Perlen hervorzuholen. Wieder ein anderer Teil war damit beschäftigt, Brunnen und Kanäle zu graben und die Flüsse zu teilen, und ein anderer Teil damit, die Schätze aus der Erde hervorzuholen, ein anderer mit der Mineralkunde und dem Gewinnen der Mineralien aus den Minen, ein anderer Teil wiederum wurde mit dem Bändigen schwieriger Pferde beschäftigt. – Jede ihrer Gruppen war also mit einer schwierigen Sache beschäftigt, damit ihr Verderbnisstiften vermindert und die Herrschaft Salomons stark werde.

Wahb ibn Munabbih berichtete: Es begab sich häufig, daß die Dämonen, wenn Salomon Wasser trank, finster in sein Gesicht schauten und er sie nicht sah, da der Krug ihn daran hinderte. Das mochte er nun an ihnen nicht, und da machte Sachr al-Dschinnî die Gefäße[16], aus denen er zu trinken pflegte, für ihn aus Glas, und diese hinderten ihn nun nicht mehr daran, die Dämonen zu sehen. Dann befahl Salomon ihm, eine Stadt aus dem Glas zu machen, deren Ritzen und Mauern nichts verbergen. Da baute er eine Stadt in der Länge und Breite des Heerlagers des Salomon, und für jeden von den Stämmen baute er ein Schloß in einer Länge von tausend Ellen und einer ebensolchen Breite. In jedes Schloß baute er einen runden Hof, Versammlungsorte und Häuser und Zimmer für die Männer und die Frauen. Dann baute er einen Versammlungsraum in einer Länge von tausend Ellen und einer ebensolchen Breite, worin die Gottesgelehrten und Richter sich versammeln sollten. Daraufhin baute er für Salomon ein hohes, wunderbares Schloß in einer Länge von fünftausend Ellen und einer ebensolchen Breite, und er verzierte es mit verschiedenen Arten von Glas und besetzte es mit verschiedenen Arten von Edelsteinen. Salomon pflegte nun, wenn er mit seinem Teppich auf dem Wind in diese Stadt hineinritt, alles, was auf seinem Teppich war, als etwas zu sehen, was aus der Stadt hervorschien, wegen der Klarheit des

Glases – bis hin zu den Köchen, Bäckern und allen, die auf seinem Teppich ritten: Dschinnen und Menschen, Pferde, Diener und Fracht – es war alles vor den Augen des Salomon, und der Wind wehte leicht nach seinem Befehl, wohin auch immer er gelangen wollte.

Wahb sagte: Als Gott der Erhabene Salomon sein Königreich zurückgab, befahl er dem Sarsar-Wind[17], zu blasen, damit die Dämonen der Welt für ihn versammelt würden. Da sah Salomon sie in erstaunlichen Formen: Da waren solche, die ihre Köpfe auf dem Rücken hatten und aus deren Mündern Feuer kam, solche, die den Kopf eines Löwen und den Körper eines Elefanten hatten. Und Salomon sah auch einen Dämon, dessen eine Hälfte die Form eines Hundes und dessen andere Hälfte die Gestalt einer Katze hatte und der einen langen Rüssel trug. Da sagte er: »Wer bist du?« Er sagte: »Ich bin Mahrân ibn Hafân ibn Fîlân.« Salomon sagte: »Was sind deine Tätigkeiten?« Er antwortete: »Meine Angelegenheiten sind die Gesänge, das Pressen des Weines, das Weintrinken; und ich preise den Kindern Adams das Trinken und den Gesang in verlockenden Farben an.« Da befahl Salomon, ihn zu fesseln. Dann ging ein anderer an ihm vorbei: Er war von häßlicher schwarzer Gestalt, bellte wie ein Hund, und das Blut tropfte aus jedem seiner Haare auf seinen Körper. Da fragte ihn Salomon: »Wer bist du?« Er sagte: »Ich bin Halhâl ibn Mahlûl.« Salomon sagte zu ihm: »Was ist deine Angelegenheit?« Er sagte: »Das Vergießen von Blut«. Da befahl Salomon, ihn zu fesseln. Er aber sagte: »O Prophet Gottes, fessle mich nicht, ich will nämlich bei dir die Gewalthaber der Erde zusammentreiben, und ich gebe dir das Versprechen und schließe mit dir einen Vertrag, daß ich in deinem Königreich kein Blut vergießen werde.« Da nahm er ihm das Versprechen ab und machte mit ihm den Vertrag, drückte ihm das Siegel auf den Nacken und entließ ihn.

Und es ging ein anderer an ihm vorbei in der Gestalt eines Affen. Er hatte Fingernägel wie Sicheln und hielt eine Harfe.

Salomon sagte zu ihm: »Wer bist du?« Er antwortete: »Ich bin Murra ibn al-Hârith.«[18] Da sagte er zu ihm: »Was ist deine Angelegenheit?« Der Dämon sagte: »Ich bin der erste, der diese Harfe und das Spielen auf ihr erfunden hat, und niemand findet die Süßigkeit des Zeitvertreibs, es sei denn durch mich.« Da befahl Salomon, ihn zu fesseln.

Es sagte Dscharîr ibn Abdallâh al-Badschalî: Ich reiste zum gesegneten Propheten Gottes hin. Am Abend war ich in einem Wadi ganz alleine, und siehe da, eine Person stellte sich mir entgegen und sagte dann zu mir: »Geh weiter!« Ich sagte: »Und bin ich sicher?« – »Ja!« sagte er. Da ging ich mit ihm weg zu einer Gemeinschaft von alten und jungen Leuten. Da sagten sie: »Ein menschliches Wesen! Ein menschliches Wesen!« Und sie sagten: »Rezitiere uns Verse!« Da rezitierte ich für sie (das berühmte Gedicht): »Nimm Abschied von Huraira, denn die Karawane zieht fort.« Sie lachten und sagten: »Das ist Dichtung von Misdschâl! Rufe ihn, o Jüngling!« Da näherte sich jemand, der aussah wie eine Lanze und dessen Kopf wie ein Wasserkrug war. Sie sagten zu ihm: »Dies ist ein menschliches Wesen. Er hat uns von deiner Dichtung rezitiert.«[19] Dscharîr sagte: Da erzählte ich ihnen bis zum Morgen, und sie lehrten mich das Gedicht: »Meine Sippe hat es erfahren und weiß es bis heute ...« Als ich nun beim Propheten ankam und ihm dieses berichtete, sagte er: »Erzähle es den Leuten!«

In einer Zusammenkunft bei *'Umar ibn al-Chattâb* ergab es sich, daß die Dschinnen erwähnt wurden. Da sagte ein Mann von Balhârith: Ich zog aus als einer von zehn Leuten; wir wollten nach Syrien gehen. Nun blieb ich hinter meinen Gefährten zurück, bis mich die Dunkelheit in Verwirrung brachte. Da wurde mir ein Feuer sichtbar. Ich strebte darauf zu, und siehe da, ich war bei einem Zelt, vor dem sich ein schönes Mädchen befand. Da sagte ich zu ihr: »Was machst du an diesem Ort?« Sie sagte: »Ich bin ein Mädchen von Fazârah. Ein 'Ifrît hat mich geraubt, der sich in der Nacht vor mir verbirgt und am hellen Tag zu mir kommt.« Da sagte ich zu ihr: »Geh mit mir fort!« Sie aber sagte: »Ich fürchte meinen Untergang!« Da überredete ich sie, ließ sie meiner Kamelin aufsitzen und begann davonzugehen. So zogen wir dahin, bis der Mond aufging. Da drehte sie sich um, und siehe da, es war da ein gewaltiger Strauß, auf dem sich ein Reiter befand. Sie sagte: »Das ist er! Er hat uns erreicht! Was sollen wir tun?« Ich feuerte die Kamelin an, stieg von ihr ab, zog Linien um sie herum, rezitierte Koranverse und nahm meine Zuflucht zu Gott. Da kam er heran und begann zu rezitieren:

O du, den das Schicksal zur Vernichtung herbeiruft,
laß ab von der Schönen in Milde, dann ziehe dahin!
Wahrlich, ich bin ein Mann, der über den Untergang herrscht, so ergib dich!

Ich antwortete ihm und sagte:

O du, den zur Vernichtung die Torheit herbeiruft,
laß ab von der Schönen in Milde und geh fort!
Habe ich doch keine besondere Liebe für die Dschinnen!

Da sprang er auf mich zu in einer schwarzen Gestalt, und wir rangen miteinander. Keiner von uns gewann die Oberhand über den anderen. Da sagte er zu mir: »Ist dir daran gelegen, eines von drei Dingen zu erlangen?« Ich sagte: »Was sind diese?« Er sagte: »Du schneidest meine Stirnlocke ab und wendest dich von dem Mädchen ab!« Ich aber sagte: »Deine Stirnlocke ist für mich die schändlichste Sache!« Er sagte: »Dann nimm, was du willst, von den Kamelen!« Aber ich erwiderte: »Ich verkaufe meinen Glauben nicht für weltliche Güter!« Er sagte: »Dann will ich dir dienen, solange du lebst.« Ich aber sagte: »Ich bedarf deines Dienstes nicht!« Da rezitierte er:

Mein Körper schwindet dahin, während die Liebe
abträgt, was neu an ihm war,
doch es schwindet nicht von mir – wenn auch mein
Körper schwindet – meine Leidenschaft!
Über dir sei der Segen Gottes, o Da'd, solange als
wehen
die östlichen Winde in al-Ghûr am Tage, und im
Nadschd!

Dann zog ich mit ihr dahin zu ihren Leuten. Sie verheirateten sie mit mir, und ich hatte Kinder von ihr.

Es berichtete ein Hirte: Er ließ sich in einem Wadi mit seinem Vieh nieder. Da raubte der Wolf ein Schaf von seiner Herde. Da stand er auf, erhob seine Stimme und rief: »O Bewohner des Wadis!« Und er hörte eine Stimme, die sagte: »O Wolf, gib ihm sein Schaf zurück!« Da kam der Wolf mit dem Schaf, ließ davon ab und ging fort.

Ibrâhîm ibn al-Mahdi ibn al-Mansûr berichtet: Muhammad al-Amîn war zornig über ihn. Er übergab ihn dem Diener Kauthar, und der sperrte ihn in ein Kerkergewölbe ein und schloß die Tür hinter ihm ab. Ibrâhîm war ohne seinesgleichen in der Gesangskunst. Er sagte: »Ich verweilte im Kerkergewölbe eine Nacht, und als es Morgen war, siehe, da war ein alter Mann da, der aus einer Ecke des Gewölbes hervorkam. Er gab mir etwas Gutes und sagte: ›Iß!‹ Und da aß ich. Dann holte er eine Flasche hervor und sagte: ›Trink!‹ Da trank ich. Dann sagte er: ›Singe für mich!‹ Ich sagte:

Eine Frist ist mir gesetzt, die beendet werden
muß –
eine bestimmte – und wenn sie vollendet ist, bin ich
tot.
Wenn mich der reißende Löwe angreifen würde,
wahrlich, dann würde ich ihn bewältigen, wenn die
Zeit noch nicht gekommen wäre.

Da hörte Kauthar meine Stimme. Er ging zu al-Amîn und sagte: ›Wahrlich, dein Onkel ist verrückt geworden. Er sitzt da und singt das und das.‹ Da befahl er, mich in seine Gegenwart zu bringen. Ich erzählte ihm die Geschichte, und da hatte er Wohlgefallen an mir und befahl, mir siebenhunderttausend Dirham zu geben.«

Dritte Art der Lebewesen: Die Reittiere

Diese Art unter den Vierbeinern hat die schönste Gestalt und ist von größtem Nutzen. Weil der Mensch einen zarten Körper hat, langsam geht und viele Feinde von seiner eigenen und anderer Art hat und weil es seinen Bewegungsmöglichkeiten daran ermangelt, dem zu entsprechen, was er bei Vorhaben und Flucht erstrebt, hat die göttliche Weisheit die Erschaffung dieser Art von Lebewesen bestimmt und zeigte dem Menschen den Weg zu ihrer Unterwerfung und wie er entsprechend seiner Vorhaben über sie verfügen könne, damit sie bei ihm die Stelle der Flügel, wie bei den Vögeln, und der vier Füße, wie beim Vieh und den Reittieren, vertreten. Und der Erhabenste aller Sprecher spricht: »Und (Er erschuf) die Pferde, die Maultiere[20] und die Esel, auf dass ihr auf ihnen reitet und zum Schmuck.« (16,8)

Man glaubt, daß ihre Ohren mit verschiedenen Bewegungsmöglichkeiten über ihrem Kopf geschaffen wurden, damit das Ohrloch verschiedenen Seiten gegenüberstehen kann. So kann die Luft hineingebracht werden, auf daß sich ein größerer Nutzen des Hörens ergibt. Weil nun das Pferd ein schärferes Wahrnehmungsvermögen hat als der Esel, sind seine Ohren kleiner als die Ohren des Esels geschaffen worden, sein Schwanz jedoch länger als der Schwanz des Esels. Dem Pferd genügen nämlich weniger Schallstöße als dem

Esel, weil das Pferd ein reines, der Esel aber ein getrübtes Wahrnehmungsvermögen hat. So verhält es sich auch mit der Länge seines Schwanzes: Sein Wahrnehmungsvermögen in bezug auf die Stiche des Geziefers ist größer als das des Esels; so wurde ihm die Möglichkeit eines langen Schwanzes gegeben, damit es damit das Geziefer von seinem Körper wegjagen kann.

Weil man von den Reittieren das Umherreisen verlangt, sind ihre Hufe hart, damit sie viel auf ihnen laufen können – aber auch, damit sie mit ihnen den Feind abwehren können. – Jedes Tier nun, das einen Huf hat, hat kein Horn, weil die Hornsubstanz für beide zusammen nicht ausreicht, und jedes Tier, das ein Horn hat, hat keinen ganzen Huf, sondern einen gespaltenen Huf, denn für diese beiden zusammen reicht die Substanz aus. So sind für das Reittier die Werkzeuge des Laufens und der Verteidigung vollkommen gemacht – und gelobt sei Der, Welcher jedem Ding gibt, was es verdient, nicht weniger und nicht mehr. – Wir werden jetzt berichten, was mit den verschiedenen Klassen von Reittieren in Zusammenhang steht. – Und Gott ist Derjenige, Der den Erfolg verleiht.

Das Pferd

Das Pferd ist nach dem Menschen das schönste Lebewesen an Gestalt, das stärkste unter den Reittieren im Lauf und das klügste von ihnen. Es hat lobenswerte Eigenschaften und erfreuliche Charaktermerkmale. Dazu gehört die Schönheit seiner Gestalt, die Ausgewogenheit seiner Körperteile und Gliedmaßen, die Reinheit seiner Farbe, sein schneller Lauf und sein schöner Gehorsam gegenüber seinem Reiter: Wie auch immer er es wendet, fügt es sich ihm.

Es gibt Pferde, die nicht urinieren und keinen Mist lassen, solange der Reiter auf ihnen ist. Es gibt solche, die man

Dschaukânî nennt. Das ist ein Pferd, auf dessen Rücken man mit dem Ball spielt. Es ist nicht nötig, daß es der Reiter lenkt, vielmehr ist sein Auge bei dem Ball: Jedesmal, wenn es den Ball sieht, läuft es hinter ihm her. Es gibt auch Pferde, die ihren Herrn kennen, und einem andern ist es nicht möglich, sie zu reiten. Es gibt auch solche Pferde, die der Gazelle nachfolgen, bis ihr Reiter die Gazelle mit dem Schwert geschlagen hat.

Muhammad ibn Sâ'ib al-Kalbî sagte: Die tänzelnden, edlen Pferde, welche Salomon vorgeführt wurden, waren tausend Pferde, die er von seinem Vater geerbt hatte. Als sie ihm nun vorgeführt wurden, hielten sie ihn vom Nachmittagsgebet ab, »BIS SIE (= DIE SONNE) SICH HINTER DEM SCHLEIER VERBARG.« (38,31) Er schnitt ihnen die Kniesehnen durch, außer einigen Pferden, die ihm nicht vorgeführt worden waren. Es suchten ihn nun Leute vom Stamme Azd auf, welche mit ihm verschwägert waren. Als sie zurückkehren wollten, sagten sie: »O Prophet Gottes, unser Land ist weit, gib uns Versorgung, die uns dorthin gelangen läßt.« Da gab er ihnen eines von jenen Pferden und sagte: »Wenn ihr euch an einem Ort niederlaßt, dann spornt es an in bekannter Weise und sammelt Feuerholz. Ihr werdet nun kein Feuer entfachen, ohne daß es mit Essen gekommen ist.« Da zogen sie mit dem Pferd fort, und die Sache war so, wie er gesagt hatte – bis sie zu ihrem Land gelangten. Da nannten sie dieses Pferd »Wegzehrung des Reiters«. Man glaubt, daß die arabischen Pferde aus ihm hervorgegangen sind.

Das Maultier

Das Maultier stammt von dem Pferd und dem Esel ab. Wenn der Hengst ein Esel ist, hat es große Ähnlichkeit mit dem Pferd, und wenn er ein Pferd ist, hat es große Ähnlichkeit mit dem Esel. Es ist erstaunlich, daß alle Glieder des Körpers, über die es verfügt, (an Ausmaß) zwischen dem Pferd und dem Esel liegen. So ist es auch mit seinen Charaktereigenschaften: es besitzt nicht die Klugheit des Pferdes und auch nicht die Dummheit des Esels. Das Maultier hat unter den Tieren die längste Lebenszeit, wegen seiner wenigen Begattungen – so wie der kleine Vogel unter den Tieren die kürzeste Lebenszeit hat wegen seiner vielen Begattungen. – Es besteht kein Zweifel an der Unfruchtbarkeit des Maultieres, jedoch glauben einige Leute, daß das Junge nicht in der Gebärmutter sitzen bleibt, und einige sagen, daß es zwar sitzen bleibt, jedoch nicht heraustreten kann, weil die Öffnung zu eng ist, und so stirbt die Mutter. Deshalb versehen die Leute sie mit Amuletten, weil nämlich das männliche Tier, wenn es das weibliche bespringt, dieses schwanger macht und dieses dann bei der Geburt stirbt.

Der Esel

Der Esel ist ein Tier mit trägen Gliedern, von äußerster Fühllosigkeit und mit getrübten Fähigkeiten. Man glaubt, daß, wenn der Hund das Schreien des Esels hört, jenem der Rücken schmerzt, bis er vor Schmerz bellt. Man glaubt auch: Wenn jemand, den der Skorpion gestochen hat, auf einem Esel reitet, und zwar mit dem Gesicht zu seinem Schwanz hin, und der Esel dann dahinläuft, dann geht der Schmerz auf den Esel über. – Man sagt: Wenn man am Schwanz des Esels einen Stein befestigt, dessen Gewicht zwanzig *Mithqâl* beträgt, würde er nicht schreien, und auch nicht, wenn man seine Ohren verstopfen würde. *Apollonius* sagt im »Buch der symphathetischen Eigenschaften«: Es gehört zu den erstaunlichen Dingen, daß der Esel, wenn er einen Löwen sieht, auf der Stelle stehenbleibt, und manchmal läuft er auf ihn zu, bis er vor ihm stehenbleibt. Er glaubt nämlich, daß dies den Löwen von seinem Angriff abhält. Genauso ist es ja mit dem

Wolf, wenn er ein Schaf raubt; das Schaf läuft dann mit ihm dahin, so daß es ihm in seinem Lauf hilft, und es glaubt, daß dies ihn von seinem Angriff abhält. – Apollonius sagt auch: Wenn ein durstiges Schwein auf den Rücken eines Esels geladen wird und der Esel dann trinkt, stirbt das Schwein.

Vierte Art der Lebewesen: Die Weidetiere

Von dieser Art gibt es viele. Sie sind von großem Nutzen, sehr fügsam und willfährig beim Zahmwerden. Sie sind nicht so unverträglich wie die Reittiere und nicht so fordernd wie diese. Sie sind auch nicht scheu wie die reißenden Tiere und nicht engherzig wie diese. Sie haben keine starken Waffen wie die einhufigen Reittiere, keine Reißzähne wie die Raubtiere und keine Krallen wie diese, keine Stoßzähne und Stachel wie die Kriechtiere und Insekten. Ihre Sache ist es, beständig zu sein, Lasten zu tragen und geduldig zu sein bei Mühsal, Hunger und Durst. Weil nun der Nutzen, den der Mensch durch diese Tierart hat, groß ist, schuf Gott der Erhabene sie mit den Eigenschaften, die wir soeben erwähnt haben, damit ihre Nutzen leichter erlangt werden können. Gott der Erhabene spricht: »Sahen sie denn nicht, dass Wir unter dem, was Unsere Hände erschufen, das Vieh machten, über das sie Herren sind? Und Wir machten es ihnen unterwürfig, und auf dem einen reiten sie, von dem anderen essen sie.« (36,71/72) Er schuf ihnen die Hörner, um den Mangel an Hufen auszugleichen, und machte den gespaltenen Huf als Ersatz für den einfachen Huf. Deshalb hat nur dasjenige Tier, welches gespaltene Hufe hat, die Hörner – abgesehen von dem Nashorn, das beides zusammen hat, den einfachen Huf und das Horn. Die Hörner der Weidetiere wurden auf ihrem Kopf geschaffen, weil nämlich alles andere bis auf den Kopf entweder von den Sinnesorganen entfernt ist – so daß das Tier nicht sieht, was ihm nahe ist, auf daß es dies stoßen kann, oder weil es mit etwas anderem beschäftigt ist, wie zum Beispiel die Vorderbeine, oder weil es davon abgehalten ist, wie die beiden Flanken. Manchmal wird die Substanz von einer Stelle, an der sie von geringerem Nutzen ist, zu einer Stelle hingeleitet, wo sie von größerem Nutzen ist. So ist es zum Beispiel bei der Kuh, deren oberer Kiefer keine Zähne hat und bei der die Substanz für diese in das Horn geleitet worden ist, weil die Waffe nützlicher für die Kuh ist als die Zähne des Oberkiefers. Die Möglichkeit auszuweichen wird ja bei den Tieren entweder durch eine Waffe, durch Schutz- oder durch Fluchtwerkzeuge unterstützt. Wenn es nun einer Substanz ermangelt, ist eine andere dafür eingesetzt, so daß alles, was für das Tier zur Erhaltung seiner selbst und seiner Art nötig ist, vollständig vorhanden ist – so wie Gott der Erhabene es bestimmt hat.

Alsdann ist es bei der Gattung der Weidetiere, da ihr Fressen aus Gräsern besteht, so, daß die göttliche Weisheit für sie einen breiten Mund, scharfe Schneidezähne und harte Backenzähne bestimmt hat, damit sie das, was hart ist, wie Korn, Schalen und Kerne, zermalmen können. Da sie einer zusätzlichen Kraft bedürfen, um zu tun, was für sie erforderlich ist, wurde ihnen ein großer Magen geschaffen, damit in ihm eine große Menge Futter aufgenommen werden kann, die zu ihrer Ernährung ausreicht. Wenn sie dann genug haben, gehen sie zu ihren Ruheplätzen zurück und beginnen mit dem Wiederkäuen, damit das Gären durch die natürliche Hitze vorbereitet wird. Sie können zwischen dem Feinen und dem Schweren davon unterscheiden. Zu den bemerkenswerten Dingen gehört die Fähigkeit, welche Gott in ihren Backenzähnen erschaffen hat: Sie lassen in ihrem Tun bei Nacht und Tag nur um ein weniges nach – und wenn es auch scharfes Eisen wäre, sie würden es zermalmen und zerbröseln. Die Hitze nun, mit welcher Gott sie ausgezeichnet hat, macht trockenes Stroh zu

Blut und Fleisch. Gelobt sei Er! Wie groß von Bedeutung ist Er doch, und wie klar ist Sein Beweis!

Das Kamel

Die Kamele sind erstaunliche Tiere. Jedoch entfällt ihre Erstaunlichkeit den Augen der Menschen, weil sie sie so häufig sehen. Das Kamel ist ein Tier mit einem gewaltigen Körper und von großem Gehorsam: Es trägt die schwere Last und kniet damit nieder, und eine Maus kann seinen Zügel ergreifen und es lenken, wohin sie will. Es kann auf seinen Rücken etwas wie ein Haus nehmen, in dem der Mensch sitzen kann, mit seiner Speise, seinem Trank und seiner Kleidung mit den dazugehörigen Behältern, mit dem Polster, dem Kopfkissen und der Decke, so wie es in seinem Hause ist, und er nimmt sich auch ein Dach für das Haus, als ob er in seinem Haus wäre. Damit läuft das Kamel nun dahin, und deswegen spricht der Erhabene: »SCHAUEN SIE DENN NICHT AUF DIE KAMELE, WIE SIE GESCHAFFEN SIND?« (88,17) Es kann nun sein, daß das Kamel sich zehn Tage lang des Wassers enthält und dreißig Tage lang ohne Futter auskommt. Sein Hals ist lang gemacht, damit er im richtigen Verhältnis zu seinen Beinen steht, wenn es im Stehen weidet, damit es ihn zur Hilfe nehmen kann, wenn es sich mit einer schweren Last aufrichtet, und damit seine Lefzen den übrigen Teil seines Körpers erreichen können und es sich damit kratzen kann. Man sagt, daß das Kamel ein grollhegendes Tier sei: Wenn der Kameltreiber es schlägt, wartet es auf eine Gelegenheit, ihn zu erwischen – und sei es auch nach einiger Zeit –, um sich an ihm zu rächen. Es wird im Februar brünstig, und dann nimmt es nur sehr wenig Futter an. Es weiß dann auch nicht, was es trägt, und so trägt es die Last von zwei Kamelen oder gar von dreien. Man nimmt den Saft der Polei-Pflanze und träufelt ihn in seine Nase, und dann hört das bei ihm auf. Wenn das

Kamel krank ist, frißt es von der Eiche, und seine Krankheit hört auf. Wenn die Schlange es beißt, frißt es einen Krebs, der die Gefahr des Giftes von ihm abstößt. *Ibn Mâsawaih* hat gesagt: Deshalb glaubt man, daß der Krebs nützlich ist zur Abwehr der Gefahr des Schlangenbisses. – Man glaubt, daß das Kamel keine Galle habe, und niemand weiß, was der Brüllsack ist, den der Kamelhengst bei der Brunft herausstülpt.

Das Schaf

Gott hat die Gattung der Weidetiere gesegnet. Du siehst, daß sie in jedem Jahr ein Junges gebären. Man ißt davon, was Gott will, und doch ist die Erde voll mit ihnen – im Gegensatz zu den reißenden Tieren, die sechs oder sieben Junge gebären und von denen du in den verschiedenen Gegenden der Erde doch nur einzelne siehst.

Das Schaf ist ein gesegnetes, beliebtes Tier, und dies in dem Maße, daß man, wenn man einen Menschen lobt, sagt: Er ist einer von den Widdern. Zu den Merkwürdigkeiten gehört es, daß das Schaf keine Angst hat, wenn es den Elefanten, das Kamel und den Wasserbüffel sieht; wenn es aber den Wolf sieht, wird es von gewaltiger Furcht ergriffen – obwohl doch eines von den Körperteilen jener Tiere größer ist als der Wolf. Dies beruht nun nicht auf einer Erfahrung, sondern es liegt an dem, was Gott der Erhabene diesbezüglich in seiner Natur erschaffen hat. Ich habe gehört, daß Kleinviehherden, wenn sie am Ufer des Tigris mit dem Wolf in Berührung kommen, sich alle ins Wasser stürzen, bis sie in der Mitte sind. Wenn sie dann wieder sicher sind, gehen sie zu ihrem Platz zurück.

Das Erstaunlichste hierbei ist, daß du siehst, daß das Vieh in einer einzigen Nacht eine große Anzahl von Jungen zur Welt bringt. Dann schickt der Hirte am nächsten Tag die Mütter auf die Weide. Am Ende des Tages kommt er mit ihnen zurück und läßt den Müttern und den Kindern freie Hand. Dann geht jedes einzelne von ihnen zu seiner Mutter. Der Mensch aber erkennt die Mutter erst nach einigen Monaten!

In Indien wird eine Art von Schaf hervorgebracht, die einen Fetthöcker auf der Brust, zwei Fetthöcker auf der Schulter, zwei auf den Schenkeln und einen Fettschwanz hat.

Die Ziege

Die Ziege ist ein törichtes und dummes Tier. Deshalb sagt man, wenn man einen Menschen tadeln will: »Er ist einer von den Böcken«, das heißt: Er ist äußerst töricht und übelriechend. Die Ziege übertrifft das Schaf hinsichtlich der großen Menge ihrer Milch und der Stärke ihrer Haut. Die Haut der Ziege ist nämlich dick und die des Schafes dünn. Was der Ziege an Fettsteiß mangelt, ist ihr an Körperfett hinzugefügt, und deshalb sagt man: »Der Fettsteiß der Ziege ist in ihrem Bauch.« Schau du nun auf die Weisheit des erhabenen Schöpfers: Da Er die Haut des Schafes dünn erschuf, schuf Er ihm dicke Wolle zur Abwehr gegen die Kälte, und da Er die Haut der Ziege dick erschuf, schuf Er für sie nur Haare, so daß es dem Schaf mit der dicken Wolle und der dünnen Haut genauso ergeht wie der Ziege mit dem dünnen Haar und der dicken Haut. Der Geruch des Ziegenbocks ist sprichwörtlich geworden, denn sein ganzer Körper stinkt wie die Achselhöhle, im Winter und im Sommer. – Man berichtet, daß das Zicklein, wenn es das Löwenjunge sieht, nach und nach zu ihm hingeht, und, wenn es dann den Geruch des Löwenjungen riecht, ohnmächtig wird und wie tot hinfällt. Wenn sich das Löwenjunge dann von ihm entfernt hat, kehrt es zu seinem normalen Zustand zurück.

Der Büffel

Der Büffel ist ein kompaktes Tier, das nie schläft, das aber vielleicht für eine gewisse Zeit in der Nacht seine Augen schließt. Man glaubt, daß sich in seinem Gehirn ein Wurm befindet, der sich immerzu bewegt, so daß er nicht schlafen kann. Er wehrt alle Raubtiere von sich ab und tötet das Krokodil mit der Macht seines Körpers und seinem furchteinflößendem Leib. Deshalb läßt man am Rand des Nils die Büffel umherziehen, damit sie die Krokodile töten, wenn sie herauskommen. Er läuft auf den Löwen zu, mit leichtem Sinn, mit unerschütterlichem Herzen und unbeugsam. Sein Horn hat keine Schärfe, so wie es beim Horn der Kuh der Fall ist, ganz zu schweigen von der Schärfe der Krallen und der Reißzähne des Löwen. Wenn er nun dem Löwen überlegen sein kann ohne eigentliche Kampfwerkzeuge und der Löwe, der doch so starke Kampfwerkzeuge hat, unterliegt, dann ist das ein Wunder. Es gibt Leute, die glauben, daß der Büffel den Löwen besiegt, weil er ihn von sich wegschlägt, weiß er doch, daß der Feind ihn sich zum Essen machen will, ohne Schaden zu nehmen; doch ist ihm das nicht möglich. – Der Büffel hat am meisten von den Geschöpfen Gottes Angst vor der Wanze und flieht am schnellsten ins Wasser. Man glaubt, daß er, wenn man ihn an einen Olivenbaum anbindet, unterwürfig und demütig und sein Fuß kräftig wird. – Zu seinen besonderen Eigenschaften gehört es, daß er nie auf seine Mutter springt.

Die Giraffe

Im Persischen nennt man die Giraffe »Kamel-Kuh-Panther«. Ihr Kopf ist wie der Kopf des Kamels, ihr Horn wie das Horn der Kuh, ihre Haut wie die Haut des Panthers, ihre Beine sind wie zum Kamel gehörig, und ihre gespaltenen Hufe sind wie beim Rindvieh. Sie hat einen sehr langen Hals, lange Vorderbeine und kurze Hinterbeine, und ihre äußere Erscheinung kommt der des Kamels nahe; ihr Fell hat Ähnlichkeit mit dem des Tigers, und ihr Schwanz ist wie der Schwanz der Gazelle. Man sagt, die Giraffe stamme von der abessinischen Kamelin, der Antilope und der männlichen Hyäne ab; und zwar ist es so, daß in Abessinien das Hyänenmännchen die Kamelin bespringt, und dann bringt sie ein Junges zur Welt, dessen Gestalt zwischen der Gestalt der Kamelin und der der Hyäne liegt. Wenn nun das Junge dieser Kamelin ein Männchen ist und es sich mit der Antilope vereinigt, dann bringt diese die Giraffe zur Welt.

Taimâth al-Hakîm berichtete: In einer Gegend nahe dem Äquator versammeln sich im Sommer Tiere verschiedener Art, weil sie starken Durst haben, an den künstlichen Wasserstellen. Dann kommt es vor, daß eine Art eine andere bespringt und daraus an diesen Plätzen etwas wie die Giraffe, der Hyänenhund, das Isbâr[21] und ähnliches entsteht. Die Giraffe ist von merkwürdiger Art; außer der Eleganz ihrer äußeren Erscheinung und der seltsamen Art ihrer Erzeugung ist nichts von ihr bekannt.

Die Gazelle

Die Gazelle ist ein sehr scheues Tier. Wenn die Beduinen sie als erstes am Tag sehen, erblicken sie darin ein gutes Vorzeichen. Zu den klugen Verhaltensweisen der Gazelle gehört es, daß sie, wenn sie in ihren Unterschlupf hinein will, sich in einem Kreis bewegt, aus Angst um sich selbst und ihre Jungen. Wenn sie nun bemerkt, daß jemand sie sieht, geht sie nicht hinein. Zu den Merkwürdigkeiten der Gazelle gehört es, daß sie die frische Koloquinte frißt, wobei ihr deren Saft aus dem Mundwinkel rinnt, und sie findet das köstlich. Ebenso trinkt sie auch Wasser des tödlich bitteren Meeres.

Was die Moschus-Gazellen betrifft, so sind sie wie unsere Gazellen, außer daß sie zwei gebogene Eckzähne haben, wie der Elefant, die in der Länge von einer Spanne aus dem Kiefer hervortreten. Ihre Weidegründe sind in China, Tibet und Kirgisien. Sie weiden dort auf Hyazinthen, der Bahmanîn-Pflanze und auf Duftkräutern.

Die Tharziege[22]

Dies ist die Gebirgsziege. In den meisten ihrer Gebaren ist sie der Antilope ähnlich, nämlich darin, daß sie jedes Jahr die Hörner abwirft und Vipern frißt. Wenn ihr der Jäger folgt, stürzt sie sich vom Gipfel des Berges hinab, und wenn es auch zweitausend Ellen wären, so kommt sie auf ihren Hörnern zu stehen und bleibt unversehrt.

Man glaubt, daß in ihrem Horn zwei Löcher seien, mit denen sie atmet, und wenn diese verstopft würden, dann würde sie ersticken. Die Anzahl der Zähne bedeutet ihre Lebenszeit, so wie auch die Anzahl der Ringe ihrer Hörner. Wenn eine Schlange sie beißt, dann ißt sie Krebse und enthält sich in der Hitze des Hochsommers drei Tage und Nächte des Trinkens. Wenn die Bergziege hinter dem Wolf hergeht, hat sie eine Fehlgeburt.

Fünfte Art der Lebewesen: Die wilden Tiere

Diese Art der Lebewesen hat viel Ähnlichkeit mit den dämonischen Wesen, weil sich in ihnen Hochmut und Zornesmut, Engherzigkeit, viel Zersetzungswille, wenig Freundlichkeit und Mut zum Untergang befindet. Sie sind in ihren Eigenschaften und ihren Taten der Art der Weidetiere entgegengesetzt. Weil nun das Interesse des Menschen nicht darauf ausgerichtet ist, sie zu züchten, wie das bei den Weidetieren der Fall ist, hat Gott der Erhabene für sie die Möglichkeit des Nahrungserwerbs erschaffen durch Werkzeuge wie schnelles Laufen, Reißzähne und Klauen, Kraft, Mut und eine furchterregende Gestalt mit breitem Maul, mächtigem Hals, breiter Brust, schmaler Mitte und einem beweglichen unteren Teil. Wenn das nicht so wäre, wären sie nicht in der Lage, Nahrung zu erlangen. Weil es nun so ist, daß sie viel Verderben bringen, hat die göttliche Weisheit bestimmt, daß ihre Anzahl gering gehalten wird. Du siehst ja, daß sie in einem einzigen Bauch ein- oder zweimal im Jahr sechs oder sieben Junge hervorbringen. Jedoch bleiben in den verschiedenen Gegenden der Erde nur wenige von ihnen übrig. Wenn das nicht so wäre, wäre die Erde mit Raubtieren angefüllt, und wenn die gesamte Anzahl der Raubtiere so groß wäre wie die des Kleinviehs, würde das zu einer gewaltigen Vernichtung führen. Gelobt sei also Der, Dessen Weisheit die Verminderung des Schadens und die Vermehrung des Nutzens bestimmt hat, aus Güte und Erbarmen für Seinen Diener, da Er ja Macht hat über alles, was Er will – und Er ist gütig und wissend gegenüber Seinem Diener.

Der Schakal

Der Schakal ist ein Tier, das die Weinstöcke und Früchte verdirbt, indem es einiges davon ißt und anderes verdirbt. Man nennt den Schakal im Persischen Schaghâl. Wenn der Blick des Huhnes auf ihn fällt, kommt es zu ihm – und wenn es sich auch auf einem hohen Dach befände – und wirft sich vor ihn hin, bis er es frißt. Wir haben solches auch berichtet über den Esel und den Löwen, den Wolf und das Schaf. Das Erstaunliche ist, daß das Huhn, wenn es sich auf einem Baum befände und ein Hund, ein Fuchs oder eine Katze an ihm vorbeiginge, sich nicht einmal bewegen würde. Wenn aber der Schakal an ihm vorbeigeht, wirft es sich vor ihn hin. Selbst wenn es hundert wären, gingen sie zu ihm hin, auf daß er sie fresse.

Wenn nun der Schakal Wasservögel jagen will, sammelt er ein Büschel Gräser, wirft sie ins Wasser und bewegt sie, bis die Vögel damit vertraut sind und darauf zustoßen. Wenn er nun sieht, daß die Vögel damit vertraut geworden sind, beginnt er hinter ihnen herzugehen, und er erjagt von den Vögeln soviel er vermag.

Das Wiesel

Das Wiesel ist ein langes, dünnes Tier, das man im Persischen Râsû nennt. Es ist der Feind der Mäuse. Es dringt in ihren Bau ein und holt sie heraus. Es liebt Schmuck und Edelsteine, mit denen es spielt, und es ist ein Feind des Krokodils. Man berichtet: Das Krokodil hat immerzu das Maul geöffnet, und wenn das Wiesel es nun sieht, tritt es in das Maul ein, steigt in den Bauch des Krokodils hinab, zerreißt seine Innereien und frißt davon. Wenn nun das Krokodil stirbt, kommt das Wiesel heraus und geht weg. Es ist auch der Schlange ein Feind: Wenn es eine Schlange töten will, frißt es Raute, denn die Raute ist Gift für die Schlangen. Wenn nun die Schlange ihren Duft riecht, wird sie schwach, und dann überwältigt sie das Wiesel.

Es wird erzählt, daß eine Maus vor einem Wiesel floh und auf einen Baum hinaufkletterte. Das Wiesel folgte ihr so lange, bis sie am Ende des Zweiges angekommen war und ihr kein Zufluchtsort mehr blieb. Da stieg sie auf ein Blatt, klammerte sich an seinen Rand und ließ sich daran herunterhängen. Da konnte das Wiesel ihrer nicht habhaft werden, und es hörte nicht auf zu schreien, bis sein Partner zu ihm kam. Und dann brach das Wiesel das Blatt ab, an das sich die

Maus festgeklammert hatte. Da fiel sie herunter, und das andere Wiesel erjagte sie.

Der Löwe

Der Löwe ist unter den Raubtieren das mächtigste und hat den größten Mut, die gewaltigste Gestalt und bietet den furchterregendsten Anblick. Gott der Erhabene hat ihn ausgezeichnet mit einem großen Kopf und einem runden Gesicht mit weiten Kinnladen, mit scharfen Reißzähnen und Krallen, mit breiter Brust, mit dicken Vorderbeinen und leichtem Hinterteil und mit lauter Stimme. Er fürchtet niemanden, und nichts von den Tieren steht auf gegen ihn wegen seines starken Mutes. Man glaubt, daß er niemals von der Jagdbeute eines anderen frißt und daß er großmütig ist: Wenn er etwas erjagt hat, frißt er das Innere davon, läßt den Rest für einen anderen liegen und kehrt nicht zu ihm zurück. – Er liebt den Klang des Gesangs, des Tamburins und der Rohrflöte. Wenn er im Dunkel der Nacht ein Licht sieht, geht er dorthin. Dann legt sich die Heftigkeit seines Zornmutes, und seine Angriffslust mildert sich. Man behauptet, daß er es nicht auf den abgesehen hat, der sich demütig und unterwürfig verhält. Wenn er das Fleisch der Beute frißt, begehrt es ihn nach Salz, und er frißt welches. Wenn er krank ist, frißt er einen Affen, dann wird seine Krankheit beendet. Er ist selten frei vom Fieber, und deshalb nennt man das Fieber die Krankheit des Löwen. Deswegen sagt *Abu Tammâm:*

> Und wenn dich der Anfang einer Unpäßlichkeit erreicht hat,
> so ist es kein Wunder, daß der rotfarbene Löwe unpäßlich ist.

Wenn den Löwen ein Pfeil trifft und in seinem Körper bleibt, dann frißt er Zyperngras, und so kommt der Pfeil aus seinem Körper wieder heraus. Dies ist eine Besonderheit des Löwen, die keinem anderen zu eigen ist. Wenn er einen Kratzer oder ein Geschwür bekommen hat, versammeln sich auf ihm die Fliegen und lassen nicht eher von ihm ab, als bis sie ihn vernichtet haben. Er flieht vor dem weißen Hahn und vor dem Anschlagen der Trinkschale, und es fliehen vor seinem Gebrüll alle Tiere, außer dem Esel, denn der ist nicht imstande, weiterzulaufen. Der Löwe brüllt jedoch nicht, wenn er hungrig ist, so daß die Jagdbeute nicht davonläuft.

Die Löwin sucht beim Gebären ein feuchtes Gebiet auf, damit nicht die Ameisen ihre Jungen vernichten. Jedesmal, wenn sie ihre Jungen verläßt, löscht sie die Spuren ihrer Pfoten aus, damit man nicht durch die Spuren ihrer Pfoten zu ihren Jungen geleitet wird. Wenn der Löwe seinen Platz verläßt, läuft das Junge hinter ihm her, und wenn es einen Laut hört, erschrickt es und flieht. Der Löwe ergreift es dann in seinem Versteck und brüllt in sein Ohr wie der Donner. Dadurch erschrickt es nie wieder vor einem Laut. Es gibt unter den Raubtieren keines, das einen übleren Geruch hat als der Löwe. Seine Augen leuchten in der Dunkelheit wie Feuersbrand, und so ist es auch mit den Augen des Leoparden, der Katze und der Natter.

Man sagt, daß der Löwe vor aufgeblähtem Pergament flieht und daß er sich der menstruierenden Frau nicht entgegenstellt. Die Seeleute erzählen: Der Löwe kommt zum Schiffstau, während es auf einem Felsen oder einem Baumstumpf aufgerollt ist. Er weiß nun, daß jemand dorthin kommen muß, um das Schiff freizumachen. Er streckt sich lang aus, drückt sich fest an die Erde und macht die Augen zu, damit man nicht ihr Aufblitzen in der Nacht sieht. Wenn dann derjenige, welcher das Schiff freimachen will, kommt, stürzt er sich auf ihn und zerreißt ihn.

Der Tiger

Der Tiger ist ein indisches Tier. Er ist stärker als der Löwe, und zwischen dem Löwen und dem Tiger bestehen Feindseligkeiten. Wenn zum Beispiel der Tiger es auf den Leoparden abgesehen hat, dann kommt der Löwe dem Leoparden zur Hilfe. *Al-Dschâhiz* sagt: Wenn der Tiger getroffen worden ist, wird er rasend, und dann ist alles in Furcht vor ihm. Wenn der Tiger krank ist, erjagt er einen Hund und frißt ihn. Dann verschwindet seine Krankheit. Wenn er altersschwach geworden ist, greift er den Menschen nicht an – im Gegensatz zum Wolf –, auch nicht, wenn er hungrig wäre. – Wenn das Tigerweibchen die Geburtswehen überkommen, wirft sie ihre Jungen unter dem Pentaphylon-Baum. Sie säugt ihre Jungen jeden dritten Tag einmal und zieht sie mit der Ernährung von Eidechsen auf.

Der Fuchs

Der Fuchs ist ein trickreiches Tier, voller wundersamer Kniffe, der sich hin- und herwendet und voller List ist. Er macht für seinen Bau zwei Eingänge, so daß, wenn der Feind zu einer Tür hereinkommt oder ihm den Weg versperrt, er aus der anderen Tür herausgehen kann.

Jedes Jahr fallen dem Fuchs die Haare aus. Deshalb nennt man das Ausfallen der Haare beim Menschen »die Krankheit des Fuchses«. Der Fuchs ißt dann die »Fuchstraube«, die seine Haare wieder wachsen läßt. – Er wirft die Meerzwiebel um seinen Bau herum und schläft dann in Ruhe vor dem Wolf. Wenn nämlich der Fuß des Wolfes auf die Meerzwiebel trifft, stirbt er. – Wenn der Fuchs hungrig ist, wirft er sich in der Wüste hin und tut, als ob er tot sei. Er streckt seine Vorder- und Hinterbeine aus, bläht seinen Bauch und bläst ihn auf, so daß die Vögel annehmen, daß er seit Tagen tot sei.

Dann sammeln sie sich auf ihm, um ihn zu fressen. Er aber springt auf und erjagt sich etwas von ihnen. – Wenn der Beizvogel auf ihn niederstößt und ihn mit seinem Flügel schlägt, damit ihn der Hund ergreifen kann, wirft er sich hin und kratzt den Raubvogel heftig. Danach kommt ihm dieser dann nicht mehr nahe. Wenn es darum geht, einen Igel zu fressen, verfügt der Fuchs über eine erstaunliche List. Es ist nun so, daß der Igel, wenn der Fuchs auf ihn trifft, sich aufrollt und ihm seinen Rücken mit den Stacheln darbietet. Dann uriniert der Fuchs auf ihn, und wenn er das macht, überwältigt den Igel der Gestank. Er breitet sich also aus, und dann faßt ihn der Fuchs in den Weichteilen seines Bauches und frißt ihn.

Wenn er krank ist, frißt er die wilde Zwiebel, und seine Krankheit geht vorbei. – Wenn sich auf ihm Läuse bilden und er unter ihnen leidet, nimmt er einen Luffa oder einen Bausch Wolle in seinen Mund und stellt sich ins Wasser. Dann steigt er immer ein wenig mehr hinein, bis sich alle Läuse auf seinem Kopf versammelt haben. Er taucht dann nach und nach seinen Kopf ins Wasser, bis sich alle Läuse auf jenem Bausch Wolle zusammengefunden haben. Alsdann wirft er diesen weg und hat so Ruhe vor den Läusen.

Jemand erzählte: Ich ging an einem Fuchs vorbei, den ich mit aufgedunsenem und aufgeblasenem Bauch vorfand, und da dachte ich, daß er schon seit einigen Tagen tot sei. Ich ließ ihn liegen. Als sich ihm aber die Hunde näherten, wußte er, daß seine List den Hunden nicht verborgen bleiben könnte, und da sprang er auf und stieg in einen Baum hinein.

Der Bär

Der Bär ist ein mächtiges, dickes Tier, daß die Einsamkeit und Zurückgezogenheit liebt. Wenn der Winter kommt, geht er in seinen Bau hinein – das ist eine Höhle – und erscheint erst dann wieder, wenn das Wetter gut ist. Wenn er nun hungrig ist, saugt er seine Vorderpfoten und Hinterpfoten und beißt sie. Dadurch vertreibt er seinen Hunger. Wenn nun der Frühling beginnt, kommt er dick heraus.

Er bekämpft das Rind. Wenn er es auf das Rind abgesehen hat, das ihn stößt, wirft er sich nieder, ergreift mit seinen Vorderpfoten dessen beide Hörner, hält sie ganz fest und besiegt das Rind.

Wenn sich für die Bärin die Zeit der Geburt nähert, sucht sie sich einen schwarzen Stein, den der Blitzschlag getroffen hat, denn er erleichtert ihr das Gebären. Wenn sie aber einen solchen nicht findet, stellt sie sich gegenüber dem Kleinen Wagen hin, der auch der Kleine Bär genannt wird. Dann wird ihr das Gebären erleichtert. Wenn die Bärin Junge geworfen hat, sind diese Jungen wie Stückchen Fleisch, deren Form nicht klar erkennbar ist. Sie leckt sie nun fortwährend, bis sich bei ihnen die Form der Gliedmaßen zeigt. Sie bewegt ihre Jungen jeden Augenblick von einem Platz zum anderen fort, aus Angst vor den Ameisen, denn die Ameisen ersticken sie. Wenn nun ihre Körper sich verfestigt haben, läßt sie sie an einem Platz verbleiben. – Manchmal verläßt sie ihre Jungen und säugt die Jungen der Hyäne. Deshalb sagen die Beduinen: Soundso ist dümmer als ein Dschahîz, das ist nämlich das Bärenweibchen. Außer dem Löwen kann keines unter den wilden Tieren den Bären besiegen.

Jemand erzählte, daß ein Löwe es auf ihn abgesehen hatte. Er sagte: Da suchte ich Zuflucht bei einem Baum und kletterte ihn hinauf. Und siehe, da befand sich auf einem seiner Zweige ein Bär, der Früchte pflückte. Als der Löwe sah, daß ich den Baum hinaufgeklettert war, machte er sich darunter ein Lager, darauf wartend, daß ich herabsteigen würde. So saß ich zwischen dem Löwen und dem Bären. Da sah ich zu dem Bären hin, und siehe da, er deutete mit seinem Finger auf seinen Mund, das bedeutete: Sage nichts, damit der Löwe nicht weiß, daß ich im Baum bin. Ich hatte ein kleines Messer bei mir, und damit begann ich nun den Zweig, auf dem der Bär war, nach und nach durchzuschneiden. Der Bär schaute zu mir hin und wußte nicht, wie er sich die Sache erklären solle – bis ich dann das meiste durchgeschnitten hatte: Da brach das übrige durch das Gewicht des Bären durch, und er fiel auf die Erde. Nun stürzte sich der Löwe auf ihn, und sie rangen eine Zeitlang miteinander. Dann überwältigte ihn der Löwe, fraß ihn auf und ging davon.

Die Katze

Die Katze ist ein zahmes, schmeichelndes Tier, das Gott der Erhabene zur Abwehr der Mäuse erschuf. Es wird berichtet, daß die, welche in der Arche Noahs – Friede sei mit ihm – waren, durch die Mäuse Schaden erlitten. Da strich Noah mit der Hand über die Stirn des Löwen, und da nieste dieser aus seinen beiden Nasenlöchern ein Katzenpaar aus. Deshalb siehst du in der Katze das Tier, das dem Löwen am ähnlichsten sieht. Sie liebt die Reinlichkeit und bestreicht ihr Gesicht mit ihrem Speichel, und wenn ein Teil ihres Körpers beschmutzt ist, hört sie nicht eher auf, bis es gesäubert ist. Wenn der Kater erregt ist, bekommt er starke Schmerzen davon, daß ihn das Sperma sticht, und dann schreit er so lange, bis die Partnerin seinen Schrei hört. Sie bedarf ebenfalls der Abgabe dieser Substanz, die sie beherrscht, und so decken sie ihrer beider Bedürfnisse. Wenn die Katze geboren hat, überkommt sie großer Hunger, und wenn sie nichts findet, was sie fressen kann, frißt sie ihre Jungen.

Die Katze begräbt ihren Kot, damit niemand ihn sieht. Man sagt, daß sie das tut, damit die Mäuse ihn nicht riechen und sich dann auf die Flucht begeben. Deshalb riecht die Katze nach ihm, wenn sie ihn begräbt, und wenn sie seinen Geruch noch empfindet, tut sie mehr Erde darauf.

Wenn die Maus auf dem Dach entlanggeht, wirft die Katze

sich nieder und bewegt ihre Vorderbeine und Hinterbeine, damit die Maus sie sieht. Die fällt dann vor Angst vom Dach hinab. Wenn die Katze nun eine Maus erjagt hat, spielt sie eine Zeitlang mit ihr. Manchmal läßt sie sie dann frei, so daß sie sich auf die Flucht begeben kann und im Glauben ist, daß sie gerettet sei. Dann stürzt sich die Katze auf die Maus und ergreift sie. Sie gaukelt ihr ständig Sicherheit vor, läßt ihr Kummer und Betrübnis zukommen und ergötzt sich an ihrer Peinigung. Dann frißt sie die Maus. – Gott der Erhabene hat in die Natur des Elefanten die Furcht vor der Maus gelegt.

Das Sîrânas

Man sagt, daß das Sîrânas ein Tier ist, das man in den Dickichten Kabûls und Zabulistâns vorfindet. Es hat in der Röhre seiner Nase zwölf Löcher. Wenn es atmet, hört man von seinem Atmen den Klang der Mizmâr[23], und man glaubt, daß die Mizmâr nach der Röhre der Nase dieses Tieres benannt worden ist. Immerfort versammeln sich bei ihm die Vögel, die wilden Tiere und andere, weil sie diesen Klang hören. Manchmal werden sie durch die Süßigkeit dessen, was sie hören, verwirrt. Wenn nun das Sîrânas ihre Ohnmacht sieht, erjagt sie von ihnen, was sie will. Wenn sie aber nichts von ihnen als Jagdbeute mag, wird sie ärgerlich über sie alle. Und dann stößt sie einen furchtbaren Schrei aus, vor dem sie alle fliehen.

Das Schâdewâr

Dies ist ein Tier, das man am äußersten Ende des byzantinischen Gebietes vorfindet. Man nennt es auch Ars. Es hat ein Horn, und dieses Horn hat zweiundvierzig hohle Abzweigungen. Wenn nun der Wind weht, sammelt sich die Luft darin, man hört daraus einen Laut von äußerstem Wohlklang, und die Tiere versammeln sich um es herum, um diesen Klang zu hören. Es wird berichtet, daß ein Horn dieses Tieres einem König als Geschenk dargereicht wurde. Er hielt es, während der Wind wehte, in seinen Händen. Da kam aus ihm ein solcher Klang, daß sich vor Entzücken seine Ohren beinahe verwirrten. Dann legte er es umgekehrt herum, und da kam aus ihm ein so trauriger Klang hervor, daß die Menschen beim Anhören dessen beinahe das Weinen überwältigte.

Die Hyäne

Man nennt sie im Persischen Kaftâr. Sie ist ein Tier von häßlichem Aussehen und in geringer Anzahl vorhanden. Sie deckt die Gräber auf und gräbt den Leichnam aus. Die Beduinen glauben, daß sie nur das Fleisch der Helden frißt, und deshalb sagt ʻAbdallâh ibn az-Zabîr:

Zerreiße mich und zerre mich, Hyäne, und freue dich
am Fleisch eines Mannes, dessen Auge keinen Schlaf gesehen hat!
Begrabt mich nicht – mich zu begraben ist euch verboten!
Vielmehr, freue dich, o Umm ʻÂmir!

Umm ʻÂmir ist ein Beiname der Hyäne, und »Scheißerin« ist auch ihr Name. Man sagt, daß die Hyäne männliche und weibliche Werkzeuge hat: Sie ist in einem Jahr männlich und im anderen weiblich. – Zwischen der Hyäne und dem Hund besteht eine Feindschaft. Man sagt: Wenn der Schatten der Hyäne auf den Hund fällt, ist er nicht mehr imstande weiterzugehen, so daß die Hyäne kommt und ihn frißt. Wenn die

Hyäne krank ist, frißt sie das Fleisch des Hundes, und ihre Krankheit hört auf. Zwischen der Hyäne und dem Wolf besteht Freundschaft. Wenn der Hyänenrüde die Wölfin bespringt, kommt sie mit Jungen nieder, die man Hyänenhunde nennt. Sie haben eine seltsame Form, die zwischen der des Wolfes und der der Hyäne ist. Wenn der Wolf die Hyäne bespringt, bringt sie auch Junge zur Welt, und diese nennt man 'Isbâr. – Man glaubt, daß die Hyäne keine Schwächen kennt und, wie die Schlange, nicht eines natürlichen Todes stirbt, sondern daß sie durch einen Unglücksfall stirbt. Man berichtet auch, daß der Wolf, wenn die Hyäne stirbt, ihre Jungen aufzieht. Unter den Beduinen gibt es Leute, die man die »Hyänigen« nennt: Wenn einer von ihnen in einer Karawane wäre, in der sich tausend Leute befänden, hätte es die Hyäne auf keinen anderen als nur ihn abgesehen. – Man sagt, daß die Hyäne, so wie sie ist, »gekocht« ist. Ihre Körperflüssigkeit und ihr Fett sind für alle Winde und kalten Krankheiten von Nutzen.

Der Gepard

Der Gepard ist ein Tier von schlanker Gestalt, mit starkem Zornesmut, das weite Sprünge machen kann, viel schläft und gegenüber dem Menschen zahm werden kann, im Gegensatz zum Leoparden. Einige sagen, daß der Gepard vom Löwen und dem Leoparden abstamme, so wie das Maultier vom Pferd und vom Esel abstammt. – Die wilden Tiere lieben den Geruch des Geparden, und der hat eine Vorliebe für den Löwen, was seine Beute betrifft. Wenn nämlich der Löwe gefressen hat und fertig ist, frißt der Gepard das, was er übriggelassen hat.

Al-Dschâhiz sagt: Wenn der Gepard fett wird, weiß er, daß er sich schwer bewegt und daß er verfolgt wird. Er weiß, daß sein Geruch dem Löwen und dem Leoparden angenehm ist.

So verbirgt er sich, bis die Zeit, in der die Geparden fett werden, vorbei ist, und er geht dann kaum jemals mit dem Wind, damit der Wind seinen Geruch nicht zum Raubtier trägt. Wenn der Gepard krank ist, frißt er das Fleisch des Hundes, wodurch seine Krankheit verschwindet. Er liebt schöne Klänge und horcht auf sie. – Vom Geparden und dem Bären wird ein Tier von eigenartiger Gestalt hervorgebracht, das man Kûschâl nennt.

Der Affe

Der Affe ist ein häßliches, witziges Tier, das lacht, sich vergnügt und schnell versteht. Es lernt auch feine Handwerke, wie das Weben. Die weiten Gewänder kann nämlich ein einziger Handwerker nicht weben. So lernt er einen Affen an, und er wirft das Webschiffchen zum Affen hin, und der Affe wirft es zu ihm hin. – Der König von Nubien schenkte *al-Mutawakkil* zwei Affen: Der eine war ein Schneider und der andere ein Handwerker. Die Leute im Jemen kannten den Affen als einen, der ihre Angelegenheiten erledigt, so daß der Gemüsehändler und der Schlächter, wenn sie abwesend waren, ihren Laden dem Affen anvertrauten. Er bewachte ihn aufs beste, bis sein Herr zurückkam.

Das Weibchen bringt ein bis zwölf Junge zur Welt. Über sie wird hinsichtlich der Eifersucht von ihren Gatten berichtet, was sonst nur über den Menschen berichtet wird. Jemand von San'â' berichtete, daß er am Fuß eines Berges an einem Affen vorbeiging, der schlief, mit dem Kopf im Schoß seines Weibchens liegend, und er war ganz im Schlaf versunken. Nun kam ein anderer Affe und stellte sich ihnen gegenüber hin. Da legte die Äffin den Kopf ihres Mannes ganz langsam hin und ging zu jenem Affen hin. Er schlief mit ihr, so wie der Mann mit der Frau schläft. Als nun der Affe erwachte und seine Frau nicht sah, folgte er ihren Spuren, bis er sie sah. Als er nahe an sie herangekommen war, beroch er sie, und da wußte er, daß sie Unzucht getrieben hatte. Da stieß er einen heftigen Schrei aus, und um ihn herum versammelten sich viele Affen. Er berichtete ihnen, was sie getan hatte. Da gruben diese für die Äffin eine Grube und steinigten sie, bis sie starb.

Das Nashorn

Dies ist ein Tier mit einem Körper wie der Elefant. Seine Gestalt ist wie die des Stieres, nur ist es größer als dieser. Es hat Hufe, und es gerät schnell in Wut. Es trifft gut beim Angriff, und die übrigen Tiere in Indien fürchten es. Auf seinem Kopf hat es ein einziges Horn mit scharfer Spitze und einem sehr dicken unteren Teil. Es hat eine Krümmung, die nach seinem Gesicht hin konvex und nach seinem Rücken hin konkav gekrümmt ist. Erstaunlich ist es, daß das Nashorn sowohl Hufe als auch ein Horn hat. Es ist dasjenige unter den Tieren, das in geringster Anzahl vorhanden ist. Es lebt siebenhundert Jahre lang. Seine Geschlechtsreife stellt sich nach fünfzig Jahren ein, und die Dauer seiner Schwangerschaft beträgt dreißig Jahre.

Die Inder glauben, daß sich in einer Gegend, wo es das Nashorn gibt, niemand von den anderen Tieren niederläßt. Wenn es den Elefanten sieht, kommt es von hinten auf ihn zu und schlägt seinen Bauch mit seinem Horn, stellt sich auf die Hinterbeine und hebt den Elefanten hoch, so daß er am Horn des Nashorns festsitzt. Wenn er aber daran festsitzt, möchte sich das Nashorn vom Elefanten befreien. Dies ist ihm nicht möglich. Es sinkt zur Erde nieder, und beide, Nashorn und Elefant, sterben.

Man sagt, daß Waffen beim Nashorn keine Wirkung haben und daß keines von den Tieren sich ihm entgegenstellt. Man sagt auch, daß das Nashorn die Ringeltaube liebt und daß es sich gern unter einen solchen Baum stellt, in dem sich das Nest der Ringeltaube befindet. Es fühlt sich wohl durch ihr Gurren. Die Ringeltaube setzt sich auf sein Horn, und es bewegt nicht seinen Kopf, um die Ringeltaube nicht zu verscheuchen.

Sechste Art der Lebewesen: Die Vögel

Diese Tierart zeichnet sich aus durch Leichtigkeit des Körpers und das Fehlen vieler Gliedmaßen, die es bei anderen Tieren gibt. Die Weisheit darin ist, daß Gott der Erhabene, als er die verschiedenen Tierarten schuf und die eine der anderen zum Feind machte, jeder Art entweder Kraft und eine Waffe gab, mit der sie ihren Feind bekämpfen kann, wie den Nutztieren und den wilden Tieren, oder Fluchtwerkzeuge, wie dem Wild und den Vögeln. Was nun das Wild betrifft, so flieht es mit den Füßen, die Vögel aber mit ihren Flügeln. Diese Werkzeuge nun erfordern einen leichten Körper. Wenn nämlich der Körper groß wäre, würde er große Flügel erfordern. Mit großen Flügeln könnte die Geschwindigkeit des Fliegens nicht zustande kommen. Das Fliegen wäre dann langsam und würde die Geschwindigkeit des Gehens nicht überschreiten, und so würde das gewünschte Ziel nicht erreicht werden. Das Fliegen der Vögel in der Luft, ohne daß sie herunterfallen, obwohl sie doch schwerer sind als die Luft, ist eine erstaunliche Sache. Der Erhabene spricht: »Sehen sie nicht die Vögel, wie sie Ihm untertan sind im Himmelsraum? Niemand hält sie in Händen ausser Gott.« (16,81)

Den Vögeln fehlen viele Gliedmaßen, die es bei anderen Tierarten gibt, wie die Zähne, die Ohren, der Wiederkäuermagen, die Blase, die Rückenwirbel, dicke Haut, Wolle und

Haar. Beim Vogel ist nun das Verhältnis seines vorderen Teiles zu seinem unteren Teil wie das Verhältnis seiner Rechten zu seiner Linken. Bei jedem Vogel entspricht nämlich die Länge des Halses der Länge der Beine, und um wieviel kürzer auch sein Hals ist, um soviel kürzer sind seine Beine. Würde der Schwanz des Vogels abgeschnitten, würde er sich nach vorne neigen wie das Schiff, dessen hinterer Teil leicht geworden ist.

Al-Dschâhiz sagt: Alle Vögel, die gut im Fliegen sind, haben schwache Beine, wie der Sperling, der Star und die Schwalbe, würden aber ihre Beine abgeschnitten, wären sie nicht mehr fähig, schnell zu fliegen, wie der Mensch nicht mehr fähig wäre, schnell zu laufen, wenn seine Arme abgeschnitten würden. Alle Tiere, die keine Ohren haben, legen Eier, und alle Vögel, die Wasser in einem Zuge trinken, füttern ihre Jungen aus dem Kropf.

Unter den Vögeln gibt es solche, die Anlaß zur Verwunderung geben hinsichtlich ihrer Farbe, wie der Pfau, der Papagei und der Buchfink, wegen der Farbe ihres Halses, wie die Taube, wegen ihrer Kehle, wie die Nachtigall. Es gibt solche, die erstaunlich sind wegen ihrer Gliedmaßen, wie der Storch, der Kranich und der Strauß, und solche, die in Erstaunen versetzen wegen ihrer Kunstfertigkeit, wie die Lerche, die Schwalbe und der Webervogel.

Dies wird bei den jeweiligen Darstellungen erläutert werden, so Gott will, und wir werden einiges von dem Erstaunlichen, was mit ihnen zusammenhängt, erwähnen, angeordnet nach dem Alphabet.

Der Papagei

Im Persischen wird er Tûtî genannt. Die Papageien sind Vögel von schöner Farbe und schönem Aussehen. Die meisten von ihnen haben die grüne Farbe des Grünspans. Sie sind aber auch manchmal rot und gelb und weiß. Der Papagei hat einen dicken roten Schnabel und eine breite Zunge. Er hört auf das, was die Menschen sagen, und wiederholt es, ohne zu wissen, was es bedeutet, und er spricht die Buchstaben richtig aus. Die Art und Weise, wie den Papageien dies beigebracht wird, ist so: Man setzt einen Spiegel in den Käfig, so daß sie darin ihre eigene Gestalt sehen können. Hinter dem Spiegel stellt sich dann der Mensch auf und spricht. Wenn der Papagei das hört, wiederholt er es, weil er äußern möchte, was sein Ebenbild äußert; und so lernt er schnell.

Das Erstaunliche beim Papagei ist, daß er nie Wasser trinkt. Wenn er es aber tut, dann stirbt er.

Die Eule

Die Eule ist ein allgemein bekannter Vogel, der am Tage nicht hervorkommt, da seine Sicht schwach ist. Er liebt die Einsamkeit und bewohnt Ruinen. Man sieht die Eule als ein böses Omen an. Wenn sie sich nämlich an einem Gebiet oder auf einem Haus niederläßt, sehen die Menschen darin ein schlimmes Vorzeichen. Die Schlangen und Nattern fliehen vor ihrer Stimme. Sie jagt nach Fledermäusen und verhält sich feindlich gegenüber dem Raben und ebenfalls gegenüber dem weißgesprenkelten Falken. Bei Tage ist sie ein geringes Geschöpf mit schwacher Sicht, wenn es aber Nacht wird, ist keiner von den Vögeln vor ihr sicher.

Der Webervogel

Dies ist ein Vogel, den man im Persischen Kitu nennt. Er nimmt Bast von den Bäumen, welcher dem Luffa ähnlich ist. Daraus macht er einen großen Korb und dreht auch daraus einen Faden. Den Faden befestigt er dann an dem Korb und läßt diesen vom Zweig eines Baumes herunterhängen. Dann brütet er darin.

Die Großtrappe

Dieser Vogel wird im Persischen Dscharz genannt. Er wird als Beispiel für die Einfältigkeit angeführt. Man sagt: Jeder zieht sein Kind auf, sogar die Großtrappe. Das bedeutet, daß die Großtrappe trotz ihrer Einfalt ihr Kind aufzieht und es nicht umkommen läßt. Ein Zeichen ihrer Einfalt ist dies: Wenn sie das Ei eines anderen Vogels sieht, bebrütet sie es und läßt ihr eigenes Ei im Stich.

Wenn der Kot der Großtrappe auf einen Vogel fällt, wirkt er wie Leim. Die Beduinen sagen: »Ihre Waffe ist ihr Kot.« In ihrem Bauch hat die Großtrappe einen Platz, an dem sie ihren Kot aufbewahrt, und wenn sie ihn braucht, benutzt sie ihn. Sie ist verfeindet mit allen Vögeln, am größten ist jedoch ihre Feindschaft mit dem Sakerfalken. Wenn er sie bedrängt, wirft sie mit ihrem Kot nach ihm. Dann wird er wie ein gefesselter Gefangener, und es versammeln sich sodann bei ihm die Großtrappen. Sie rupfen ihm die Federn aus, und das bedeutet den Tod des Sakerfalken. Man sagt: Der Kot ist bei der Großtrappe, was der Furz beim Iltis ist.

Wenn die Großtrappe federlos ist und sieht, daß die Federn ihrer Gefährten schneller als ihre hervorwachsen, stirbt sie vor Kummer. Man sagt als Gleichnis: Jemand stirbt am Kummer der Großtrappe. *Abu l-Aswad ad-Du'alî* sagt:

> Zaid ist ein toter Mann, gestorben am Gram der Trappe – ob nun Hunaida (mit der Lanze) sticht oder Frieden macht.

Der Hahn ist der brünstigste unter den Vögeln, und er hat am meisten Eigendünkel. Er verkündet den Anbruch der Morgendämmerung. Eines der erstaunlichen Dinge beim Hahn ist seine Kenntnis der Nachtstunden und der Zeitabschnitte, und er richtet seine Rufe danach ein. Wenn nämlich die Nacht fünfzehn Stunden lang ist, richtet er seine Rufe danach ein, so wie er sie danach einrichtet, wenn die Nacht neun Stunden lang ist, und er stellt fest, was dazwischen liegt. Er gibt die Stunden gemäß einer jeglichen Zeit durch Eingebung von Gott dem Erhabenen an. Durch den gesegneten Propheten wird überliefert:

Gott der Erhabene schuf einen Hahn unter dem göttlichen Thron. Er hat zwei Flügel, die über den Osten und den Westen hinausgehen, wenn er sie ausbreitet. Wenn der letzte Teil der Nacht gekommen ist, breitet er seine Flügel aus, schlägt mit ihnen und ruft laut den Lobpreis Gottes: »Gelobt sei der Herrscher, der Allheilige!« Wenn er das tut, sprechen, in Antwort darauf, alle Hähne auf der Erde den Lobpreis Gottes aus und tun, was er tut, indem sie mit ihren Flügeln schlagen und zu rufen beginnen.

Man sagt, der Hahn sei der Aufrufer mit dem roten Bart und mit der gezackten Krone, er sei der eifersüchtig Wachende, der Freigebige, der viel Rücksicht auf seine Hennen nimmt. Man glaubt, daß derjenige, der von seinem Schlaf aufsteht, wenn ihn der Hahn weckt, niemals mit der Schlafschwere behaftet bleibt.

Vor dem weißen Hahn flieht der Löwe. Der Kampfhahn ist besser als die anderen. Sein Merkmal ist der rote Kamm, der dicke Hals, das schmale und besonders schwarze Auge, die scharfen Krallen, und daß er die Stimme erhebt.

Der Hahn zieht die Hennen sich selbst vor: Er nimmt das Korn mit seinem Schnabel und wirft es den Hennen hin. Man sagt, daß er das in der Zeit seiner Jugend tut und wenn seine

Brünstigkeit die Oberhand hat. Wenn er aber altersschwach ist, tut er das nicht mehr.

Der Hahn verteidigt die Hennen, wenn ein Feind es auf sie abgesehen hat. Bei Nacht versammelt er sie an einem unzugänglichen Ort, und er stellt sich bei der Tür auf, um sie zu bewachen.

Man glaubt, daß der Hahn in seinem Leben ein einziges Ei legt. Man nennt es das Ei der Unfruchtbarkeit, und es ist sehr klein. *Baschschâr ibn Burd* sagt:

> Du hast uns nur ein einziges Mal besucht (o Frau)!
> Wiederhole es, und laß es nicht ein Hahnenei sein!

Man glaubt, daß denjenigen, der den schneeweißen Hahn schlachtet, in Vermögen und Familie ein Unglück befällt, und man erzählt, daß der Teufel kein Haus betritt, in dem sich ein schneeweißer Hahn befindet.

Der Phönix

Dieser hat unter den Vögeln die mächtigste Gestalt und den größten Körper. Er reißt den Elefanten und den Wasserbüffel, so wie die Gabelweihe die Maus reißt. Es wird berichtet, daß er in alten Zeiten unter den Menschen weilte. Die Menschen aber litten unter seinen Vergehen – so lange, bis er eines Tages eine geschmückte Braut raubte. Da verfluchte ihn der Prophet Hanzalah – Friede sei mit ihm! Und Gott nahm ihn hinweg zu einer Insel im Ozean unterhalb des Äquators, zu der die Menschen nicht gelangen konnten. Es gab dort viele Tiere, wie den Elefanten, das Nashorn und den Wasserbüffel, den Tiger und die wilden Raubtiere. Der Phönix erjagte keines von ihnen, da sie unter seiner Herrschaft standen. Wenn er aber etwas anderes erjagte, aß er davon und ließ den Rest für die Tiere, die unter seiner Herrschaft standen. Er jagte nur Elefanten, große Fische oder Seeungeheuer, und wenn er fertig gegessen hatte, stieg er hinauf zu seinem Wohnplatz und ließ den Rest für die Tiere frei, welche unter seiner Herrschaft standen, und diese ergötzten sich an ihrem Essen.

Wenn der Phönix fliegt, hört man von seinen Flügeln das Rauschen des Sturzbaches und das Geräusch der Bäume beim Wehen des Sturmwindes.

Es wird berichtet, daß die Lebenszeit des Phönix eintausendsiebenhundert Jahre beträgt. Er paart sich, wenn er fünfhundert Jahre geworden ist. Wenn die Zeit des Eierlegens gekommen ist, empfindet das Weibchen dadurch heftige Schmerzen. Dann bringt das Männchen Meereswasser in seinem Schnabel und gibt es ihr ein, und das Ei tritt mit Leichtigkeit aus. Das Männchen bebrütet das Ei, und das Weibchen geht auf die Jagd aus. Nach fünfundzwanzig Jahren ist das Ei ausgebrütet. Wenn nun das Junge groß wird und ein Weibchen ist, sammelt der weibliche Phönix viel Feuerholz. Dann reibt das Männchen seinen Schnabel so lange am Schnabel des Weibchens, bis dadurch ein Feuer entfacht wird. Er setzt das Feuerholz in Brand, und das Weibchen tritt unter das Feuer, bis es verbrannt ist. Das Junge ist dann die Gattin des Männchens. Wenn das Junge aber ein Männchen ist, dann tut der männliche Phönix, was der weibliche getan hat, und das Junge wird der Gatte des Weibchens.

Es wird viel über den Phönix berichtet. Weil es jedoch keine Überliefererkette gibt, die auf einen zuverlässigen Informanten zurückgeht, stützen wir uns auf das oben Gesagte – und Gott verhilft im Richtigen zum Erfolg.

Der Strauß

Der Strauß ist ein Tier, das aus dem Körper des Vogels und des Kamels zusammengesetzt ist. Im Persischen nennt man ihn Uschturmurgh (= Kamelvogel). Vom Kamel hat er den

Hals, die Unterschenkel und die Hufe, und vom Vogel den Schnabel, die Flügel und die Federn. Er frißt Kieselsteine und Sand und löst sie auf, bis er sie wie Wasser gemacht hat. Das liegt an der besonderen Eigenschaft, die Gott der Erhabene in ihm erschaffen hat. So siehst du zum Beispiel auch, daß das Innere des Hundes die Knochen auflöst, nicht aber die Dattelkerne, obwohl doch die Knochen härter sind als Dattelkerne. Wenn du Kügelchen von hundert Dînâr[24] Eisen erhitzt, bis sie rotglühend sind, und du sie dann auf einen Stein legen würdest, würden sie in ihn einsinken. Wirfst du sie aber dem Strauß hin, verschlingt er sie und bleibt dabei am Leben.

Wenn der Strauß Eier legt, vergräbt er sie in der Erde. Er legt zwanzig Eier oder mehr. Ein Drittel davon vergräbt er an einem Platz, ein Drittel läßt er in der Sonne, und ein Drittel bebrütet er. Wenn nun die Küken geschlüpft sind, zerbricht das Straußenweibchen, was sie vergraben hat, und ernährt damit ihre Küken. Wenn ihre Küken stärker werden, zerbricht sie das andere Drittel und läßt es liegen, damit sich darauf die Fliegen und Wanzen, die Ameisen und die Kriechtiere ansammeln. Dann essen ihre Küken diese, bis sie imstande sind, zu weiden. Schau, was für eine erstaunliche Aufzucht das ist, ohne daß ein Lehrer sie unterwiesen hätte! Gelobt sei Er, wie groß ist doch Seine Sache!

Wenn der Strauß läuft, hält er seine Flügel nach hinten, und es kann ihn keines von den Tieren einholen. Erstaunlich ist es, daß sein Lauf, wenn er sich gegen den Wind richtet, schneller ist, als wenn er den Wind im Rücken hat. – Er hat Angst vor seinem eigenen Schatten. Die Beduinen sagen: Soundso ist dümmer als ein Strauß, weil dieser nämlich, wenn er von seinen Eiern weggeht und andere Eier sieht, diese bebrütet und seine eigenen Eier im Stich läßt.

Dies ist ein Vogel, der von entfernten Landen den rechten Weg zu seiner Heimat findet. Er ist der klügste unter den Vögeln. Ein Teil seiner Klugheit ist es zum Beispiel, daß er die Kennzeichen seines Taubenschlages in der Luft erfaßt. Der Flug der Taube geht im Kreise herum – so wie es sich bei dem verhält, der ein Minarett hinaufsteigt –, und sie steigt so lange auf, bis sie etwas von den Kennzeichen ihres Landes sieht. Wenn das so ist, dann steigt sie in kürzester Zeit herab. Zuweilen kommt es nun vor, daß sich bei ihrem Aufstieg der Himmel bewölkt und die Wolken zwischen ihr und ihrem Heimatland zu einem Hindernis werden. Dann läßt sie sich in einem fernen Land nieder, oder es erjagt sie einer von den Raubvögeln.

Bei dem Gefährten der Taube siehst du Spiele, wie sie auch unter den Menschen stattfinden, wie Kuß, Umarmung und anderes. Al-Muthanna ibn Zuhair sagte: »Alles, was ich bei Mann und Frau sah, habe ich ähnlich auch bei den Tauben gesehen: Ich sah eine Taube, die nur zu ihrem Täuberich kam, und ich sah eine Taube, die sich keinem von den Täuberichen verweigerte. Ich sah eine Taube, die sich sofort für ihren Täuberich, der sie wollte, niederwarf, und ich sah eine Taube, die sich nur nach vielem Fordern niederwarf. Ich sah einen Täuberich, der zwei Weibchen hatte und mal mit dem einen, mal mit dem anderen brütete, und ich sah zwei Weibchen, die sich zusammengetan hatten wie die Lesbierinnen. Sie legten vier Eier, die nicht ausschlüpften.«

Eines der erstaunlichen Dinge bei den Tauben ist, daß das Männchen spürt, was sich an Eiern im Bauch des Weibchens befindet. Es befaßt sich dann damit, die dünnen Stöckchen, Palmenblätter und sonstigen Dinge in eine andere Lage zu bringen, und paßt so das Nest dem Maß ihres Körpers an. Wenn sie nun zu dem Nest hingehen, kuhlen sie es aus, so daß in ihm eine Höhlung entsteht, in dem das Ei sicher bleiben kann. Wenn das Weibchen dann gelegt hat, wechseln sich die beiden beim Brüten ab und wenden die Eier in gewissen Abständen um. Das meiste davon obliegt dem Weibchen, weil das Brüten für die Weibchen passender ist. Wenn dann Junge da sind, obliegt der größte Teil der Atzung dem Männchen, weil es für das Männchen angemessener ist, die Jungen zu versorgen.

Wenn die Taube, welche im Taubenschlag lebt, krank ist, frißt sie Heuschrecken, und ihre Krankheit hört auf. Die sogenannte Stocktaube frißt Spitzen vom Zuckerrohr, und ihre Krankheit hört dann auf.

Etwas Erstaunliches bei den Tauben ist es, daß ihre Jungen, wenn sie flügge geworden sind, zwischen dem Adler und dem Geier unterscheiden. Wenn sie nämlich den Geier sehen, fürchten sie sich kein bißchen, sehen sie aber den Adler, dann fürchten sie sich. Wenn sie den Gerfalken sehen, sehen sie den roten Tod. Genauso ist es ja beim Schaf, das sich nicht vor dem Kamel und dem Elefanten fürchtet, wohl aber vor dem Wolf. *Al-Dschâhiz* sagt: »Die Taube kann schneller fliegen als alle Raubvögel; wenn sie allerdings einen von den Raubvögeln sieht, dann befällt sie, was den Esel befällt, wenn er den Löwen sieht, und das Schaf, wenn es den Wolf sieht, und die Maus, wenn es die Katze sieht.«

Siebte Art der Lebewesen: Insekten, Geziefer und Kriechtiere

Es ist dem Menschen nicht möglich, die verschiedenen Arten dieser Klassen aufzustellen, weil es ihrer so viele gibt. Einige von denen, die umhergereist sind, sagen: »Wer die Verwirklichung des Wortes des Erhabenen: ›Und Er erschuf, was ihr nicht kennt‹ (16,8) erfahren will, der zünde des Nachts mitten im Dickicht ein Feuer an. Dann möge er sehen, was für Insekten und Geziefer zu diesem Feuer hinkommen. Er wird wahrlich erstaunliche Gestalten und merkwürdige Erscheinungen erblicken, von derengleichen er nicht gedacht hätte, daß Gott der Erhabene sie geschaffen hätte.« Nun sind indessen die Geschöpfe, welche zum Feuer hinkommen, verschieden, je nach den verschiedenen Gegenden, sei es das Dikkicht, das Gebirge, die Ebene oder die Wüste. An jedem Ort in diesen Bereichen sind die Arten der Geschöpfe anders als an einem anderen Ort.

Es gibt Menschen, die sagen: Bei all dem Schaden, den sie anrichten, kommt diesen Insekten, Ungeziefern und Kriechtieren wirklich kein Nutzen zu. Diese Menschen wissen nicht, daß Gott der Erhabene sich um den rechten Nutzen für die Gesamtheit kümmert, wie zum Beispiel das Herabsenden der Regenfälle, in dem Nutzen für die Menschen liegt, selbst wenn sie der Grund für die Zerstörung des Hauses einer alten Frau sein sollten. So schuf er auch diese Insekten und Geziefer. Gott der Erhabene erschuf sie aus schlechten Substanzen und dem, was an Fäulnis entsteht, um die Luft zu reinigen und sie nicht der Fäulnis auszusetzen, welche die Ursache für Seuche und Untergang von Lebewesen und Pflanzen ist – wenn es auch das Stechen des Geziefers in sich einschließt. Der Beweis dafür ist, daß wir die Fliegen, die Würmer und die Mistkäfer in den Läden der Fleischer und der Fruchtsaftverkäufer sehen, nicht aber in den Läden der Stoffhändler und der Schmiede. So bestimmte die göttliche Weisheit die Erschaffung dieser Geschöpfe aus diesen faulenden Dingen, auf daß sie diese Fäulnisse aufsaugen und sich davon ernähren, damit die Luft davon rein und sicher ist vor der Seuche. Er machte die Kleinen zur Nahrung für die Großen unter ihnen, sonst würde die Oberfläche der Erde ganz voll von ihnen sein. Es gibt in Seinem Reich kein Staubkörnchen, in dem nicht unschätzbare Weisheit liegt.

Das Erstaunliche bei dieser Tierart ist, daß alles das, was

sein Gift zur Ursache eines Schadens an einem Lebewesen macht, sein eigenes Fleisch widerstandsfähig gegen diesen Schaden macht. Die alten Ärzte fanden im Fleisch der Schlange eine Widerstandskraft gegen ihr eigenes Gift, und sie taten ihr Fleisch in das Gegengift. Die Erfahrung zeigt auch, daß derjenige, den der Skorpion gestochen hat, diesen töten und seine Körperflüssigkeit auf den Einstich streichen kann. Dann legt sich der Schmerz sofort.

Weiterhin befinden sich die Tiere dieser Art in verschiedener Lage im Winter: Einige sterben von der Kälte, wie zum Beispiel die Würmer, die Wanzen und die Flöhe. Einige von ihnen verbergen sich in den Wintermonaten in der Erde und fressen nichts, wie die Schlangen und die Skorpione. Wieder andere legen Proviant an für den Winter, wie die Ameisen und die Bienen, und so leben sie nicht, ohne etwas zu essen zu haben.

Die Mücke

Dies ist ein Tier in der Form des Elefanten, nur äußerst klein. Alle Körperteile, die dem Elefanten geschaffen wurden, hat die Mücke ebenfalls, und zusätzlich dazu zwei Flügel. Gelobt sei Er, welcher ihr die inneren und äußeren Körperteile erschuf, wie Er sie auch für die großen Tiere erschuf. Wenn die Mücke sich auf etwas niederläßt, dann kann der Blick sie nicht erfassen, weil sie so klein ist. So ist es nun mit ihrem ganzen Körper. Wie wenig von ihrem Körper ist aber nun ihr Kopf und wie wenig von ihrem Kopf Gehirn – und doch hat Gott der Erhabene in ihrem Hirn die fünf inneren Sinne erschaffen: den Gemeinsinn, weil sie zu einem Lebewesen hingeht und nicht zu einer Mauer; sie hat auch Vorstellungsvermögen, weil sie, wenn sie von einem Körperteil verjagt wird, zurückkehrt, da sie dann weiß, daß dies der Ort für ihre Nahrung ist. Sie besitzt auch Einschätzungsfähigkeit: Wenn sie eine Bewegung der Hand spürt, flieht sie, weil sie weiß, daß der Feind es auf sie abgesehen hat. Sie hat auch Erinnerungsvermögen, denn sie kehrt zurück, wenn die Hand still geworden ist, weil sie weiß, daß der Feind fortgegangen ist. Außerdem hat sie Denkvermögen: Wenn sie nämlich ihren Rüssel eingetaucht und das Blut gesaugt hat, flieht sie sofort, weil sie weiß, daß sie Schmerz verursacht hat.

Alsdann: Der Rüssel der Mücke ist feiner als Haar, wenn es mehrfach aufgespalten würde. Er ist hohl, und sie saugt mit ihm das feine Blut in sich auf. Gott der Erhabene erschuf in ihr die Fähigkeit, die Haut des Elefanten und des Wasserbüffels zu durchdringen, indem sie den Rüssel in sie hineinsticht. Der Elefant und der Wasserbüffel fliehen vor der Mücke ins Wasser. In diesem Tier ist, obwohl es so klein ist, Erstaunliches. Und wie unwissend ist doch der, welcher sagt: »Hat wohl unser Herr die Mücken und die Fliegen erwähnt?« Gott der Erhabene hat nämlich herabgesandt: »SIEHE, GOTT SCHÄMT SICH NICHT, EIN GLEICHNIS MIT EINER MÜCKE ZU MACHEN ODER MIT DEM, WAS GERINGER IST.« (2,24) Gelobt sei Er – keiner kennt die Feinheiten Seiner Weisheit außer Ihm selbst!

Die Heuschrecke

Davon gibt es zwei Arten: Die eine nennt man den »Reiter«, und das ist die Art, welche hoch in die Luft fliegt. Die andere Art nennt man den »Fußgänger«, und das ist diejenige, welche Sprünge macht.

Wenn sie in den Frühlingstagen auf die Weide gehen, suchen sie gute, weiche Erde. Dort lassen sie sich dann nieder und graben mit ihren Schwänzen ein Loch. Sie legen ihre Eier dort hinein und decken sie zu. Sie fliegen weg, und die Vögel und die Kälte vernichten sie. Wenn nun das Jahr zu Ende gegangen ist und die Frühlingstage gekommen sind, spalten sich jene vergrabenen Eier, und etwas wie kleine Kriechtiere erscheint auf der Oberfläche der Erde. – Man sagt, daß alle Heuschrecken viele Eier legen. Wenn die Jungen ihre Eier verlassen haben, fressen sie, was sie von der Aussaat sehen und anderes, bis sie stark geworden sind und fähig zu fliegen. Dann steigen sie auf, ziehen fort zu einem anderen Gebiet und legen dort ihre Eier. So ist also ihr Wesen – und dies ist eine Bestimmung des Mächtigen, Wissenden.

Der Verfasser der »Landwirtschaft« sagt: Wenn ihr Heuschrecken seht, die sich einem Dorf nähern, entschwinden die Leute vor ihnen, und keiner von ihnen läßt sich sehen. Wenn die Heuschrecken nun im Dorf keine Menschen sehen, ziehen sie daran vorbei, und keine von ihnen macht dort halt. Wenn welche von ihnen verbrannt werden und sie den verbrannten Geruch riechen, weichen sie vom betreffenden Dorf ab, oder auch, wenn einige sterben oder herabfallen.

Die Seidenraupe

Dies ist ein kleines Tierchen. Wenn es sich am Futter sattgefressen hat, sucht es sich seine Plätze in Bäumen und Dornengestrüpp. Es zieht dann von seinem Speichel feine Fäden aus und webt um sich selbst herum eine Kugel, die wie ein Beutel ist, damit es einen Ort hat, an dem es sicher ist vor Hitze und Kälte, vor Winden und Regenfällen. Dort schläft es bis zu einer festgesetzten Zeit. All dieses geschieht durch Eingebung von Gott dem Erhabenen.

Was nun die Art und Weise der Zucht der Seidenraupe betrifft, so gehört dies zu den Wundern der Welt. Das ist so: Am Anfang des Frühlings, wenn die Blätter des Maulbeerbaumes erscheinen, nimmt man die Eier und bindet sie in ein Stück Tuch. Die Frau tut sie dann unter ihre Brust, damit die Körperwärme zu ihm gelangen kann, und zwar bis zu einer Woche. Dann werden sie auf mit der Schere abgeschnittenen

Maulbeerblättern ausgebreitet. Die Larve setzt sich nun in Bewegung und frißt von diesen Blättern. Danach frißt sie dann drei Tage lang nicht mehr. Man sagt, daß sie nun im ersten Schlaf sei. Dann fängt sie wieder an zu fressen, frißt eine Woche lang und läßt es dann sein, und man sagt, sie sei im zweiten Schlaf. So geht es noch ein weiteres Mal, und man sagt, sie sei im dritten Schlaf. Danach stellt man ihr viel Futter zur Verfügung, damit sie viel frißt und beginnt, den Kokon herzustellen. Dabei erscheint auf ihrem Körper etwas wie Spinnengewebe. Wenn nun in dieser Zeit Regen fällt, wird der Kokon durch die Feuchtigkeit weich. Dann durchbohrt ihn die Raupe und kommt aus ihm hervor. Ihr sind inzwischen Flügel gewachsen; so fliegt sie nun davon, und es kann keine Seide mehr von ihr gewonnen werden. – Wenn die Raupe nun mit der Herstellung des Kokons fertig ist, wird es der Sonne ausgesetzt, damit die Raupe darin stirbt und man aus dem Kokon die Seide gewinnen kann. Man läßt jedoch einige Kokons übrig, damit die Raupe sie durchstoßen, herauskommen und Eier legen kann. Ihre Eier werden in reinen Gefäßen aus Ton oder Glas für das kommende Jahr aufbewahrt. Die Seidengewänder sind nützlich gegen Krätze und Räude, und in ihnen entstehen keine Läuse.

Die Eidechse

Man nennt die Eidechse auf persisch Sûsmâr. Sie ist ein schlaues Tier, abgesehen davon, daß sie sehr vergeßlich ist. Sie nimmt sich ihr Haus nur an einem festen Ort, damit es nicht von den Hufen der Tiere eingerissen wird, und außerdem an einem Ort, der über dem Sturzbach liegt. Sie nimmt sich ihr Haus auch nur bei einem Hügel oder einem großen Felsen oder einem Baum, damit sie dadurch Aufschluß über ihr Haus bekommen kann, wenn sie abwesend ist und sich davon entfernt hat. Wenn die Eidechse Eier legen will, gräbt sie eine Stelle aus, ähnlich der Stelle, die der Strauß für seine Eiablage hat. Dann legt sie dort achtzig Eier hinein. Diese sind wie die Eier der Taube. Sie vergräbt sie in der Erde und läßt sie dort vierzig Tage liegen. Nach den vierzig Tagen kommt sie, und da laufen die Jungen dann miteinander um die Wette. Dann frißt sie von ihnen soviele sie kann. *Al-Dschâhiz* sagt: Wenn die Eidechse ihre Jungen fressen will, stellt sie sich dafür am engsten Ort in ihrem Loch auf und verstopft die gesamte Öffnung mit ihrem Körper, und wenn das in Ordnung gebracht ist, beginnt sie zu fressen, bis ihr Bauch voll ist, und keines der Jungen kann heil herauskommen, bevor sie nicht gesättigt ist. Der Dichter sagt:

> Du frißt deine Söhne, wie die Eidechse ihre Jungen frißt,
> so daß du deine Söhne nur noch in kleiner Zahl übrigbleiben läßt.[25]

Wenn der Skorpion die Eidechse sticht, frißt sie ein Kraut, das man Mäuseohren nennt, und dann hört der Schmerz vom Stich auf. Wenn sie hungrig ist, stellt sie sich der Brise des Windes entgegen und wird durch ihn ernährt.

Man sagt: Wenn die Eidechse zwischen den Füßen des Menschen hervorkommt, ist dieser Mensch nicht fähig, einer Frau beizuwohnen. Einige sagen auch, daß dieser Mann dann anschwillt. Eine Redensweise lautet: »Laß dich nieder auf dem Weg der Eidechse, damit sie nicht zwischen deinen Füßen hervorkommt und du anschwillst.«

Der Skorpion

Der Skorpion ist das bösartigste der Geziefer, der alles sticht, auf das er trifft. Er hat acht Beine, und sein Auge ist auf seinem Bauch. Seine Jungen kommen aus seinem Rücken hervor, und wenn die Jungen herauskommen, stirbt die Mutter. Wenn der Skorpion gestochen hat, flieht er sofort. Wenn er zu Beginn der Nacht aus seinem Haus herauskommt, sticht er alles, was er an Belebtem oder Unbelebtem antrifft. *Al-Dschâhiz* sagte: »Châqân ibn Subaih berichtete mir, daß er in seinem Haus einen Krach hörte, der sich bei einer Wasserflasche abspielte. Da stand er auf und ging dem Geräusch nach, und da war dort ein Skorpion mit hochgestelltem Schwanz. Er tötete ihn. Dann goß er Wasser in die Flasche, und da floß das Wasser aus der Stelle heraus, die der Stachel des Skorpions getroffen hatte.« Wenn er eine Schlange sieht, sticht er sie, und die Schlange eilt, um ihn zu erreichen. Wenn sie ihn findet, frißt sie ihn und genest, wenn sie ihn aber nicht findet, stirbt sie.

Die Ameise

Dieses Tier ist eifrig danach bestrebt, Nahrung einzusammeln. Zur Erfüllung ihres Bestrebens trägt sie Dinge, die schwerer sind als sie selbst, und es hilft auch die eine der anderen beim Schleppen. Sie sammelt Nahrung, die sie für zwei Jahre am Leben halten würde, jedoch dauert ihr Leben nicht mehr als ein Jahr. an-Nassâba al-Bakrî sagte: »Die Ameise hat zwei Ahnen: Fâzir und ʿUqfân. Fâzir ist der Ahn der schwarzen und ʿUqfân der Ahn der roten.«

Zu dem, was an der Ameise erstaunlich ist, gehört es, daß sie unter der Erde eine kleine Stadt macht. Darin gibt es Wohnplätze, Vorhallen, Zimmer und gewundene Etagen, die sie mit Körnern und Vorräten für den Winter anfüllt. Einige ihrer Häuser macht sie in abgesenkter Lage, so daß Wasser hineinfließen kann, und einige macht sie in erhöhter Lage für das Korn.

Von Anas ibn Mâlik wird berichtet, daß der gesegnete Prophet gesagt habe: »Tötet die Ameise nicht, denn: Eines

Tages ging Salomon aus, um Regen zu erbitten. Und siehe, da war eine Ameise, die auf ihren Beinen stand, ihre Hände ausbreitete und sagte: ›O Gott, wir sind Deine Geschöpfe, und so können wir Deine Güte nicht entbehren. O Gott, bestrafe uns nicht für die Vergehen Deiner sündigen Diener und gib uns Regen, damit durch ihn Bäume für uns wachsen und wir dadurch mit Früchten ernährt werden.‹ Da sagte Salomon – Friede sei mit ihm – zu seinen Leuten: ›Kehrt zurück, denn ihr seid schon von jemand anderem mit Regen versorgt worden.‹«

Eines der erstaunlichen Dinge bei der Ameise ist, daß sie bei ihrer zarten Gestalt und ihrem geringen Gewicht über einen Geruchssinn verfügt, wie er keinem der Lebewesen in dieser Form zu eigen ist. Wenn von der Hand des Menschen etwas auf einen Platz fällt, an dem keine Ameise zu sehen ist, so dauert es nicht lange, bis sich die Ameisen nähern, wie ein schwarzes Band, das bis zu dieser Sache hingezogen ist. Die Ameise nimmt auch im Inneren ihres Loches den Geruch einer Sache wahr, an der du keinen Geruch finden würdest, auch wenn du sie unter deine Nase halten würdest, wie das Bein einer Heuschrecke, und dann geht sie hinaus zu ihr. Wenn sie nun eine Sache findet, die sie nicht tragen kann, nimmt sie davon den Teil, den sie tragen kann, und berichtet ihrer Schar davon. Dann versammeln sie sich alle bei jener Sache und schleppen sie dahin mit Anstrengung und Mühe. Wenn die Ameise weiß, daß eine zögernd bei der Arbeit und faul darin ist, wirkt sie darauf hin, daß sie getötet wird.

Wenn die Ameise das Korn in ihrem Loch zusammengesammelt hat und darin Feuchtigkeit ist, fürchtet sie, daß es sprießt und ihr verdirbt. Sie schneidet dann jedes Korn in zwei Teile, um ihm die Keimfähigkeit zu nehmen. Die großen schneidet sie in vier Teile, denn die Keimkraft schwindet nicht, wenn diese in Hälften sind. Wenn es sich um Gerstenkorn, Linsen oder Bohnen handelt, schält sie diese und zerbricht sie nicht, denn die Keimkraft verläßt sie durch das

Schälen. Gelobt sei Der, Welcher den Ameisen diese subtilen Ideen über die richtige Behandlung ihrer Nahrung eingegeben hat! Nach einiger Zeit kommt sie dann mit dem Zerschnittenen und breitet es in der Sonne aus, damit es Luft und Sonnenwärme bekommen kann und nicht durch die Feuchtigkeit ihrer Behausung verdirbt. Wenn sie Regen spürt, bringt sie es an ihren Wohnort zurück, aus Angst vor dem Regen. Wenn aber etwas davon benetzt wird, breitet sie es an einem wolkenlosen Tag in der Sonne aus.

Zu den erstaunlichen Dingen bei der Ameise gehört es, daß sie sich nicht der Heuschrecke, dem Mistkäfer, der Grille und dem Käfer entgegensetzt, solange sie gesund ist. Wenn sie aber durch Verlust eines Armes oder eines Beines eine Verwundung erleidet, springt sie auf sie und läßt nicht von ihnen ab, bis sie sie getötet hat. Auch wenn die Schlange eine Wunde oder einen Kratzer bekommen hat, stürzt sie sich auf sie – und wenn es auch eine von den Würgeschlangen Ägyptens wäre – und gibt ihr den Gnadenstoß.

Lebewesen von seltsamer Form und Gestalt

Diese sind Lebewesen, deren Gestalt und Formen sich von denen der bekannten Lebewesen unterscheiden. Wir werden über sie in drei Teilen berichten, so Gott will.

Erster Teil: Gattungen von seltsamer Form und Gestalt, die Gott der Erhabene an den entfernten Seiten der Erde und auf den Inseln des Meeres erschaffen hat

Gog und Magog

Niemand außer Gott kann ihre Anzahl schätzen. Die Größe eines von ihnen ist die halbe Höhe der Statur eines mittelgroßen Mannes. Sie haben Reißzähne wie die Reißzähne der Raubtiere, die Nägel haben sie an Krallen, und sie haben haarige Zotteln. Man sagt, daß keiner von ihnen stirbt, ohne daß er tausend von seinen Nachkommen sieht.

Das Volk der Mansak

Diese befinden sich in der östlichen Region, in der Nähe der Gog und Magog. Sie haben die Gestalt des Menschen und Ohren wie die des Elefanten, und jedes Ohr ist wie ein Gewand. Wenn sie schlafen gehen, breiten sie eines von den Ohren aus und bedecken sich mit dem anderen.

Völker in einigen Gebirgsgegenden in der Nähe des Alexanderwalls

Sie sind von kurzem Wuchs: Einer von ihnen ist fünf Spannen groß. Sie haben ein breites Gesicht und schwarze Haut, auf der weiße Flecken sind. Sie haben Scheu vor den Menschen und anderen. Sie klettern die Bäume hinauf und werden nicht mit den Menschen vertraut.

Ein Volk auf der Insel Rânadsch

Sie haben menschliche Gestalt und Flügel, mit denen sie fliegen, und sie sind weiß und schwarz. Sie haben eine Sprache, die sie sprechen und verstehen, die aber jemand anders nicht versteht. Sie trinken und essen wie die Menschen.

Ein Volk auf der Insel Râmanî

Sie sind nackt. Die Größe eines von ihnen beträgt vier Spannen, und sie haben rotes, flaumiges Haar. Sie sprechen eine Sprache, die dem Pfeifen ähnlich klingt. Sie verstehen sie, jedoch jemand anderes versteht sie nicht. Sie haben menschliche Gestalt und essen und trinken wie die Menschen.

Ein Volk auf einer der Inseln der Neger

Ihr Wuchs mißt eine Elle. Die meisten von ihnen sind einäugig. Ihre Einäugigkeit kommt von Kämpfen mit den Kranichen. Die Kraniche fallen nämlich jedes Jahr über sie her, und es spielt sich zwischen ihnen ein Kampf ab. Einige werden dabei getötet, und einigen stechen die Kraniche in die Augen, so daß sie davon einäugig werden. Sie töten von ihnen, so viele Gott will, fressen sie und kehren dann in ihr Land zurück.

Ein Volk auf einer der Inseln im Meer der Neger

Ihre Köpfe sind wie die der Hunde und ihre Körper wie die der Menschen. Sie ernähren sich von den Früchten dieser Insel, und wenn sie ein Lebewesen finden, essen sie es.

Ein Volk auf einer anderen Insel dieses Meeres

Sie haben menschliche Gestalt, und ihre Gestalt ist so schön, wie sie nur sein kann. Ihre Füße haben keine Knochen, und ihre Beine sind gleichsam verdickte Flüssigkeit. Sie bewegen sich kriechend vorwärts. Wenn sie einen Gehenden finden, rufen sie ihn herbei, daß er sich bei ihnen niederlasse, und wenn er sich gesetzt hat, springt einer von ihnen auf seinen Nacken und schlingt seine Beine um ihn. Wenn dieser nun versucht, ihn abzuwerfen, kratzt jener ihn mit seinen Nägeln ins Gesicht und unterwirft ihn, wie einer von uns sich sein Reittier unterwürfig macht.

Ein Volk auf einer bestimmten Insel

Diese haben Flügel und dünne Rüssel, und sie haben auch Haare. Sie gehen auf zwei Beinen und auch auf vieren; ebenfalls fliegen sie. Es gibt Menschen, die sagen, daß sie eine Menschenart sind, und es gibt solche, die sagen, daß sie zur Gattung der Dschinnen gehören.

Diese werden von Lebewesen gezeugt, die in ihrer Art verschieden sind, und sie haben eine Form, die zwischen diesem und jenem ist. Bedenke zum Beispiel, wie es sich mit dem Maultier verhält. Es hat keinen Körperteil, dessen Ausmaß sich nicht zwischen dem des Pferdes und dem des Esels bewegt. Wenn das Männchen ein Pferd ist, ist das Maultier dem Esel ähnlicher, und wenn das Männchen ein Esel ist, ist es dem Pferd ähnlicher. – Hierzu gehört auch:

Was vom Pferd und vom Wildesel abstammt. Ich habe es gesehen: Es ist ein Maultier von äußerster Schönheit. Es ist nun so, daß *Chosrau Ardaschîr* einen Hengst hatte, der Achdar genannt wurde. Der verwilderte und schloß sich den Wildeselinnen an. Er vermischte sich mit ihnen, und sie brachten eine Art von Esel hervor, den man den Achdarî nennt – und Gott der Erhabene weiß besser, was richtig ist.

Eine Gattung von hohem Wuchs und mit blauen Augen. Sie haben Flügel mit leichtem Aufschwung, ihr Kopf ist wie der Kopf der Pferde und ihr Körper wie der des Menschen.

Eine Gattung, die Nasnâs genannt wird. Jeder einzelne von ihnen hat einen halben Kopf, eine einzige Hand und ein einziges Bein, als ob es ein Mensch sei, der in zwei Hälften geteilt ist. Er springt in mächtigen Sprüngen mit einem einzigen Bein, und er läuft auf geschickte Weise.

»*'Ûdsch ibn 'Anâq*[26]*: 'Abdallâh ibn 'Umar* – möge Gott Wohlgefallen an ihm haben – sagte: »*'Ûdsch ibn 'Anâq* war dreiundzwanzigtausend und dreihundertdreißig Ellen groß in königlichen Ellen. Er lebt dreitausendsechshundert Jahre lang. Er gehört zu denen, welche im Hause des Adam geboren wurden, und seine Mutter war eine von den Töchtern Adams. 'Ûdsch erreichte die Zeit des Noah – Friede sei mit ihm –, und er fragte den Noah, ob er ihn in seine Arche aufnehmen könne. Da jagte ihn dieser fort und sagte zu ihm: ›O Feind Gottes, wer kann dich denn tragen!‹ Das Wasser der Sintflut reichte ihm bis zur Mitte. Er war vom Charakter her ein gewaltiger Tyrann und verderblich in seinen Taten. Wenn er zornig auf die Leute in einer Gegend war, pinkelte er auf sie, und dann ertranken sie in seinem Urin. – Als Moses, der Prophet Gottes – Friede sei mit ihm –, und der Stamm Israel sich im Land der Kanaaniter niederließen, um die Riesen und ihren König Bâliq ibn Sâfûn zu bekämpfen, schickte er ihn zum Volk Israel, um das Ausmaß des Heeres der Kinder Israel zu ergründen. Es war eine Parasange in der Länge und in der Breite. Da ging ʿÛdsch weg zu einem von den Bergen Syriens und schlug daraus ein Felsenstück aus, welches das Ausmaß vom Heer des Moses hatte. Dann trug er es auf seinem Kopf und näherte sich ihnen, um es auf sie zu werfen und sie alle zu töten. Da gab Gott dem Wiedehopf und den übrigen Vögeln Gewalt über den Felsen, während er auf seinem Kopf war. Sie begannen auf jenen Felsen einzuhakken, bis er durchlöchert war.« Al-Kisâʾî[27] – möge Gott der Erhabene ihm Gnade erweisen – berichtet: Gott der Erhabene wollte, daß Seine Macht den Kindern Israel offenbar würde. So schickte Er eine Wiedehöpfin, die in ihrem Schnabel einen Stein hatte, vom Himmel herab. Sie schlug ihn mit einem einzigen Schlag auf den Felsen, den ʿÛdsch trug. Da zerbrach der Felsen und sank herab auf den Hals des ʿÛdsch in der Form eines Halsbandes. Dann offenbarte Gott dieses dem Moses. Dieser ging zu ihm mit seinem Stock, und Moses war zehn Ellen groß und sein Stock zehn Ellen lang. Gott hatte ihm die Kraft verliehen, zehn Ellen zu erreichen, sooft er gen Himmel sprang. Moses schlug ihn mit seinem Stock – und er reichte nur bis zu seinem Knöchel – und schlug ihn getötet zur Erde nieder. Es war der Schenkel von ʿÛdsch für lange Zeit eine Brücke über den Nil. Und Gott – gelobt sei Er und erhaben ist Er – weiß am besten, was das Richtige ist.

Eine Gattung, die zwei Gesichter und zwei Körper wie die Körper der Menschen hat, und sie haben lange Schwänze.

Eine Gattung mit Gesichtern wie die Gesichter der Hunde, und sie haben Flügel, mit denen sie von Baum zu Baum fliegen.

Eine Gattung, deren Vertreter zwei Köpfe und viele Beine haben, und ihre Stimmen sind wie die Stimmen der Vögel: Man versteht nichts davon – und Gott kennt am besten ihre Sprache.

Eine Gattung, deren Vertreter Köpfe haben wie die Köpfe der Menschen, während ihre Körper wie die Körper der Schlangen sind, und sie kriechen wie die Schlangen.

Eine Gattung auf einer der Inseln von China: Sie haben keinen Kopf, und ihr Mund und ihre Augen sind auf ihrer Brust. Ich habe gehört, daß jemand berichtete, daß man einen von dieser Gestalt als Boten zum Herrscher der Tataren schickte, während der Erzähler bei ihm war.

Dritter Teil: Einzelne Lebewesen von seltsamer Gestalt und Form, die Seltenheiten sind

Dazu gehört, was von einem überliefert wurde, der sagte: Ich habe gehört, daß es bei den Bulgaren einen Mann von gewaltiger Gestalt gibt. Ich fragte den König über ihn, und der König sagte: »Er gehört zu den Leuten unseres Landes. Und das kam so: Das Meer tobte, wallte und ging hoch. Wir betrachteten es, und siehe, da war da ein Mann, der zwölf Ellen groß war. Sein Kopf war von außerordentlicher Größe und seine

Nase größer als eine Spanne. Er hatte zwei gewaltige Augen, und alle seine Finger hatten das Maß einer Spanne. Wir begannen, ihn anzusprechen, und er tat nicht mehr, als zu uns hinzublicken. Da trugen sie ihn zu uns hin, und er blieb eine Zeitlang bei uns.«

Hierher gehört auch, was mir einer von den Rechtsgelehrten von Mosul erzählte: Er sah unter den Muhammadî-Kurden, daß in einem Teil des Gebietes von Mosul ein Mann wohnte, dessen Größe neun Ellen betrug, als er das Lebensalter von fünfzehn Jahren erreicht hatte. Man berichtete, daß er den Arm des stärksten Mannes nahm und ihn hinter seinen Rücken warf. Das wurde beim Herrn von Mosul erzählt, und da sagte er: »Her mit ihm, auf daß ich ihn in meinen Dienst stelle!« Da sagte man zum Herrscher: »Wahrlich, er hat einen verwirrten Geist, so daß er nicht gut ist für den Dienst des Königs.«

Hierzu gehört auch, was Abu Sa'îd as-Sîrâfî von einem der Staatsschreiber berichtete: Er sagte: Ich trat bei dem Qadi *Yahyâ ibn Aktham* ein, und da war neben ihm ein Vogel in einem Käfig, der die Gestalt einer Krähe hatte. Sein Kopf war wie der Kopf des Menschen, und auf seinem Rükken hatte er zwei Höcker. Da sagte ich: »Was ist das? Möge Gott den Qadi gesund erhalten!« Da sagte er: »Frage ihn, und er wird dir antworten!« Darauf sagte ich zum Vogel: »Was bist du?« Und er erhob sich und rezitierte in reiner Sprache:

Ich bin die Krähe Abu Adschwa.
Ich bin der Sohn des Löwen und der Löwin,
ich liebe den Wein und die Duftkräuter,
den Rausch und den roten Wein.
Du brauchst dich nicht zu fürchten vor meinem Gezänk,
und vor meinem Angriff mußt du dich nicht in acht nehmen.

Ich habe Dinge, die du neu findest,
am Tag der Hochzeit und der Einladung.
Dazu gehört ein Höcker auf dem Rücken,
den das Fell nicht verdeckt;
Mit dem anderen Höcker nun ist es so:
Wäre an ihm ein Henkel,
so würde kein Mensch daran zweifeln,
daß er ein Kännchen wäre.[26]

Dann rief er: »Krah! Krah!«, und ließ sich herab. Da sagte ich: »Möge Gott dich gesund erhalten! Ist er ein Liebender?« Er sagte: »Er ist, wie du ihn siehst. Ich habe keine Kenntnis über ihn.« Der Herrscher des Jemen hat ihn dem Beherrscher der Gläubigen, *al-Ma'mûn*, gesandt, und er schrieb ihm einen Brief, den ich nicht aufgebrochen habe. Ich glaube, daß er darin berichtet, was es mit ihm auf sich hat und in welchem Zustand er sich befindet.«[28]

Ebenso gehört hierher, was vom Imam *asch-Schâfi'î* überliefert wurde – möge Gott Wohlgefallen an ihm haben: Er sagte: »Ich kam in eine Gegend des Jemen, sah dort einen Menschen, der von seiner Taille bis zum unteren Ende seines Körpers eine Frau war und von seiner Taille bis zum oberen Ende zwei getrennte Körper, mit vier Händen, zwei Köpfen und zwei Gesichtern. Sie pflegten sich einige Zeit gegenseitig zu bekämpfen und sich zu schlagen, dann versöhnten sie sich wieder und aßen und tranken. Ich war dann zwei Jahre fern von ihnen, und als ich zurückkam, sagte man zu mir: ›Möge Gott dir guten Trost geben, was den einen der beiden Körper betrifft, denn er ist gestorben. Er wurde an seinem unteren Ende mit einem starken Strick abgebunden und so gelassen, bis er vertrocknete. Dann wurde er abgeschnitten. Von dem anderen Körper nun weiß ich, daß er im Basar ein- und ausgeht.‹« Schließlich gehört hierher, was Abu r-Raihân al-Chwârizmî berichtet: Der Gouverneur von Isbîdschâb schenkte dem Nûh ibn Mansûr as-Sâmânî einen Fuchs, der zwei Flügel aus Federn hatte. Wenn sich ihm die Menschen näherten, breitete er sie aus, und wenn sie sich von ihm entfernten, legte er sie wieder an. Dann sagte er: »Dies ist nun für uns nichts Eigenartiges, denn in der Zeit der Könige von Kinâna waren die Füchse fliegende Tiere.« Und Gott – gelobt sei Er und erhaben ist Er – weiß es am besten.

ANMERKUNGEN ZUM TEXT

Vorwort und Einleitungen des Verfassers
S. 21–43

1 Koran 18,64–82. *Al-Chidr* wird hier nicht mit Namen erwähnt, jedoch wird die Gestalt, der Moses sich anschließt, von der Koranexegese mit *al-Chidr* gleichgesetzt.

2 S. dazu Koran 78,6–7: »Machten wir nicht die Erde zu einem Bett und die Berge zu Pflöcken...«; 14–16: »Und sandten aus den Regenwolken Wasser in Strömen, dadurch hervorzubringen Korn und Kraut und dichtbestandene Gärten?«

3 Es handelt sich hier um *Mahmûd von Ghazna* (998–1030), einen der bedeutendsten Herrscher des Islam. Von weittragender geschichtlicher Bedeutung waren seine indischen Eroberungen, welche die Geschichte der islamischen Expansion nach Indien einleiteten. Mahmûd soll gegenüber allen, die sich ihm unterwarfen, Nachsicht geübt haben. Sein Leben war ein einziger Feldzug, und es gelang ihm, ein riesiges Reich zu erobern, das von den Grenzen Azerbaidschans und Kurdistans im Westen bis zum oberen Gangestal in Indien im Osten und von Chwarezm in Zentralasien bis zu den Ufern des Indischen Ozeans reichte.

4 Landschaft in Nord-Afghanistan.

5 Ein *mann* ist eine Gewichtseinheit von 2 ratl. Ein ratl hat je nach Gegend verschiedene Werte, die von etwas unter einem Pfund bis zu etwas über drei Kilogramm reichen.

6 Eine Beschreibung dieses Wesens von al-Qazwînî findet sich auf S. 237.

7 Der Thron oder Thronsitz *(al-ʿarsch)* und der Fußschemel *(al-kursî)* Gottes sind Zeichen Seiner Majestät. Beide werden im Koran erwähnt (*al-ʿarsch:* 17,44; 40,15; 43,82; 81,20; *al-kursî:* 2,256; in 38,33 wird das Wort für den Thron Salomons benutzt). Es gibt verschiedene Auslegungen dieser Begriffe, von volkstümlich wörtlichen bis zu mystisch-allegorischen. S. dazu den Artikel »Kursî« in der *Encyclopaedia of Islam.*

Die oberen Gefilde S. 44–62

1 Wörtlich für senkrecht: »nach Art des Wasserrades« *(daulâbiyya),* für schräg: »nach Art des Schwertgehänges« *(hamâ'iliyya)* und für waagerecht: »nach der Art des Mühlsteins« *(rahawiyya);* s. auch in Kap. »Erste Einleitung« auf S. 27.

2 Wörtlich: »die graue Sphäre« *(al-falak al-atlas).*

3 Hier handelt es sich offensichtlich um den Solstitial-Kolur.

4 S. dazu Anm. 7 zur Einleitung, S. 243.

5 Die Ka'ba ist ein kubusförmiges Gebäude mit rechteckigem Grundriß und hat ihren Platz im Innenhof der Großen Moschee in Mekka. Sie wird auch das »Haus Gottes« *(bait Allâh)* genannt. Sie ist das Hauptheiligtum des Islam und der Mittelpunkt der Pilgerfahrt nach Mekka. Nach islamischer Lehre ist die Ka'ba das älteste Heiligtum auf der Erde; sie wurde von Abraham und Ismael gegründet. Die Ka'ba bestimmt die Gebetsrichtung. Die heutige Höhe der Ka'ba beträgt 15 m, und ihre Seiten sind 10 und 12 m lang.

Die Engel S. 63–80

1 S. dazu Koran 34,3: »Dem, der da kennet das Verborgene, entgeht nicht das Gewicht eines Stäubchens in den Himmeln und auf Erden ...«; und 10,62: »Und nicht ist deinem Herrn das Gewicht eines Stäubchens auf Erden und im Himmel verborgen ...«

2 Im Koran werden zwei Klassen von Engeln unterschieden: die »Höllenwächter« *(az-zabâniya)* (96,18) und die »Nahestehenden« *(al-muqarrabûn)* (4,170; 83,21).

3 Dieses Wort bezeichnet die Zeit des vorislamischen Arabien, in der der Mensch ein Unwissender *(dschâhil)* war, der keine Kenntnis des göttlichen Gesetzes hatte.

4 Nach dem Weltenende wird der Thron von acht Engeln getragen, »weil im ›Jenseits‹ (nach dem Gerichte) die Ehre Gottes größer ist.« S. Horten: Die religiöse Gedankenwelt des Volkes im heutigen Islam, S. 68.

5 Auf der Tafel *(lauh),* meistens die »wohlverwahrte Tafel« *(al-lauh al-mahfûz)* genannt, wurden mit Beginn der Schöpfung alle Geschicke von Gott mit der göttlichen Feder *(qalam)* aufgeschrieben. Auch das Urbild des Korans steht auf der wohlverwahrten Tafel. S. dazu 85,21–22: »Ja, es ist ein ruhmvoller Koran auf verwahrter Tafel.« Das Thema der himmlischen Tafel, besonders der Feder, hat in der Dichtung, insbesondere der Dichtung der Mystiker, weite Verbreitung gefunden. Die 68. Sure des

Koran hat den Namen »Die Feder«, und berühmt ist die Stelle, da dem Propheten Muhammad befohlen wird, die himmlische Offenbarung des Koran zu lesen: »Lies (eigentl: rezitiere) im Namen deines Herrn, der erschuf, erschuf den Menschen aus geronnenem Blut. Lies, denn dein Herr ist allgütig, der die Feder gelehrt, gelehrt den Menschen, was er nicht gewußt.« (96,1–5).

6 S. obige Anm. 5.

7 Diese Nacht fällt auf den 15. des Monats Scha'bân. Sie hat den Charakter eines Neujahrsfestes. Laut einer Prophetenüberlieferung heißt es, daß Gott jedes Jahr an diesem Tag die Handlungen der Menschen für das ganze Jahr festlegt. Auch die Geburten und Todesfälle des kommenden Jahres werden verzeichnet. Neben der Bezeichnung *lailat as-sakk,* die in diesem Text gebraucht wird, findet sich die Bezeichnung *lailat al-barâ'a.* Die Bedeutung dieses Wortes ist »Freisprechung«, und zwar in diesem Falle von den Sünden. Laut al-Qazwînî besagt eine Prophetenüberlieferung, daß Gott in dieser Nacht allen seinen Geschöpfen die Sünden vergibt, außer denen, die ihm etwas als gleichwertig zur Seite stellen, und denen, die sich mit ihren Brüdern streiten.

8 Der Scha'bân ist der achte Monat des islamischen Jahres und ist der Monat vor dem Fastenmonat Ramadân.

Die Zeit S. 81–93

1 Eine Parasange ist ein Längenmaß von knapp 6 km.

2 Laut Koran 31,11–18 ist Lokman ein Mann, dem Gott Weisheit verliehen hat. Diese Sure ist auch nach ihm benannt. In der arabischen Legende ist Lokman der Weise par excellence, und seine Weisheitssprüche bilden einen Teil des entsprechenden Genres in der arabischen Literatur.

3 Yûnus ibn Mattâ ist der Prophet Jonas, der auch im Islam einer der Propheten ist.

4 Grün ist die Farbe der Aliden, die den Grundsatz verfochten, daß nur ein Nachkomme Alis, der mit der Tochter des Propheten, Fatima, verheiratet war, als Kalif die Nachfolge des Propheten antreten könne. Al-Ma'mûn gab 816 dem Aliden Alî ibn Mûsâ, genannt ar-Ridâ, das Versprechen für seine Nachfolge und kleidete sich in das alidische Grün. Später ließ er ar-Ridâ wieder fallen, und nach einigen Jahren kehrte er vom alidischen Grün wieder zum abbasidischen Schwarz zurück.

5 Muhammads Eroberung von Mekka fand im Jahre 630 statt.

6 Der Ruf der Folgeleistung lautet: »Hier bin ich, dir zu Diensten *(labbaika)*!«

7 Der Dichter und Orientalist Friedrich Rückert hat diese Legende als Grundlage für ein schönes Gedicht genommen:

Chidher

Chidher, der ewig junge, sprach:
Ich fuhr an einer Stadt vorbei,
Ein Mann im Garten Früchte brach;
Ich fragte, seit wann die Stadt hier sei?
Er sprach und pflückte die Früchte fort:
»Die Stadt steht ewig an diesem Ort
Und wird so stehen ewig fort.«
  Und aber nach fünfhundert Jahren
  Kam ich desselbigen Wegs gefahren.

Da fand ich keine Spur der Stadt;
Ein einsamer Schäfer blies die Schalmei,
Die Herde weidete Laub und Blatt;
Ich fragte: »Wie lang ist die Stadt vorbei?«
Er sprach und blies auf dem Rohre fort:
»Das eine wächst, wenn das andere dorrt;
Das ist mein ewiger Weideort.«
  Und aber nach fünfhundert Jahren
  Kam ich desselbigen Wegs gefahren.

Da fand ich ein Meer, das Wellen schlug,
Ein Schiffer warf die Netze frei;
Und als er ruhte vom schweren Zug,
Fragt ich, seit wann das Meer hier sei?
Er sprach und lachte meinem Wort:
»So lang, als schäumen die Wellen dort,
fischt man und fischt man in diesem Port.«
  Und aber nach fünfhundert Jahren
  Kam ich desselbigen Wegs gefahren.

Da fand ich einen waldigen Raum
Und einen Mann in der Siedelei,
Er fällte mit der Axt den Baum;
Ich fragte, wie alt der Wald hier sei?
Er sprach: »Der Wald ist ein ewiger Hort;
schon ewig wohn' ich an diesem Ort,
und ewig wachsen die Bäume hier fort.«

Und aber nach fünfhundert Jahren
Kam ich desselbigen Wegs gefahren.

Da fand ich eine Stadt, und laut
Erschallte der Markt vom Volksgeschrei.
Ich fragte: »Seit wann ist die Stadt erbaut?
Wohin ist Wald und Meer und Schalmei?«
Sie schrien und hörten nicht mein Wort:
»So ging es ewig an diesem Ort
Und wird so gehen ewig fort.«
Und aber nach fünfhundert Jahren
Will ich desselbigen Weges fahren.

Die unteren Gefilde S. 94–123

1 Gemeint ist der Baum, mit dem Feuer gemacht werden kann. Die zugehörigen vorhergehenden Verse lauten: »Und habt ihr das Feuer betrachtet, das ihr reibt? Habt ihr seinen Baum erschaffen oder wir?« (70–71). Dazu auch 36,80: »Der für euch aus dem grünen Baum Feuer machte, und siehe, ihr macht Feuer mit ihm an.«

2 Dies bezieht sich auf die Prüfung zwischen Elias und den Baalpropheten auf dem Berge Karmel, in: 1 Könige, Kap. 18, 20–40.

3 Mit anderen Worten: »Undank ist der Welt Lohn!«

4 *Halazûn* heißt eigentlich »Schnecke«, nach der Beschreibung kann es sich hier aber eigentlich nur um eine Art von Röhrenwurm handeln.

5 Es ist nicht klar, um welches Metall es sich hier eigentlich handelt. Fest steht, daß es ein unmittelbares Naturprodukt und nichts künstlich Zusammengesetztes ist und daß es – jedenfalls bei al-Qazwînî – zu den edlen Metallen gehört. *De Sacy* widmet sich der Frage in seiner *Chrestomathie*, kommt jedoch zu keinem eindeutigen Ergebnis (S. 452–466).

6 Dailam und Dschîlân sind zwei Gebiete in Persien am Kaspischen Meer.

7 Ein Gebiet in Nord-Afghanistan.

8 S. Anm. 5, S. 243.

Die Pflanzen S. 124–143

1 Die entsprechenden Verse im Koran sind: 6,99 und 142; 16,11; 24,35 (der berühmte Lichtvers); 80,29; 95,1.

2 Dazu Koran 17,52–53: »Und sie sprechen: ›Wenn wir Gebeine geworden sind und Staub, sollen wir dann etwa zu einer neuen Schöpfung erstehen?‹ Sprich: ›Wäret ihr auch Stein oder Eisen oder sonst welches Erschaffene, das euch schwer dünkt (erweckt zu werden)...‹ Und sie werden sprechen: ›Wer wird uns zurückbringen?‹ Sprich: ›Er, der euch das erste Mal erschuf.‹«

3 Das Gewicht dieser Silbermünze steht nicht fest. Zur Zeit al-Qazwînîs könnte ein Dirham knapp unter 3 Gramm gewogen haben, vielleicht auch weniger.

4 Die Koloquinte ist eine Rankenpflanze.

5 Diese Krankheit sollte nicht mit der Elephantiasis verwechselt werden. Ihr Kennzeichen ist das in ungeheurem Maße anschwellende Bein, das dem eines Elefanten ähnlich sieht.

6 Arabischer Name für Ezra, der laut Koran von den Juden als Sohn Gottes verehrt wurde (9,30).

7 Dies ist eine Einrichtung für diejenigen, denen von Vertretern des Staatswesens ein Unrecht geschehen ist. In diesen Fällen wird die oberste richterliche Gewalt vom Kalifen oder seinem Vertreter ausgeübt. Es gibt viele Geschichten über den guten Herrscher, der dieser Art von Gerichtsbarkeit einen großen Teil seiner Zeit und Mühe widmet.

8 Der arabische Name für Anemonen lautet: *schaqâ'iq an-nu'mân.*

Die Lebewesen S. 144–242

1 Gemeint ist die Stunde des Gerichts am Tag der Auferstehung.

2 Der Stamm, zu dem der Prophet gehörte und der zu seiner Zeit in Mekka herrschte. Da die Quraisch in Muhammad eine Gefahr für ihre Macht sahen, bekämpften sie ihn.

3 Die Schlacht von Badr fand im Jahre 624 zwischen Muhammad und seinen Anhängern und den Quraisch statt. Viele Notablen der Quraisch fielen im Kampf.

4 Die Idee des Körpers als Königreich ist sehr beliebt. *Al-Ghazzâlî* (1058–1111) hat sie in seinem *Elixier der Glückseligkeit* in feiner Weise ausgestaltet.

5 Gemeint ist die Waage, mit der am Tag des Jüngsten Gerichts die guten und schlechten Taten der Menschen gegeneinander abgewogen werden. Dazu Koran 21,48: »Und aufstellen werden wir gerechte Waagen zum Tag der Auferstehung, und keine Seele soll in etwas Unrecht erleiden. Und wäre es das Gewicht eines Senfkorns, wir brächten es herbei, und wir genügen als Rechner.« Ebenfalls 99,6–8: »An jenem Tage werden

die Menschen in Haufen hervorkommen, um ihre Werke zu schauen; und wer auch nur Gutes im Gewicht eines Stäubchens getan, wird es sehen. Und wer Böses im Gewicht eines Stäubchens getan, wird es sehen.«

6 Dies ist eine der Bezeichnungen für die Mystiker, aber auch für eine bestimmte Ausrichtung innerhalb der spekulativen Theologie.

7 Die irdische Seele hat ihren Archetyp in der himmlischen Welt und kommt von diesem herunter zur Erde.

8 Himyar und Kahlân sind die Namen zweier südarabischer Völkerschaften.

9 Durch den Akt der Treueeidleistung *(bai'a)* wird der Kalif zum Oberhaupt des islamischen Reiches erklärt und als solches anerkannt.

10 Das Wort für Kummer ist »hamm«, und da im Arabischen doppelte Buchstaben zwar als solche gekennzeichnet, aber nicht doppelt geschrieben werden, zeigt das Schriftbild »ham«, welches identisch ist mit der zweiten Silbe des Wortes »Dirham«.

11 Theologisch-philosophische Richtung, welche die spekulative Dogmatik im Islam begründete.

12 Die christliche Lehre der Dreieinigkeit steht im Gegensatz zur islamischen Lehre von der absoluten Einheit Gottes und muß von daher als Polytheismus abgelehnt werden.

13 Mazdak trat gegen Ende des fünften Jahrhunderts, zur Zeit der sassanidischen Herrschaft, im Iran auf. Seine Lehre, welche die Frauen- und Gütergemeinschaft verkündete, ging aus dem religiösen Anspruch hervor, die gottgewollte Gleichheit aller Menschen herzustellen, und zwar unter Ausschaltung solcher negativen Eigenschaften wie Zorn, Neid und Habsucht.

14 Es heißt auch, daß dies ein Dämon sei, der den Muslim veranlaßt, während der rituellen Waschung Wasser zu verschütten (Steingass: Persian–English Dictionary, s. v. mudhhab).

15 Salomon ist eine der beliebtesten Gestalten innerhalb der erbaulichen Prophetenerzählungen, und zahlreiche Miniaturen zeigen ihn mit seinen Dschinnen.

16 Das Wort (qārūra) wird hauptsächlich für Behälter, in denen Getränke aufbewahrt werden, verwendet.

17 Ein heftiger, kalter Wind.

18 *Al-Hârith* (= der Pflüger) ist ein anderer Name des Teufels.

19 Dieser Geschichte liegt die Vorstellung zugrunde, daß jeder Dichter seinen eigenen Dschinn hat, von dem er die Inspirationen für seine Dichtung bekommt.

20 In der Koranübersetzung von Henning wird das Wort für Maultiere *(bighâl)* fälschlicherweise als »Kamele« übersetzt.

21 Wolf-Hyänen-Kreuzung.

22 Es geht aus der Beschreibung al-Qazwînîs nicht klar hervor, um welches Tier es sich eigentlich handelt. Auf jeden Fall hat es die Tharziege in Arabien gegeben. Laut Untersuchungen von Georg Jacob (Schanfarâ-Studien, 2. Teil, München 1915), der dem Wort für das weibliche Tier *(urwîya)*, das in einer Pluralform auch von al-Qazwînî benutzt wird, nachgegangen ist, ist es am wahrscheinlichsten, daß es sich bei dem Tier mit diesem Namen um die Tharziege handelt (op. cit. S. 44 f.).

23 Ein hölzernes Blasinstrument.

24 Ein Dinar war zunächst das Gewicht von 4,55 g und wurde dann im siebten Jahrhundert auf ein Gewicht von 4,25 g reduziert.

25 Wahrscheinlich ist das Schicksal mit seinen vernichtenden Heimsuchungen gemeint.

26 Der Og des Alten Testaments, z. B. 5. Mose 3,11.

27 Das Werk des al-Kisâ'î, über dessen Person und Leben nichts Eindeutiges bekannt ist, gehört zu den beliebtesten unter den Prophetenerzählungen.

28 In einem arabischen Werk, einer Sammlung historischer Anekdoten (Kitâb al-dschalîs as-sâlih al-kâfî wa-l-anîs an-nâsih asch-schâfî von al-Mu'âfâ ibn Zakariyyâ' an-Nahrawânî al-Dscharîrî, Beirut 1981–1983) läßt sich diese Geschichte in etwas vollständigerer Form lesen. Hier rezitiert nämlich der erstaunte Besucher, nachdem die Krähe ihre Verse beendet hat, seinerseits die folgenden zwei Verse:

> Hat es dich verblendet, daß du gesündigt hast, dann eine Sünde der anderen folgte und ich dich doch nicht verlassen habe – dann weitere Sünden? So hast du es immerzu weitergetan, und schließlich sagtest du: »Er wird mich doch nicht verlassen.« Und doch ist es manchmal so, daß der Mensch verlassen wird, obwohl er geliebt wird.

Nachdem dann die Krähe krächzend hochgeflattert ist und sich wieder niedergelassen hat, lacht in dieser Version der Besucher, bevor er sagt: »Ist sie etwa auch ein Liebender?« Diese Version gibt der Geschichte mehr Sinn als die bei al-Qazwînî.

VERZEICHNIS WICHTIGER NAMEN UND BEGRIFFE

(Erfaßt sind hier nur diejenigen Namen und Begriffe, die im Text durch Kursivdruck hervorgehoben wurden. Der Artikel *al-* wurde in der alphabetischen Reihenfolge nicht berücksichtigt.)

Abbasiden, Dynastie von Kalifen, deren Stammvater al-'Abbâs ibn 'Abdalmuttalib, ein Onkel des Propheten, ist. Ihre Herrschaft über das islamische Reich fällt in die Zeit von 750 bis 1258 und ist gekennzeichnet durch eine kulturelle Hochblüte. Die Abbasiden regierten meist in Bagdad, das ein Zentrum für alle intellektuellen und geistigen Strömungen der Zeit wurde. Nach der Eroberung Bagdads durch die persischen Buyiden im Jahre 945 waren die abbasidischen Kalifen meist nur noch nominelle Herrscher.

'Abdallâh ibn Mubârak ibn Wâdih al-Hanzalî at-Tamîmî Abu 'Abdarrahmân, 118/736–181/797, galt als ein großer Gelehrter mit einer umfangreichen Bibliothek. Er war Traditionarier, Historiker und Sufi.

'Abdalmuttalib ibn Hâschim ibn Abdmanâf, Großvater des Propheten. Muhammad lebte bis zu seinem Tode um 579 einige Jahre bei ihm. Offensichtlich gehörte er zu den politisch bedeutsamen Gestalten in Mekka in der Mitte des sechsten Jahrhunderts.

'Abdallâh ibn 'Umar, geboren vor 620, gestorben 73/693, Sohn des zweiten Kalifen → *'Umar ibn al-Chattâb,* war ein tiefreligiöser Mann mit noblem Charakter. Seine hohen moralischen Grundsätze brachten ihm die Bewunderung seiner Zeitgenossen ein. Er gilt als einer der zuverlässigsten und vertrauenswürdigsten Übermittler von Prophetentraditionen.

Abu l-'Abbâs Ahmad ibn 'Umar ibn Suraidsch, wurde 249/863 in Bagdad geboren. Er galt als einer der bedeutendsten Rechtsgelehrten seiner Zeit, der etwa 400 Schriften verfaßt haben soll. Für kurze Zeit hatte er das Amt eines Richters in Schiraz inne. Er starb in Bagdad im Jahre 306/918.

Abu 'Abdallâh Muhammad ibn 'Umar ibn al-Husain, bekannt als *Fachr ad-Dîn ar-Râzî,* geboren 543/1149 (oder 544), gestorben 606/1209, war einer der bedeutendsten Theologen und Exegeten des Islam. Er verbrachte den größten Teil seines Lebens in Herat. Auf dem Höhepunkt seiner Laufbahn folgten ihm mehr als dreihundert seiner Schüler, wenn er von einem Ort zu einem anderen zog.

Abu l-Aswad ad-Du'alî, geboren wahrscheinlich einige Jahre vor 620, gestorben 69/688, war ein Dichter und Parteigänger → *Alis*, für den er an Kämpfen teilnahm und auch eine Zeitlang Statthalter in Basra war; bekannt als Vater der arabischen Nationalgrammatik.

Abu l-'Atâhiya, geboren um 748, gestorben um 826, war ein Dichter, der durch seine Liebes- und Weingedichte bekannt wurde. Eine bedeutsame Wende ergab sich in seiner Dichtung durch seine plötzliche Hinwendung zu asketischer Dichtung.

Abu Bakr Muhammad ibn at-Tayyib ibn Muhammad, bekannt als *al-Bâqillânî,* wahrscheinlich im zweiten Viertel des vierten islamischen Jahrhunderts (zw. 936 und 961 A. D.) geboren und 403/1013 gestorben. Er war einer der bedeutendsten Vertreter der scholastischen Theologie.

Abu Hâmid Muhammad ibn Muhammad at-Tûsî, bekannt als *al-Ghazzâlî,* 450/1058–505/1111, hervorragender Theologe, Jurist und Mystiker, leitete in der Entwicklungsgeschichte der orthodoxen Theologie und der islamischen Mystik eine bedeutende Wende ein, indem er beide miteinander in Übereinstimmung brachte.

Abu l-Hasan 'Ali ibn al-Athîr al-Dschazarî, 555/1160–630/1233, hat sich besonders als Historiker hervorgetan. Seine annalistische Geschichte vom Beginn der Welt bis zum Jahre 628 bildet einen Höhepunkt auf dem Gebiet der Geschichtsschreibung.

Abu Huraira (= »Vater des Kätzchens«), starb ca. 58/678, war ein Prophetengenosse, ist bekannt für seine tiefe Frömmigkeit und als einer der wichtigsten Überlieferer einer großen Menge von Prophetentraditionen.

Abu Muslim, starb 136/753–4, war der Anführer der abbasidischen Revolution in Chorasân. Man weiß nichts Sicheres über ihn, jedoch ist er in der Legende die Jahrhunderte hindurch lebendig geblieben. Er wußte begeisterte Anhänger aus allen Schichten für sich zu gewinnen, wurde jedoch schließlich von den →*Abbasiden* als eine Bedrohung für ihre Macht angesehen, und der Kalif →*al-Mansûr* ließ ihn umbringen.

Abu Tammâm, 188/804–231/845, einer der berühmtesten arabischen Dichter, der auch verschiedene Anthologien zusammengestellt hat. Über den ästhetischen Wert seiner Dichtung waren schon zu seinen Lebzeiten seine Dichterkollegen verschiedener Meinung. Von einigen wurde er auch als Plagiator verschrien. Einige seiner Dichtungen haben historischen Wert, da sie wichtige Ereignisse zum Inhalt haben.

Afrâsiyâb, wird im Awesta als König der Turanier erwähnt. Seine Gestalt ist von Sagen umwoben. Die Seldschuken sahen in ihm einen ihrer Ahnherrn, da er nach späterer Vorstellung türkischer Herkunft gewesen sein soll. In Firdausis Nationalepos, dem »Schahname«, ist er der Gegenspieler der Iranier.

Ahmad, einer der Namen des Propheten Muhammad.

Ahmad ibn Hanbal, 164/780–241/855, Begründer einer der vier orthodoxen Rechtsschulen. Er gilt als eine der aufrichtigsten und strengsten Persönlichkeiten innerhalb des Islam.

'Â'ischa, Tochter des ersten Kalifen Abu Bakr und eine der Frauen des Propheten, die von großer Schönheit gewesen sein muß. Sie ist die Quelle für viele Überlieferungen über Worte des Propheten und Begebenheiten aus seinem Leben.

Alî ibn Abî Tâlib, Vetter und Schwiegersohn des Propheten, der mit dessen Tochter Fatima verheiratet war. Er wurde zum vierten Kalifen gewählt, jedoch war seine Regierungszeit nicht von langer Dauer. 661 wurde er ermordet.

al-A'masch, 60/679–80 oder 681 – ca. 148/765, Traditionarier und Koranleser.

al-Amîn, Regierungszeit 809–813, Sohn und Nachfolger des Kalifen →*Hârûn ar-Raschîd*. Während seiner Regierungszeit hatte er ständig Auseinandersetzungen mit seinem Bruder →*al-Ma'mûn*.

Anûschirwân Chosrau I., Sassanidenherrscher. Seine Regierungszeit dauerte von 531 bis 579.

Apollonius, arabisch: Bâlînûs oder Bâlînâs, ein Weiser, dessen Persönlichkeit auf dem beruht, was die griechische Tradition über Apollonius von Tyana überliefert.

Ardaschîr I., Begründer der persischen Dynastie der Sassaniden. Er herrschte von 226 bis 241.

al-Asma'î, starb 213/828, Philologe, der seiner Nachwelt ein umfangreiches Wissen auf dem Gebiet der Lexikographie und Dichtung vermittelt hat.

Avicenna, arabisch: Ibn Sînâ, 370/980–428/1037, hervorragender arabischer Philosoph und Arzt, der die Philosophie mit dem Studium der Natur vereinte.

'Azâzîl, gefallener Engel, auch Name des → *Iblîs* vor seinem Fall.

Baschschâr ibn Burd, geboren um 95–96/714–715, gestorben 167/783, von Geburt blind, vielseitiger Dichter, häufig »Vater der Modernen« genannt, d. h. der neuen Dichterschule der Abbasidenzeit.

Dscha'far as-Sâdiq, 80/699–700 oder 83/702–3–148/765, der sechste Imam der Schiiten (der Imam ist nach schiitischer Lehre spiritueller und idealer Weise auch politischer Nachfolger des Propheten durch → *Alî*). Er war einer der bedeutendsten Vertreter der frühen Schia.

al-Dschâhiz, ca. 160/776–255/868–69, einer der geistreichsten Schriftsteller der frühen arabischen Literatur, der die verschiedenen intellektuellen Strömungen seiner Zeit aufs faszinierendste widerspiegelt.

Châlid ibn Sinân al-'Absî, wird nach islamischer Tradition als Prophet angesehen, der im Zeitraum zwischen dem Erscheinen Jesu und Muhammads auftrat. Er soll das Kommen des Propheten Muhammad vorausgesagt haben.

al-Chidr, »der Grüne«, er hat laut Legende vom Wasser des Lebens getrunken und ist der Ewig Junge. Er soll erst sterben, wenn am Tag des Jüngsten Gerichts die Trompete erschallt.

Chosrau, Titel der Sassanidenherrscher.

Grabenkrieg, ist die zwei Wochen dauernde Schlacht vor Medina, in der die Feinde Muhammeds aus Mekka dessen Macht brechen wollten. Diese Schlacht fand im Jahre 627 statt und endete mit einer Niederlage der Feinde Muhammeds, die um ein Vielfaches in der Übermacht waren.

al-Haddschâdsch, ca. 41/661–95/714, war von 694 bis 714 der bedeutendste Statthalter der Herrscherdynastie der Umayyaden (661–750) im Irak, der ein ausgezeichneter Organisator war, der auch mit harter Hand für Ordnung sorgte. Seine Verbesserungen in der Landwirtschaft waren von entscheidendem Einfluß. Neben vielen anderen wichtigen Dingen ist sein Name ebenfalls verbunden mit der Gründung der Stadt al-Wâsit als neuer Hauptstadt des Irak.

Hârûn ar-Raschîd →ar-Raschîd.

Iblîs, Name des Teufels.

Ibn 'Abbâs, starb 68/687, ein Vetter des Propheten, wird von der muslimischen Überlieferung als »Vater der Koranauslegung« dargestellt. Man bezeichnet ihn auch als »Dolmetscher des Koran«.

Ibn Dschuraidsch, 80/699–150/767, Traditionarier und Jurist, nahm als erster Mekkaner eine systematische Anordnung der Prophetenüberlieferungen vor.

Ibn Mâsawaih, um 160/776–243/857, Hofarzt und Leiter des Krankenhauses in Bagdad und Sâmarrâ'. Er stammte aus einer Arztfamilie und genoß als Nachfolger seines Vaters die Gunst des Kalifen →*Hârûn ar-Raschîd.* Er ist der Verfasser zahlreicher medizinischer Werke.

Ibn Mas'ûd, starb 32/652–3, einer der berühmtesten Prophetengenossen und Koranleser. Er empfing den Koran direkt vom Propheten selbst, und es heißt, daß er der erste gewesen sei, der den Versuch unternommen habe, den Koran in Mekka in der Öffentlichkeit zu lesen, was ihm von seiten der Ungläubigen Verfolgungen und Beleidigungen einbrachte. Er erwies dem Propheten im täglichen Leben verschiedene Dienste und hatte so vertrauten Umgang mit ihm. Das machte ihn zu einer kostbaren Quelle für Prophetenüberlieferungen.

Ibrâhîm ibn al-Mahdî, 162/779–224/839, ein Abbasidenprinz, Sohn des Kalifen → *al-Mahdî.* Sein Hauptinteresse galt der Dichtung und der

Musik. Politische Unternehmungen, in die er hineingezogen wurde, schlugen fehl.

Idrîs, nach islamischer Auffassung ein Prophet, der in der Zeit zwischen Adam und Noah lebte, der eine Reihe von Offenbarungen in Form von heiligen Büchern erhalten hat, und, während er noch am Leben war, in das Paradies einging. Er wird zweimal im Koran erwähnt (19,56–57; 21,85–86).

'Illîyûn, hat mehrere Bedeutungen: Es ist die Bezeichnung für das Buch, in das die guten Taten des Menschen eingeschrieben werden, oder der Platz, an dem sich dieses Buch befindet; es wird auch gleichgesetzt mit dem siebten Himmel oder einem anderen Platz innerhalb der himmlischen Gefilde. Der Gegensatz dazu ist →*Siddschîn.*

Ka'b al-Ahbâr, starb 32/652 oder 34/654, ein Jude, der während der Zeit des ersten oder des zweiten Kalifen zum Islam übertrat. Er verfügte über ein umfangreiches und vielseitiges Wissen und war einer der ältesten Gewährsmänner für die jüdischen Überlieferungen.

Ka'b ibn Zuhair, geboren in vorislamischer Zeit, gestorben vielleicht in der Regierungszeit des Kalifen Mu'âwiya (reg. 41/661–60/680), stammte aus einer der fruchtbarsten Dichterfamilien. Seinen größten Ruhm erlangte er durch das Vortragen eines Lobgedichtes auf den Propheten bei seinem Übertritt zum Islam. Als Lohn dafür schenkte ihm der Prophet seinen Mantel.

al-Kalbî, 66/685–146/763, Geograph, Historiker und Genealoge, der außerdem einen Korankommentar verfaßte, der auf →*Ibn 'Abbâs* zurückgeht.

al-Mahdî, reg. 775–785, Sohn des Kalifen →*al-Mansûr,* war der dritte Kalif der Abbasiden. In seine Regierungszeit fallen zahlreiche militärische Unternehmungen gegen Byzanz. Dabei gelang es ihm, in seinem erfolgreichsten Feldzug bis an den Bosporus vorzustoßen und Byzanz für eine Zeitlang tributpflichtig zu machen.

Ma'mar ibn al-Muthanna, 110/728–209/824–5, bekannt als Abu 'Ubaida, Philologe, der eine Reihe von Abhandlungen in Grammatik und Philologie verfaßte. Außerdem verfaßte er zahlreiche Abhandlungen über arabische und frühislamische Geschichte, indem er seine Materialien mit Hilfe der systematischen Methoden, wie sie in den philologischen Schulen benutzt wurden, in wohlgeordnete Form brachte.

al-Ma'mûn, reg. 813–833, Sohn des Kalifen →*Hârûn ar-Raschîd,* konnte erst nach ständigen Auseinandersetzungen mit seinem Bruder →*al-Amîn* nach dessen Tode das Kalifat erlangen. Sein besonderer Ruhm liegt in seiner Eigenschaft als Förderer der Wissenschaften.

al-Mansûr, reg. 754–775, zweiter Abbasidenkalif und Gründer der Stadt Bagdad, die ein Zentrum kultureller Blüte wurde. Er war der Bruder von →*as-Saffâh*. Während der ersten Zeit seiner Herrschaft hatte er mit heftigen inneren Auseinandersetzungen und ständigen Grenzkämpfen zu tun.

Mithqâl, Gewichtseinheit von ca. 4,6 g.

Mudschâhid, um 21/642–104/722, Korankommentator und einer der vertrautesten Schüler des →*Ibn 'Abbâs*. Er wird als einer der ältesten Vertreter der rationalistischen Koranauslegung angesehen.

Muhammad ibn Idrîs asch-Schâfi'î, 150/767–204/820, gehörte zum Stamm der Quraisch und war ein entfernter Verwandter des Propheten. Er besaß umfangreiche Kenntnisse, besonders auf dem Gebiet der Philologie und der Rechtswissenschaft. Er gilt als der Begründer der Wissenschaft von den Grundlagen der Gesetzeswissenschaft und ist der Gründer einer der vier islamischen Rechtsschulen.

al-Mutanabbî, 303/905–254/965, wird von seinen Landsleuten oft als der größte arabische Dichter bezeichnet. Am Hofe des Hamdanidenherrschers Saif ad-Daula in Aleppo erlebte er seine Blütezeit und tat sich besonders in panegyrischer Dichtung hervor.

al-Mu'tasim, reg. 833–842, Sohn des Kalifen →*Hârûn ar-Raschîd*, abbasidischer Kalif, war ein unduldsamer Vertreter der Lehre der →*Mu'tazila* von der Erschaffenheit des Korans. Als ihm Bagdad wegen der von ihm hereingebrachten großen Mengen an türkischen und anderen Sklavengarden zu unsicher wurde, verlegte er seine Residenz nach Sâmarrâ'.

al-Mutawakkil, reg. 847–861, Abbasidenkalif, hing der Lehre von der Unerschaffenheit des Koran an, im Gegensatz zu seinem Vorgänger →*al-Mu'tasim*, und beendete dadurch weitgehend die Macht der →*Mu'tazila*, die 22 Jahre lang das Kalifat beherrscht hatte.

Mu'tazila, theologisch philosophische Richtung, welche die spekulative Dogmatik im Islam begründete. Besonders kennzeichnend für diese Richtung ist die Lehre von der Erschaffenheit des Koran, die im Gegensatz steht zu der allgemeinen Lehre von der Unerschaffenheit des Koran, der Gottes Wort ist. Andere wichtige Fragen, mit denen sie sich auseinandersetzten, hatten mit dem Wesen Gottes und dem Prophetentum zu tun. Grundlage ihrer Lehre war das Bekenntnis zur absoluten Einheit Gottes und der Glaube an die Gerechtigkeit Gottes.

»Nacht der Macht«, (lailatu l-qadr), die Nacht der göttlichen Bestimmung, in der nach muslimischer Auffassung die Offenbarung des Koran durch den Erzengel Gabriel zu Muhammad herniedergesandt wurde. Sie ist eine der letzten Nächte des Fastenmonats Ramadân.

an-Nu'mân ibn al-Mundhir, reg. etwa 580–602, lachmidischer König von Hira, der mit den Persern verbündet war. Über ihn wird eine Menge von Anekdoten erzählt. Durch die Beziehungen zu berühmten Dichtern ist sein Name der Nachwelt besser bekannt als die Namen seiner Vorgänger.

Parasange, Längenmaß von knapp 6 km.

ar-Raschîd, Hârûn, reg. 786–809, Abbasidenkalif, der in der westlichen Welt durch die Märchen von Tausendundeiner Nacht bekannt wurde. Er war ein Sohn des Kalifen →*al-Mahdî*. Sein Hof war ein Höhepunkt kulturellen Lebens und der vorwiegende Grund für seine Berühmtheit. Ansonsten gab es in seiner Regierungszeit unentwegt Unruhen und Aufstände. Er unternahm zahlreiche Feldzüge gegen die Byzantiner, was ihm einen guten Ruf eingebracht hat.

as-Saffâh, reg. 749–754, war der erste Kalif der Abbasiden und der Ururenkel von al-'Abbâs, dem Onkel des Propheten.

Saif ibn Dhî Yazan, starb 574, ein himyaritischer Herrscher, über dessen Namen und Person einige Unsicherheit herrscht. Er ging zum *Chosrau* und bat ihn um Hilfe gegen die Übermacht der Abessinier. Die Hilfe wurde ihm gewährt, und die Abessinier wurden geschlagen.

Satîh und *Schiqq*, legendarische Wahrsager von sonderbarer Gestalt, halb Menschen, halb Geisterwesen. Sie werden in der Regel zusammen genannt. Satîh ist ein flach ausgebreitetes, knochenloses Wesen, und Schiqq hat die Gestalt eines halben Menschen.

Siddschîn, das Gegenstück zu →*'Illîyûn*.

Sulaimân ibn 'Abdalmalik, reg. 715–717, Kalif der ersten islamischen Herrscherdynastie der Umaiyaden. Seine Regierungszeit zeichnete sich durch die einjährige Belagerung Konstantinopels aus.

'Umar ibn 'Abdalazîz, reg. 717–720, achter Kalif der Umaiyaden. Er zeichnete sich durch besondere Frömmigkeit aus und hatte deshalb im Gegensatz zu allen anderen Herrschern seiner Dynastie in der späteren Geschichtsschreibung, die den Umaiyaden negativ gegenüberstand, einen ehrenvollen Platz inne.

'Umar ibn al-Chattâb, reg. 634–644, Schwiegervater des Propheten und zweiter Kalif. Er war ein strenger, tatkräftiger Mann, der sich nach einer erbitterten Feindschaft gegen den Propheten beim Anhören einiger Koranverse plötzlich bekehrte und dann ein feuriger Verfechter des Islam wurde. Unter seiner Herrschaft dehnte sich das Reich in großem Maße aus, und er sorgte für ein stabiles und funktionierendes Staatswesen.

Umayya ibn Abî s-Salt, starb vor oder i. J. 9/631. Er war ein Mitglied der Delegation von →*Abdalmuttalib*, die sich bei →*Saif ibn Dhî Yazan* einfand, nachdem er den Jemen von den Abessiniern befreit hatte. Umayya soll auf den Befreier ein Lobgedicht verfaßt haben.

Umm 'Âmir, ist der Name der Hyäne.

Wahb ibn Munabbih, geboren gegen 654, starb 110/728 oder 114/732,

Überlieferer, insbesondere jüdischer und südarabischer Traditionen und einer der fruchtbarsten Autoren in der Regierungszeit der Umaiyaden. Er amtierte auch drei Jahre lang als Richter, während der Regierungszeit des →*'Umar ibn 'Abdalazîz*.

Yahyâ ibn Aktham, starb 242/856–7 oder Anfang 243/857, bedeutender und politisch einflußreicher Richter und Rechtsgelehrter unter →*al-Ma'mûn*.

Zemzembrunnen, ist der heilige Brunnen an der Moschee in Mekka. Nach der islamischen Tradition ist diese Quelle für den verdurstenden Ischmael entsprungen, als seine Mutter Hagar, die ihn dem Abraham geboren hatte, vor dem Zorne von dessen legitimer Frau Sarah in die Wüste geflohen war.

BIBLIOGRAPHISCHE HINWEISE

Im folgenden kann lediglich eine knappe und naturgemäß sehr subjektive Auswahl an Titeln aufgeführt werden, mit deren Hilfe sich der interessierte Leser weiter in die Materie einarbeiten kann. Der Schwerpunkt wurde bei dieser Auswahl auf solche Werke gelegt, die entweder in Bibliotheken leicht zugänglich oder noch über den Buchhandel beziehbar sind.

Allgemeines

Als allgemeine Nachschlagewerke sind zu nennen:

Die *Encyclopaedia of Islam*, die seit 1954 in englischer und französischer Sprache erscheint (Brill, Leiden und Luzac, London) und zur Zeit bis zum Buchstaben M herausgekommen ist. Die erste Ausgabe dieses Nachschlagewerkes ist auch in Deutsch erschienen: *Enzyklopädie des Islam*, 4 Bde., Leiden-Leipzig, 1913–1934. Ein Auszug daraus ist das *Handwörterbuch des Islam* (Leiden 1941), das in knapper Form einen guten allgemeinen Überblick über die wesentlichen Grundlagen und Entwicklungen der islamischen Kultur und Geschichte gibt und sehr empfehlenswert ist. Wenn auch veraltet und nicht frei von Fehlern (da dem Autor die Menge des heutzutage zur Verfügung stehenden Materials nicht zugänglich war), aber doch der Beachtung wert ist – und sei es nur wegen der überall eingestreuten liebevollen Zeichnungen: *A Dictionary of Islam, being a cyclopaedia of the doctrines, rites, ceremonies and customs, together with the technical and theological terms, of the Muhammadan religion* (Hrsg.

Thomas Patrick Hughes, London 1885). Trotz einiger Mängel und Lücken und fehlender Angaben von weiterführender Literatur zu den einzelnen Artikeln ist für diejenigen – privat oder aus Berufsgründen – interessierten Laien, die für das Verständnis heutiger Verhältnisse die notwendigen Hintergrundinformationen brauchen, das *Lexikon der Arabischen Welt, Ein Historisch-Politisches Nachschlagewerk* von Stephan und Nandy Ronart (Artemis Verlag, Zürich und München, 1972) zu empfehlen. Ein weiteres, kleineres Nachschlagewerk, das ebenfalls der Moderne eine stärkere Betonung verleiht, ist das *Lexikon der Islamischen Welt* (herausgegeben von Klaus Kreiser, Werner Diem, Hans Georg Majer, 3 Bde., Urban Taschenbücher, Stuttgart 1974). Als einführendes bibliographisches Nachschlagewerk ist zu empfehlen: Gustav Meiseles: *Reference Literature to Arabic Studies. A Bibliographical Guide*, Tel Aviv 1978.

Geschichte und Kultur

Ein Werk von ausgezeichneter Qualität für denjenigen, der sich in die Geschichte der islamischen Welt vertiefen möchte, ist: *Marshall G. S. Hodgson:* The Venture of Islam, 3 Bde., Chicago 1974. Das Werk verbindet mit den reinen historischen Fakten eine Darstellung der wichtigsten kulturellen und geistigen Strömungen, und zwar wohlgeordnet, in angemessener Ausführlichkeit und lebendiger Sprache. Ein umfangreiches Werk, das aus den Beiträgen vieler verschiedener Wissenschaftler besteht, ist: *The Cambridge History of Islam*, 2 Bde., London 1971. Ebenfalls das Werk mehrerer Autoren ist: *The Legacy of Islam*, ed. Joseph Schacht and C. E. Bosworth, Oxford University Press 1979. In diesem Werk werden die grundlegenden Erscheinungen der Kultur und Zivilisation des Islam behandelt – von Theologie, Philosophie und Mystik über Naturwissenschaft, Kunst und

Musik bis hin zu kulturgeschichtlichen, wirtschaftlichen und politischen Aspekten. Dabei wird die Moderne nicht miteinbezogen, vielmehr liegt die Grenze etwa bei 1800. Als einige der kürzeren Übersichten sind zu nennen: *Claude Cahen:* Der Islam I (Fischer Weltgeschichte Bd. 14), Frankfurt 1968; *Francesco Gabrieli:* Geschichte der Araber, Stuttgart 1963; *Gustav E. von Grunebaum:* Der Islam im Mittelalter, Artemis Verlag Zürich und Stuttgart (Die Bibliothek des Morgenlandes), Zürich 1963. Dieses Werk beleuchtet grundlegende kulturelle Aspekte, unter besonderer Berücksichtigung der Schönen Literatur. Das Werk von *Adam Mez:* Die Renaissance des Islams, Heidelberg 1922, ist eine amüsant geschriebene Darstellung des kulturellen Lebens im 4./10. Jahrhundert und der wirtschaftlichen Gegebenheiten. Dabei wird insbesondere das Hofleben beleuchtet, und außerdem kommen die Dichter mit Beispielen ihrer Dichtkunst zu Worte.

Literaturgeschichte

Nachschlagewerke: *Carl Brockelmann:* Geschichte der Arabischen Litteratur, 2 Bde., 2. Auflage und 3 Supplementbände. Leiden 1937–49. Dieses Werk wird überholt durch eine wesentlich umfangreichere Darstellung der verschiedenen Bereiche der Literatur und ihrer Vertreter: *Fuat Sezgin:* Geschichte des arabischen Schrifttums. Dieses Werk erscheint seit 1967 in Leiden, und bislang sind 9 Bände zugänglich. Diese beiden sind Nachschlagewerke, welche die jeweiligen Vertreter der verschiedenen Literaturbereiche aufführen. Brauchbar für einen allgemeinen Überblick – besonders im letztgenannten Werk – sind die jeweils vorangestellten Zusammenfassungen. Einige kürzere Einführungen sind: *Francesco Gabrieli:* La Letteratura Araba, Milano 1967; *Hamilton A. R. Gibb* und *Jacob Landau:* Arabische Literaturgeschichte, Artemis Verlag Zürich und Stuttgart (Die Bibliothek des Morgenlandes), Zürich 1968; *Hamilton A. R. Gibb:* Arabic Literature. An Introduction, Oxford 1963; *Reynold A. Nicholson:* A Literary History of the Arabs, Cambridge 1923, und Nachdrucke; *André Miquel:* La Littérature Arabe (Que sais-je?), Paris 1969. Eine Darstellung der arabischen Dichtung bis zum Jahre 750 bietet: *Régis Blachère:* Histoire de la Littérature Arabe, 3 Bde., Paris 1952–1966.

Weltlehre und Naturkunde

Eine reichhaltige und interessante Sammlung zur Wissenschaftsgeschichte ist: *Eilhard Wiedemann:* Aufsätze zur arabischen Wissenschaftsgeschichte, 2 Bde., Hildesheim 1970. Ein weiteres grundlegendes Werk, das zwei der großen Wissenschaftsgebiete behandelt, ist: *H. Suter:* Die Mathematiker und Astronomen der Araber und ihrer Werke, Leipzig 1900, Neuauflage 1902, Nachdruck Ann Arbor 1963. Eine weitere Darstellung der Naturwissenschaften, der Alchemie, Astrologie, Magie und Lehre von der Landwirtschaft ist *Manfred Ullmann:* Die Natur- und Geheimwissenschaften im Islam, (Handbuch der Orientalistik, 1. Abt.: Der Nahe und der Mittlere Osten), Leiden/Köln 1972. Auf islamischer Seite hat sich *Seyyid Hossein Nasr* durch Studien zur Wissenschaftsgeschichte hervorgetan: Das anläßlich des »World of Islam Festival« veröffentlichte großformatige Buch mit dem Titel: Islamic Science, Westerham, Kent 1976, ist eine zusammenfassende Übersicht; An Introduction to Islamic Cosmological Doctrines, Cambridge, Massachusetts 1964, behandelt drei wichtige Vertreter der Lehre vom Kosmos und seiner Erforschung: die »Lauteren Brüder« (Ichwân as-Safâ), al-Bîrûnî und Avicenna (Ibn Sînâ); sein Werk: Science and Civilization in Islam, New York, Toronto und London 1970, enthält neben einer Übersicht über die grundlegenden Dinge und die Klassifizierung und Anwendung der Wissenschaften Einzeldarstellungen der verschiedenen Gebiete und ihrer wichtigsten Vertreter. Eine kleine, aber bedeutende Einzelstudie über die Astrologie als Bestandteil des gesamten metaphysischen Systems ist: *Titus Burckhardt:* Clé Spirituelle de l'Astrologie Musulmane d'après Mohyiddîn Ibn Arabî, Milano 1974 (inzwischen auch in englischer Übersetzung erschienen). Eine gute Informationsquelle auf dem Gebiet der Kosmologie ist: *Anton M. Heinen:* Islamic Cosmology. A Study of as-Suyûtî's 'al-Hay'a as-sanîya fî l-hay'a as-sunnîya', with critical edition, translation and commentary. Beirut 1982. (As-Suyûtî [911/1505] war ein Polyhistor und Vielschreiber, der sich als Wiederbeleber der traditionellen islamischen Kosmologie empfand.)

al-Qazwînî

Es gibt eine Reihe von Einzelstudien und -übersetzungen von verschiedenen Teilen des Werkes von al-Qazwînî, jedoch sind die meisten dem Laien nicht leicht zugänglich und oft auch nur für den Fachwissenschaftler geschrieben. Die folgenden Werke mögen auch für den interessierten Laien geeignet sein: *S. J. Anbacher:* Die Abschnitte über die Geister und die wunderbaren Geschöpfe aus Qazwînîs Kosmographie, Kirchhain N.-L., 1905; *K. Garbers und J. Weyer:* Quellengeschichtliches Lesebuch zur Chemie und Alchemie der Araber im Mittelalter, Hamburg 1980. Dieses kleine Werk bringt eine Auswahl von Beispielen, u. a. von al-Qazwînî (den allgemeinen Abschnitt über die Mineralien und den über die Metalle). Ein Teil von al-Qazwînîs Abhandlung über den Menschen, zusammen mit der allgemeinen Einleitung über die Lebewesen, wurde übersetzt von: *Franz Taeschner:* Die Psychologie Qazwînîs, Inaugural-Diss. Königl. Christian-

Albrechts-Universität zu Kiel, Tübingen 1912. *Silvestre de Sacy:* Chrestomathie Arabe, Tome III, Paris 1827, bietet eine Auswahlübersetzung aus den Kapiteln über Mineralien, Pflanzen und Lebewesen, die von A.-L. de Chézy angefertigt wurde. De Sacy hat die Übersetzung mit reichhaltigen Anmerkungen versehen, in denen er wertvolles Vergleichsmaterial anführt und auswertet, und von denen die meisten kleine Abhandlungen in sich selbst sind.

Zu einem Vergleich hervorragend geeignet – wenn auch teilweise verschieden im Aufbau und anders in der Gewichtung der einzelnen Teile – ist die Übersetzung einer Kosmographie in syrischer Sprache, die wahrscheinlich im 11. oder 12. Jahrhundert verfaßt wurde: *Karl Kayser:* Das Buch von der Erkenntnis der Wahrheit oder Der Ursache aller Ursachen, Straßburg 1893.

Die Beschreibung des menschlichen Körpers als eines Staatswesens findet sich auch in dem sehr lesbaren Büchlein: *Al Ghasali:* Das Elixier der Glückseligkeit, aus den persischen und arabischen Quellen in Auswahl übertragen von Hellmut Ritter (Diederichs Taschenausgabe), Düsseldorf-Köln 1959.